KB235252

인문학자, 노년을 성찰하다

노년 인문학 총서 1

인문학자,
노년을 성찰하다

부경대학교 인문사회과학연구소 노년인문학센터
– 송명희 · 채영희 · 한혜경 · 강인욱 · 신명호 · 장세호

푸른사상
PRUNSASANG

노년 인문학 총서 1

인문학자, 노년을 성찰하다

인쇄 2012년 4월 25일 | 발행 2012년 5월 1일

지은이 · 부경대학교 인문사회과학연구소 노년인문학센터
　　　　송명희 채영희 한혜경 강인욱 신명호 장세호
펴낸이 · 한봉숙
펴낸곳 · 푸른사상사
주간 · 맹문재 | 편집 · 지순이 | 마케팅 · 박강태

등록　제2−2876호
주소　서울시 중구 초동 42번지 아시아미디어타워 502호
대표전화　02) 2268−8706(7) | 팩시밀리　02) 2268−8708
이메일　prun21c@yahoo.co.kr / prun21c@hanmail.net
홈페이지　www.prun21c.com

ⓒ 2012, 부경대학교 인문사회과학연구소 노년인문학센터
　　　　송명희 채영희 한혜경 강인욱 신명호 장세호

ISBN 978−89−5640−918−4 93300

값 18,000원

인문학자, 노년을 성찰하다

과거에 우리 사회에서 노인은 가정에서나 사회에서나 존경의 대상이었다. 그러나 근대 이후 노인은 끊임없이 나이의 흔적과 싸우고, 사회적으로 직업을 잃어버린 은퇴자가 되거나, 젊은 사람들과의 대화의 장에도 끼지 못한 채 소외된 타자로 전락하여 간다.

세계적으로 가장 빠르게 고령화 사회에서 고령사회로 진입하고 있는 우리나라의 현실에서 노년이 된다는 것은 부정하고 싶고, 은폐하고 싶고, 회피하고 싶은 금기사항이 되었다. 현대인은 노화의 흔적을 지우기 위해 머리를 염색하고 짙은 화장을 하는가 하면, 성형수술을 하고, 호르몬제를 투여하고, 진시황이 아니더라도 불로장생의 불로초를 찾아 헤맨다.

안티에이징(anti-aging)이라는 단어가 표현하듯 현대는 나이를 먹는다는 것, 즉 노화를 자연스런 삶의 과정으로 여기지 않고 참을 수 없는 질병으로 치부하며 이에 저항한다. 그래서 사람들은 미장원으로, 피부관리실로, 병원으로, 피트니스센터로 찾아다니며 '안티에이징'을 위한 몸 관리에 목숨을 건다. '안티에이징'이라는 단어에는 오직 '젊음'만이 가치라는 의식이 내포되어 있다. 하지만 노년을 젊음의 상실로만 인식하며 노화를 지연시키려고만 하는 노력은 매우 잘못된 태도이다.

로우(Rowe)와 칸(Kahn)이 말한 '성공적 노화(successful aging)'는 질병을 피해가고, 높은 수준의 정신적 기능과 신체적 기능을 유지하고, 적극적으로 생활에 참여할 것을 권장한다. 이처럼 성공적 노화는 병들지 않은 '건강한 몸'과 '물질적으로 부유한 상태', 그리고 '적극적인 참여'를 요구하지만 이것을 누구나 다 누릴 수는 없다. 그리고 언제까지나 젊은 정신과 육체를 유지하며 질병과 노화를 피해갈 수는 있는 것도 아니다. 늙음과 죽음은 다소 지연시킬 수는 있지만 영원히 막을 수는 없는 누구에게나 공평한 생물학적 현상이다.

사람들이 흔히 노년을 준비한다고 할 때, 그것은 노후자금을 마련하고, 소일할 취미생활을 찾고, 은퇴하여 여생을 보낼 장소를 정하는 것으로 생각한다. 그러나 과연 그것이 우리가 준비하여야 할 노년의 전부인 것일까? 그것을 준비하는 것만으로 노년을 인간답게 살 수 있는 것일까?

사회적으로 강제된 정년퇴직, 인간관계로부터의 소외, 경제적 궁핍, 육체적 건강의 상실은 인간으로서의 근원적 욕구를 제한시키고, 사회적 고립과 좌절감을 안겨준다. 노년세대는 경제적 곤란, 건강 상실로 인한 신체적 부자유뿐만 아니라 사회적 역할 상실로 인한 고독감과 무료함, 그리고 죽음에 대한 불안감과 같은 정서적 불안정 상태에 놓여 있다.

또한 할 일 없는 여가투성이의 무료한 시간을 어떻게 보낼 것인가는 이미 개인적 문제를 넘어서서 사회적 문제로 떠올랐다. 노인들은 사회적 역할 상실뿐만 아니라 핵가족화로 인해 가정에서도 역할 상실을 경험하게 된다. 이와 같은 무위무용의 상태는 노인들의 고독, 불안, 무료함을 가중시키고 이들을 불행감에 휩싸이게 만든다. 그러나 과연 노년을 그렇게 고독하고 불안하고 무료하게 보내야 하는 것일까? 노년을 풍요롭고 평온하고 행복하게 향유할 수는 없을까?

712만 명에 달하는 베이비붐 세대의 대규모 은퇴를 앞두고 있는 우리 사회에서 노인문제는 최근 사회적으로나 학문적으로 가장 중요한 이슈로 떠올랐다. 노인문제는 사회제도적 차원의 복지문제나 정년연장과 재고용, 연금과 같은 경제적 차원의 과제를 안고 있을 뿐만 아니라 노년을 어떤 가치관을 갖고 살아야 할 것인가, 노년의 정체성을 어떻게 구성할 것인가, 노화를 어떻게 받아들여야 할 것인가, 어떻게 노년을 건강하고 행복하게 향유할 수 있을 것인가와 같은 인문학적 차원의 과제를 동시에 안고 있다. 즉 노년세대들이 내적으로 자신들의 노년을 어떻게 받아들이고, 어떤 가치관을 갖고 사느냐의 문제와 함께 자식세대들이 노인들을 어떻게 받아들이고 가정과 사회의 구성원으로서 조화롭게 공존하느냐 하는 문제는 사회과학적 과제이기 이전에 인문학적 과제이다.

노년을 경험하지 않은 젊은이는 노년을 자신과는 아무런 상관도 없는 타인의 삶으로 간주하지만 노년은 누구에게나 회피할 수 없는 현실이다. 인간은 태어나는 순간 늙음과 죽음을 향해 가는 존재라는 데서 노년의 인간학적 가치를 찾는 일의 중요성은 더욱 커진다.

시몬 드 보부아르가 그의 저서 『노년』에서 말했듯이 오늘날의 추락한 노인의 지위는 노인 그 자신에 의해서가 아니라 사회적으로 결정되어진 것이다. 그렇다고 해서 개인들이 아무 일도 하지 않을 수는 없다. 타자화된 노년을 벗어나 인간적인 노년을 만들기 위한 사회적 노력의 첫 단계로 우리는 태어나고 늙고 병들어 죽는 인간의 피할 수 없는 여정이 나에게도 다가온다는 자각에서 출발해야 한다. 그래야만 한 인간이 노년에도 인간으로서의 존엄성을 지니고 살아갈 수가 있다. 노인을 위한 복지정책이나 연금, 노년을 위한 복지관의 프로그램만으로 노년을 인간답게 살 수는 없는 것이다. 따라서 노년에 대한 가치관을 재구성하고 이에 따라 우리의 삶을 변화시키지 않는다면 사회가 아무리 복지비용을 증대하고 노인을 위한 시설들을 확대한다고 하더라도 여전히 노인들은 고독하고 불안하고 무위한 삶으로부터 벗어날 수 없는 것이다. 그래서 노년인문학의 필요성이 대두된다.

따라서 **부경대학교 인문사회과학연구소 노년인문학센터**에서는 우리나라에서 아직 학문으로 정립되지 못한 '**노년인문학**'을 학문적으로 구성하기 위한 장기 계획을 수립하였다. 그 첫 번째 시도로 '**인문학자, 노년을 성찰하다**'란 단행본을 통해 노년인문학의 필요성을 우리 사회와 학계에 제기한다.

이 책은 노년담론을 문학적, 사회인문학적, 역사·철학적 관점에서 살펴보았다. 여기에 참여한 송명희·채영희·한혜경·강인욱·신명호·장세호 등 여섯 명의 필자들은 노년인문학의 필요성에 절감한 문학·언어학·미디어학·고고학·사학·철학을 전공하는 인문학자들로서 서구지향적 노년학을 지양하고 한국적 노년인문학을 정립하자는 데에 의기투합한 사람들이다. 여섯 명의 필자들은 우리 사회에 만연한 노화에 대해 부정적인 시각이 잘못되었다는 데 공감하고, 노화를 질병으로 취급하는 상업화된 의료기술과 무기력하고 타자화된 노년의 이미지를 생산해내는 매스미디어와 예술을 비판하며, '성공적 노화'나 '신노년' 같은 서구적 노년담론을 무비판적으로 수용하는 데 대한 문제의식을 공유하였다.

따라서 동양과 한국의 고전담론 속에서 현대에 유용한 새로운 가치를 발견하여 현대사회에 맞는 새로운 노년담론을 인문학적 가치로 재구성하려는 학문적 노력을 기울이자는 데 의견의 일치를 보았다. 그리고 의료 산업과 생명과학의 항노화 기술의 발전이나 연금제도의 개선과 복지의 확대, 복지관의 구색 맞추기로 끼어 있는 프로그램 따위만으로는 결코 노년문제는 해결될 수 없다는 데 인식을 공유하였다. 즉 노인을 자연과학의 대상이나 사회과학의 대상으로만 여기는 한 노년 문제는 온전히 해결될 수 없다는 것이다. 여기에서 노년인문학의 필요성이 대두된다.

젊음을 유지하기 위해 안간힘을 쓸 것이 아니라 노년 그 자체를 인생의 한 과정으로 긍정하고 노년을 풍요롭게 향유해야 한다는 것, 유년, 청년, 중장년, 노년 모두는 우리 사회의 평등한 구성원이므로 세대의 벽을 가르고 연령주의에 입각하여 노년을 타자화하고 소외시킬 것이 아니라 노년세대 역시 우리 사회의 소중한 구성원이자 공존 대상이라는 의식을 확립해야 한다는 것, 개인들이 노년을 주체적으로 살기 위해서는 개개인이 노년의 정체성을 바로 수립해야 할 뿐만 아니라 사회 전체의 가치관이 변화하고 공동체가 그것을 지원해야 한다는 것, 노인은 무기력하고 쓸모없는 폐품이 아니라 성숙하고 지혜로운 인간이라는 가치의식을 전제한 인간학적 성찰을 담은 노년인문학을 정립해야 한다는 것이 필자들의 공동목표이다.

더욱이 우리 사회는 고학력의 건강한 그리고 경제적으로나 정치적으로 권력을 지닌 베이비붐 세대의 노년이 대규모로 등장함으로써 노년에 대한 새로운 정책뿐만 아니라 인간학적인 새로운 패러다임이 절실해졌다. 이러한 시대적 흐름에 노년인문학이 분명 큰 기여를 할 수 있을 것이라는 확신을 갖고 노년인문학에 대한 시론적 성격의 책을 출판한다. 독자들의 관심과 더불어서 질정을 바란다.

2012년 아름다운 5월을 맞으며
부경대학교 인문사회과학연구소 소장 송명희 씀

머리말 • 5

제1장 노년담론의 문학적 성찰

노년담론의 소설적 형상화 송명희 • 15
박완서의 「마른 꽃」을 중심으로

    Ⅰ. 노년에 대한 새로운 가치의 정립이 필요하다 • 16

    Ⅱ. 타자화되어가는 노년 • 20

    Ⅲ. 결론 • 38

김훈 소설에 나타난 몸담론 송명희 • 43
「화장」을 중심으로

    Ⅰ. 서론－포스트모더니즘과 몸담론 • 44

    Ⅱ. 「화장」에 나타난 몸담론 • 46

    Ⅲ. 결론 • 68

주류사회에서 아웃사이더의 정체성 찾기 송명희 • 71
이창래의 『제스처 라이프』를 중심으로

    Ⅰ. 서론 • 72

    Ⅱ. 페르조나로서의 삶에 대한 회의 • 75

    Ⅲ. 아니마로서의 여성－메리 번즈, 서니, 그리고 K(끝애) • 79

    Ⅳ. 주류사회에서 아웃사이더의 정체성 찾기 • 88

    Ⅴ. 결론 • 98

제2장 노년담론의 사회인문학적 성찰

노인 어휘망에 나타난 '늙음'의 의미분석에 따른
새로운 노년인식 채영희 • 103

  Ⅰ. 머리말 • 104

  Ⅱ. 말뭉치 자료에 나타난 노인에 대한 수식어 양상 • 106

  Ⅲ. 우리말과 외국의 노인 호칭어를 통해 본 노년인식 • 114

  Ⅳ. '늙음'과 '낡음'의 관계 • 122

  Ⅴ. 노년을 위한 새로운 패러다임의 필요성 • 133

의료와 미디어 산업의 노년담론 비판 한혜경 • 139
  젊음의 연장이 아닌 노년의 복원

  Ⅰ. 문제 제기 • 140

  Ⅱ. 의료 산업의 관리대상으로서 노년 • 146

  Ⅲ. 미디어 세계 속의 노년 • 154

  Ⅳ. 결론 : 주체적 삶의 과정으로서 노년의 재구성 • 165

제3장 노년담론의 역사 · 철학적 성찰

노인, 인류의 진화를 인도하다 강인욱 • 173

  Ⅰ. Lucy in the sky with diamonds • 174
  Ⅱ. 유인원에게 노인이란 의미는? • 175
  Ⅲ. 두 발로 걷는 업보 • 176
  Ⅳ. 고려장, 그 검증되지 않은 신화 • 179
  Ⅴ. 늙은 말에 길을 물어라 • 181

『대학공의(大學公議)』를 통해 본 다산 정약용의
노년담론 신명호 • 185

  Ⅰ. 머리말 • 186
  Ⅱ. 고려 말 『대학장구』의 수용과 노년담론 • 189
  Ⅲ. 다산의 『대학공의』 저술과 노년담론 • 198

인간 도리의 근원, 공자의 효사상 장세호 • 205

  Ⅰ. 서언 • 206
  Ⅱ. 종법 • 208
  Ⅲ. 인학(仁學) • 214
  Ⅳ. 효 • 222
  Ⅴ. 결어 • 227

참고문헌 • 229
찾아보기 • 241

제1장

노년담론의 문학적 성찰

노년담론의 소설적 형상화 **송명희**

김훈 소설에 나타난 몸담론 **송명희**

주류사회에서 아웃사이더의 정체성 찾기 **송명희**

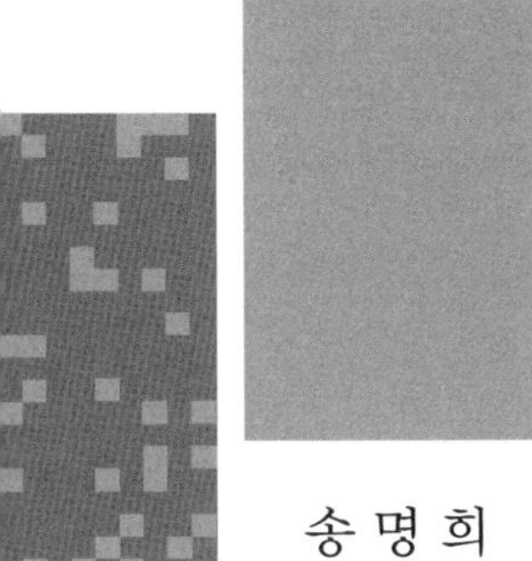

노년담론의 소설적 형상화

박완서의 「마른 꽃」을 중심으로

송 명 희

노년담론의 소설적 형상화

박완서의 「마른 꽃」을 중심으로

Ⅰ. 노년에 대한 새로운 가치의 정립이 필요하다

인간은 누구나 태어나 늙고 병들어 죽는다. 이 생로병사의 과정에서 자유로울 수 있는 사람은 없지만 불로장생을 꿈꾸는 것이 인간이라는 모순된 존재이다. 우리 사회는 급격하게 고령화 사회에 접어들었으며, 고령사회가 예상보다 빨리 다가오고 있다.[1) 경제발전과 의

---

1) 통계청 자료에 따르면 우리나라는 2000년에 65세 이상 노인이 인구의 7.2%로 고령화 사회에 접어들었으며, 2010년 12월에 11.3%로 증가하여 542만 명이 노인 인구이다. 당초 고령사회로 접어드는 시점을 2018년으로 예상했으나 농촌지역은 이미 초고령사회에 접어들었으며, 우리나라 전체의 고령사회, 초고령사회로의 진입은 예상보다 빨리 이루어질 것으로 전망되고 있다.

　*** UN의 고령화 사회 분류 기준**

　고령화 사회(aging society) : 전체인구 중 65세 이상 인구비율이 7% 이상~14% 미만인 사회

　고령사회(aged society) : 전체인구 중 65세 이상 인구비율이 14% 이상~20% 미만인 사회

　초고령사회(super－aged society) : 전체인구 중 65세 이상 인구비율이 20% 이상인 사회.

료기술의 발전으로 인간의 수명은 연장되었으며, 출산율 저하로 인구 증가가 둔화되는 등 고령사회를 앞당기고 있는 것이다. 특히 712만 명에 달하는 우리나라의 베이비붐 세대의 대규모 은퇴는 고령사회로의 진입을 촉진하고 있다.

과거에 노인은 사회적 존경의 대상이었는데, 근대 이후 인간은 끊임없이 나이의 흔적과 싸우고, 자신의 직업을 잃어버린 채 더 이상 직장을 구할 수 없는가 하면, 젊은 사람들과의 대화의 장에도 더 이상 끼지 못할 것이라는 근심 속에서 늙어가는 것을 두려워하고 있다.[2] 안티에이징(anti-aging)이라는 말이 표현하듯 현대는 나이를 먹는다는 것, 즉 노화를 자연스런 삶의 과정으로 여기지 않고 참을 수 없는 질병으로 여기며, 이에 저항한다. '안티에이징'이라는 단어에는 '젊음'만이 가치라는 의식이 내포되어 있다. 물론 나이를 먹어서도 젊게 살 수 있다면 다행이겠지만 노화가 거스를 수 없는 자연의 이치라고 한다면 이를 자연스럽게 받아들여야 한다.

그런데 노화에 저항하며 늙음을 단지 무가치하다는 의식에 사로잡혀 있을 때 노년은 불행할 수밖에 없다. 늙음을 당당하게 인정하고, 지금까지 살아온 삶을 긍정하고, 노년을 불편과 불안이 아니라 자유와 평화를 구가할 수 있도록, 즉 서구가치적인 '성공적 노화'[3]보다는 건강하고 행복한 노년을 위한 가치관과 철학을 정립하는 일이야

---

2) David Le Breton, 홍성민 역, 『근대성과 육체의 정치학』, 동문선, 2003, 169면.

3) '성공적 노화'에는 여러 이론이 있지만 로우(Rowe)와 칸(Kahn)은 질병을 피해가고, 높은 수준의 정신적 기능과 신체적 기능을 유지하고, 적극적으로 생활에 참여할 것을 권장한다(John Rowe & Robert Kahn, 최혜경·권유경 역, 『성공적인 노화』, 신정, 2010, 57~78면).

말로 경제적인 노후의 준비만큼이나 중요하고도 시급한 과제이다.

고령화 사회를 살아가는 노년세대들이 노년과 노화에 대해서 어떤 가치를 갖고 살아가느냐는 매우 중요한 문제이다. 사회적으로 강제된 정년퇴직, 인간관계로부터의 소외, 경제적 궁핍, 육체적 건강의 상실 등은 인간으로서의 근원적 욕구를 제한시키고, 사회적 고립과 좌절감을 안겨준다. 노년세대는 경제적 곤란, 건강 상실로 인한 신체적 부자유뿐만 아니라 사회적 역할 상실로 인한 고독감과 무료함, 그리고 죽음에 대한 불안감과 같은 정서적 불안정 상태에 놓여 있다. 또한 할 일 없는 여가투성이의 무료한 시간을 어떻게 보낼 것인가는 이미 개인적 문제를 넘어서서 사회적 문제로 떠올랐다. 노인들은 사회적 역할 상실뿐만 아니라 핵가족화로 인하여 가정에서도 역할 상실을 경험하게 된다. 이와 같은 무위무용의 상태는 노인들의 고독, 불안, 무료함을 가중시키고 이들을 불행감에 휩싸이게 만든다.[4]

이처럼 우리 사회가 고령화 사회로 진입함으로써 노인문제는 사회적으로나 학문적으로 중요한 이슈로 떠올랐다. 그런데 노인문제는 사회제도적 차원의 복지문제나 정년연장과 재고용 등의 경제적 차원의 과제를 안고 있을 뿐만 아니라 노년을 어떤 가치를 갖고 살아야 할 것인가, 노년의 정체성을 어떻게 구성할 것인가라는 인문학적 차원의 과제를 동시에 안고 있다. 즉 노년세대들이 자신들의 노년을 어떻게 받아들이고, 어떤 가치관을 갖고 사느냐의 문제와 함께

---

4) 박재간, 「노년기 여가생활의 실태와 정책과제」, 『노인복지정책연구－노인여가의 현황과 과제』 1997년 춘계호, 노인문제연구소, 1997, 9면.

자식세대들이 노인들을 어떻게 받아들이고 가정과 사회의 구성원으로서 조화롭게 공존하느냐 하는 문제는 사회과학적 과제이기 이전에 인문학적 과제이다.

박완서는 노년소설에서 가장 집중적으로 거론되는 작가이다. 왜냐하면 『너무도 쓸쓸한 당신』(1998)에 이어 『친절한 복희씨』(2007)에서 노년소설을 집중적으로 발표했기 때문이다.[5] 『친절한 복희씨』의 해설문에서 김병익은 노년문학을 "그냥 작가가 노년이라는 것, 혹은 단순히 작품 속에 등장하는 인물이 노인이라는 것 이상의 것, 즉 노인이기에 가능한 원숙한 세계인식, 삶에 대한 중후한 감수성, 이것들에 따르는 지혜와 관용과 이해의 정서가 품어져 있는 작품세계를 드러낼 경우를 말한다"[6]라고 정의했다. 그리고 노년문학의 한 뛰어난 범례로 박완서의 소설을 지목했다. 즉 노년문학(소설)의 조건으로 작가가 노년이며, 등장인물이 노인, 그리고 노년문제를 다루어야 한다는[7] 기존의 정의에서 나아가 노년의 작가가 창작한 만큼 원숙한 세계인식, 중후한 감수성, 노경의 지혜와 관용과 이해의 정서가 내포된 작품세계를 가지고 있어야 한다는 조건을 추가한 것이다.[8]

본고는 박완서가 1998년에 발표한 소설집 『너무도 쓸쓸한 당신』에

---

5) 이밖에도 정미숙·유제분은 박완서의 70년대 소설인 「그 살벌했던 날의 할미꽃」(1977)을 비롯하여 박완서의 소설을 초기, 중기, 후기로 나누어서 보다 많은 작품들을 노년소설의 범주에서 다루고 있다.(정미숙·유제분, 「박완서 노년소설의 젠더시학」, 『한국문학논총』 54, 한국문학회, 2010.4, 273~300면.)

6) 김병익, 「험한 세상, 그리움으로 돌아가기」, 『친절한 복희씨』, 문학과지성사, 2007, 285면.

7) 변정화, 「시간, 체험, 그리고 노년의 삶」, 문학을 생각하는 모임, 『한국문학에 나타난 노인의식』, 백남문화사, 1996, 174~175면.

8) 하지만 필자는 노년문학의 필자가 반드시 노년의 작가일 필요는 없다고 생각한다.

수록된 노년소설 「마른 꽃」을 중심으로 노년의 심리, 노화에 대한 태도, 노년의 재혼문제, 자녀들의 부모 부양에 대한 태도 등에 대한 작가의 가치의식을 집중적으로 분석해 보고자 한다. 「마른 꽃」 한 편을 집중 분석한 논문은 없지만 소설집 『너무도 쓸쓸한 당신』에 대해서는 여러 논자들이 주목했으며, 부분적으로 「마른 꽃」을 언급한 논문은 여러 편에 달한다.[9]

Ⅱ. 타자화되어가는 노년

1. 세대차이로 인한 노년의 소외감과 분노

박완서(1931~2011)가 노년에 접어들어 출간한 소설집 『너무도 쓸쓸한 당신』(1998)에는 5편의 노년소설이 수록되어 있다. 본고의 분석 대상인 「마른 꽃」을 비롯하여 표제작인 「너무도 쓸쓸한 당신」, 「환각의 나비」, 「길고 재미없는 영화가 끝나갈 때」, 그리고 「꽃잎 속의 가시」가 그것이다. 노년의 재혼문제, 별거상태에 있던 노부부의 화해문제, 치매노인문제, 병든 부모의 수발문제, 죽음의 문제 등 노년에서 직면하게 되는 여러 문제들이 이 소설집에는 다양하게 형상화되

---

9) 이정숙, 「현대소설에 나타난 노인들의 삶의 변화 양상」, 『현대소설연구』 41, 한국현대소설학회, 2009, 247~279면.

최선희, 「박완서 소설에 나타난 노년의 삶 ― 『너무도 쓸쓸한 당신』을 중심으로」, 『한국말글학』 26, 한국말글학회, 2009, 139~171면.

정미숙 · 유제분, 앞의 논문, 273~300면.

전흥남, 『한국현대노년소설연구』, 집문당, 2011.

최명숙, 「박완서 노년소설 연구 ― 『너무도 쓸쓸한 당신』을 중심으로」, 『문예연구』 71, 2011년 겨울, 30~48면.

어 있다.

　인생의 어느 시기를 노년기로 설정하느냐는 학자에 따라 다소 견해를 달리하지만 대체로 60세 또는 65세 이후로 보는 것이 일반적이다. 노년기는 가정적으로는 조부모가 되는 시기이며, 사회적으로는 직장에서 은퇴가 이루어지는 시기라고 할 수 있다. 노년이란 생물학적 개념이라기보다는 사회적 은퇴와 맞물린 사회학적 개념이라고 할 수 있다.[10]

　박완서의 「마른 꽃」(문학사상 1995.1)에서 1인칭의 화자이자 주인공은 남편과 사별한 환갑을 앞둔 여성이다. 이 여성의 상대역 조 박사는 3년 전에 아내와 사별했으며, 1년 전에 지방대학에서 정년퇴직한 역사학자이다. 주인공으로 등장하는 인물들이 노년의 연령이고, 노년의 재혼문제 등 이 작품에서 다루고 있는 핵심적 사건 역시 노년의 문제이다. 그리고 노년기의 작가가 쓴 작품[11]이라는 점에서도 「마른 꽃」은 어김없이 노년소설의 범주 안에 든다.[12]

　이 소설에는 동일문제에 대해 세대 간에 다르게 인식하는 세대 차이와 그로 인한 노인의 소외감과 같은 심리적 특성이 잘 드러나고 있다. 즉 어른 대접을 제대로 못 받을 때 갖는 섭섭함이 그것이다. 흔히 노년세대와 젊은 세대 사이에는 의견·가치관·태도·행동·사고방식 등에서 세대 차이를 노정한다. 노인과 젊은이는 그들이 속하고 있는 동시집단이 다르기 때문에 역사적 경험 또한 다를 수밖에

---

10) 송명희, 「노년기의 시학―죽음의식과 허무」, 『탈중심의 시학』, 새미, 1998, 76면.
11) 이 작품은 작가가 65세에 썼다.
12) 노년소설의 요건으로 반드시 노년기의 작가라는 것은 필수적이 아니다. 노년이 아닌 작가도 얼마든지 훌륭하게 노년소설을 쓸 수 있다.

없으며, 인생주기의 변화에 따라 생물학적, 사회적, 심리적 특성 또한 달라짐으로써 세대 차이가 발생한다.[13]

작품에서 노년의 소외감은 친정조카의 결혼식에 참석하러 서울에서 대구까지 갔지만 시어른이 안 계시다는 이유로 조카네는 폐백을 생략할 뿐만 아니라 어른 대접을 제대로 하지 않으며, 돌아갈 표도 준비 않은 채 고모를 당일로 서울로 돌아가게 만든 데서 발생한다. 즉 노년의 주인공과 조카(조카며느리)는 결혼식의 폐백에 대해 서로 다른 가치관을 가지고 있다. 주인공은 조카의 부모(큰오라버니 내외)가 돌아가셨기 때문에 생존하는 자신이 조카의 가장 가까운 집안어른으로 생각하며 부모를 대신하여 당연히 폐백을 받을 것으로 생각한다. 따라서 불편하지만 한복을 뻗쳐 입고 대구의 셋째조카 결혼식에 내려갔다.(여기서 '뻗쳐 입고'라는 단어에는 한복이 불편하지만 폐백을 받을 때 필요한 의상이기 때문에 입고 갔지만 이를 받지 못한 데 대한 자조감이 스미어 있다.) 그런데 큰조카며느리는 한마디 상의도 없이 시어른이 안 계시다는 이유로 폐백을 생략해도 좋다고 사돈집에 일렀다고 변명한다. 이에 대해 주인공은 폐백을 아무도 함부로 할 수 없는 아름다운 전통으로 여기며 이를 생략한 것을 법도 있는 집안에서 있을 수 없는 일로 간주한다. 그래서 자신의 생각에 동조해줄 나잇살 먹은 얼굴을 찾았으나 눈에 띄지 않자 큰조카며느리의 계산된 출가외인 대접으로 오해하며 별안간 "내가 자신 있게 아는 게 뭘까? 내년이 환갑이란 나이가 늙은이 대접을 제대로 못 받으니까 스산하고 흉흉하기까지 했다."라고 극단적인 소외감을 느끼

게 된다.

둘째, 대구에 사는 큰조카는 전화를 할 때마다 늘 한번 다녀가시라고 말해왔으므로 제 동생 결혼식을 보러 온 고모를 으레 하루 이틀 묵어가게 할 줄 알고 돌아갈 차표도 예매하지 않았다. 그런데 큰조카는 대접으로라도 묵어가라는 말조차 하지 않을 뿐만 아니라 결혼식에 청첩만 해놓고 돌아갈 차표 하나 마련하지 않았다. 이에 대해서 눈물까지 핑 돌 것 같은 야속함을 느낄 뿐만 아니라 조카네의 야박한 소갈머리가 괘씸하고 얄미웠다.

셋째, 조카네에게 무시당했다는 느낌은 "축제 분위기가 한껏 고조된 피로연장에서도 들리느니 온통 그쪽 사투리였다. 조카네한테 무시당했다는 느낌은 그쪽 사투리가 패거리를 져서 나를 따돌리고 있는 것 같은 참담함으로 이어졌다."에서 보듯이 서울 토박이인 그녀에게 대구 사투리마저 패거리를 져서 따돌리고 있는 것 같은 참담한 고독감과 소외감으로 이어진다.

넷째, 둘째조카며느리가 올라갈 표를 예매하지 않은 사실을 주지시키며 서둘러 모셔다 드린다는 핑계로 일찍 일어나서 대구역 주차장에 화자를 짐짝처럼 내려놓고 떠나버린 것을 비롯하여 어른을 모시고 가는 차 안에서도 주인공에게 대화에 끼어들 틈을 주지 않고 배제하며 저희들끼리 찧고 까분 것에 대한 눈꼴사나움 등 어른대접을 제대로 하지 않은 데서 노여움을 느낀다.

주인공이 느낀 노여움은 결국 조카(조카며느리)와의 폐백과 집안 어른 모시기라는 문제에 대한 가치관의 세대 차이로 인한 소외감과 집안 어른에 대한 부당한 대우에 대한 괘씸함이라고 할 수 있다. 하지만 생각 여하에 따라서는 조카들이 특별히 고모인 주인공에게 의

도적으로 잘못한 것이라고는 볼 수 없다. 결국은 세대 차이가 문제이며, 그 차이에 대해서 주인공은 노인 특유의 노여움을 타는 심리적 특징을 노정한 것으로도 볼 수 있는 것이다.

그런데 주인공이 느낀 소외감은 단순한 세대 차이라 넘겨 버리기에는 너무 심각하다. '무시당했다', '따돌리다', '짐짝' 같은 표현이 환기하듯 주인공이 시종일관 느낀 것은 자신이 고의로 배제되고 부당하게 대접받은 데 대한, 즉 조카들이 자신을 타자화한 데 대한 분노라고 할 수 있다. '괘씸하다', '야속하다', '스산하다', '흉흉하다', 참담하다', '눈꼴사납다'에서 드러나는 부정적 감정은 슬픔이 아니라 분노이다. 심리학자 쉐러와 월보트에 의하면 분노란 대부분 다른 사람에 의해서 고의로 유발된 불쾌하고 공정하지 못한 상황에서 경험하는 감정이다. 자신이 공정하게 대우받지 못한다는 느낌이 분노를 일으키는 주요 원인인 것이다.[14]

2. 노년여성의 이성, 몸, 재혼에 대한 인식

대구터미널에서 환불하는 두 장의 버스표를 우연히 나누어 사게 됨으로써 동석하여 서울로 돌아오게 된 1인칭의 주인공은 아콰마린 반지를 낀 옆자리 남자의 손을 통해 호텔 지하상가에서 보석상을 하던 친구로부터 들은 아콰마린에 얽힌 비극적인 전설과 친구와의 추억을 떠올린다. 그리고 남자의 런던포그 상표의 카키색 트렌치코트의 세련된 차림, 정중하고도 싹싹한 말씨 등에 대해서도 호기심을

---

14) 최현석, 『인간의 모든 감정』, 서해문집, 2011, 114~115면.

가지기 시작한다. 남자의 차림새와 태도 등에 대한 관심은 신체에 대한 관심으로 확장되는데, "배도 안 나오고 다리도 길고 걸음걸이는 여유 있고 늠름"한 남자의 외모를 바라보며 나이 들어 보이는 한복을 입고 온 것을 후회하는가 하면 그 남자와 함께 그럴 듯한 바에 들어가 양주를 한 잔씩 하는 상상을 하게 된다. 옛날 보석상을 하던 친구와 호텔 지하상가의 분위기 좋은 바에서 만났던 "점잖고 우아하고 여유 있어 보이는 노신사와 노부인"처럼……

1인칭 주인공 시점이기 때문에 남자의 주인공에 대한 느낌은 드러나지 않지만 주인공의 상대남성에 대한 관심은 "수려한 골상에 군살이 붙지 않아 강직해 보였고, 눈빛은 따뜻했다. 가슴이 소리 내어 울렁거렸다. 이 나이에 이런 느낌을 가질 수 있다는 걸 누가 믿을까."라는 데서 볼 수 있듯이 젊은이들의 이성에 관한 관심과 별반 다를 바가 없다. 두 사람의 서로에 대한 호감은 대화를 나누면서 더욱 확대된다.

흘러간 영화, 좋아하는 배우나 음악, 맛 좋고 분위기 좋은 음식점, 세상 돌아가는 얘기 따위를 두서없이 주고받으면서 나는 내가 얼마나 수다스럽고, 명랑하고, 박식하고, 재기가 넘치는 사람인가를 처음 알았고 만족감을 느꼈다. 그렇다고 모든 문제에 의견이 일치했던 건 아니다. 우리는 유신시대나 군사정권 시대를 살아내기가 얼마나 치욕스러웠는가에 대해서는 정열적으로 동의했지만, 그가 식구처럼 아낀다는 진돗개를 얘기하자 나는 마치 개소리만 들어도 알레르기를 일으키는 사람처럼 요란스럽게 질색을 했다. 그 모든 짓거리들이 그렇게 재미있을 수가 없었다. 여북해야 자정이 넘었는데도 벌써 서울인가 싶었을까.

시내버스가 드문드문 다니고 있었고, 지하철은 이미 끊긴 시간이었다. 고속버스에서 내린 승객은 거의 택시 승차장에 줄을 섰다. 밤공기가 냉랭

했다. 그가 코트를 벗어 내 어깨에 걸쳐주었다. 나는 마다하지 않고 순순히 그 안에서 몸을 작게 웅숭그렸다. 나이 같은 건 잊은 지 오랬다.[15]

동시대를 살아온 두 사람의 대화는 영화나 음악 이야기로부터 세상 돌아가는 이야기, 군사정권을 살아온 경험 등 공감할 수 있는 영역이 많았고, 따라서 주인공은 자신에 대해 "수다스럽고, 명랑하고, 박식하고, 재기가 넘치는 사람인가를 처음 알았고 만족감"을 느끼게 된다. 마치 대구의 결혼식에서 젊은 조카(조카며느리)들로부터 받은 마음의 상처와 소외감을 상쇄라도 하듯이 동년배인 두 사람의 대화는 수다스럽게 이어진다. 더욱이 자정이 넘은 시각에 서울에 내린 그들은 우연히도 같은 방향이었다.

둘째아들네의 강아지를 대신 돌봐주다가 사고가 생겨 연락하기 시작한 두 사람은 자연스럽게 데이트를 즐기기 시작한다. 이로 인한 내적 변화를 "내 안에서도 뭔가가 핑퐁 알처럼 경박하고 예민한 탄력을 지니게 되었다는 걸 느꼈다"라고 표현된다.

하지만 젊은이처럼 붕 떠오른 마음과는 달리 아이를 세 번이나 임신하고 쌍둥이까지 4명의 아이를 낳은 하반신은 참담한 노화를 증명한다. 화자는 거울에 비친 자신의 하반신의 "추악함이 충격적"이라고 표현한다. '할망구', '비명', '참담했다', '주름살이 늘쩍지근하게 처져 있었다' 와 같은 표현에서도 보듯이 젊게 보이고 젊게 사는 것을 선호하는 사회적 분위기가 만들어내는 압력은[16] 주인공으로 하

---

15) 박완서, 「마른 꽃」, 『너무도 쓸쓸한 당신』, 창작과비평사, 1998, 29면.
16) 김수영 외, 『노년사회학』, 학지사, 2009, 76면.

여금 노화과정에서 자연스럽게 나타나는 신체적 변화를 충격적으로
받아들이고 혐오하게 만든다. 그야말로 젊음을 예찬하고 노화와 죽
음을 상징화하지 못하는 사회에서 노화가 가지는 이미지는 끔찍하
다는 것을[17) 주인공의 노화에 대한 의식에서 확인하지 않을 수 없다.
신체에 대한 화자의 시각 자체가 젊음을 기준으로 함으로써 몇 차례
의 출산 임무를 성스럽게 마친 육체의 노화를 긍정적으로 수용하지
못하고 극단적인 부정적 인식을 나타낸 것이다.

> 몸에서 물이 떨어져 발밑에 타월을 깔고 뻣뻣이 서서 전화를 받다 말고
> 나는 하마터면 아니 저 할망구가 누구야! 하고 비명을 지를 뻔했다. 문갑
> 옆 경대는 시집올 때 해가지고 온 구식 경대여서 거울이 크지 않았다. 거
> 기에 하반신만이 적나라하게 비쳤다. 나는 세 번 임신했고 삼남매를 두었
> 지만 실은 네 아이를 낳아 셋을 기른 거였다. 세 번째 임신이 쌍둥이였다.
> 그중 아우를 돌 안에 잃었다. 쌍둥이까지 낳은 적이 있는 배꼽 아래는 참
> 담했다. 볼록 나온 아랫배가 치골을 향해 급경사를 이루면서 비틀어 짜 말
> 린 명주빨래 같은 주름살이 늘쩍지근하게 처져 있었다. 어제오늘 사이에
> 그렇게 된 게 아니련만 그 추악함이 충격적이었던 것은 욕실 안의 김 서린
> 거울에다 상반신만 비춰보면 내 몸도 꽤 괜찮았기 때문이다.[18)

이와 같은 몸에 대한 부정적 인식은 결국 노년의 재혼에 대해서도
부정하는 결과로 나타난다. 즉 육(肉)으로서의 몸(fiesh body)[19)의 노
화에 대한 충격적 인식은 결국 정신적 소통, 즉 연애감정에 찬물을

---

17) David Le Breton, 홍성민 역, 앞의 책, 168면.

18) 박완서, 앞의 책, 34면.

19) Cris Shilling, 임인숙 역, 『몸의 사회학』, 나남출판, 1999, 116면.

끼였었다고 할 수 있다. 주인공은 젊었을 때와 다름없는 연애감정을 가지고 있었음에도 자신의 이성에 대한 관심에는 '정욕'이 비어 있다고 표현한다. 이는 노년의 연애감정에는 성적 육체적 욕망이 부재한다는 의미일 것이다. 여기서 노년여성을 육체적 성적 욕망이 없는 존재로 간주하는 것은 연령주의적이고[20] 남성중심적인 가치의식이 작용하고 있다는 것을 지적하지 않을 수 없다. 어쨌건 주인공은 육체적 욕망이 동반되지 못하는 연애, 정서로만 충족되는 연애는 겉멋에 불과한 것으로 치부함으로써 연애에 대해서도 젊은이와 동일한 기준을 적용시키는 가치관을 노정한다. 결국 이는 노인의 재혼에 대해서도 젊은이와 똑같은 기준을 가지고 부정하는 결말에 이르도록 작용하는 것이다.

무릇 모든 결혼에는 성적 육체적 욕망이 전제되어야 하고, 아이를 낳고 기르는 목적이 있어야 한다는 것이다. 그런데 노인의 연애감정에는 성적 욕망이 부재하며 아이를 낳아 기를 수도 없으므로 결혼은 할 필요가 없다는 것이다. 즉 '정욕'을 가진 젊음과 아이를 낳고 기른 '짐승스런 시간'을 같이한 사이가 아니라면 상대남성의 노화의 과정에서 나타나는 신체적 심리적인 불유쾌한 현상들을 참아가면서 굳이 결혼할 필요가 있겠는가라는 냉정한 인식이다. 자신의 노화에 접어든 몸에 대한 느낌을 추악하고 혐오스런 것으로 여기며 수용할

---

20) 연령주의(ageism)는 연령에 의거해 특정 연령집단을 차별하는 일련의 믿음, 태도, 규범, 실천이라 정의할 수 있다. 한국적 맥락에서의 연령주의는 전통적으로는 '장유유서'의 형태가 우세했지만, 오늘날에는 오히려 노년에 대한 부정적 편견과 실천의 형태로 자리잡고 있다.(정진웅, 「정체성으로서의 몸짓:종묘공원 노년남성들의 '몸짓문화'의 의미」, 『한국노년학』 31−1, 한국노년학회, 2011, 159면.

수 없었듯 상대남성의 노화에 접어든 신체의 추악함도 참아줄 수 없기 때문에 재혼을 할 수 없다는 뜻이다. 결국 작가는 노년여성의 성적 욕망을 부정했고, 결혼의 궁극적인 의미를 아이를 낳고 기르는 데 두었으며, 따라서 이러한 것들이 빠진 노년의 재혼은 부정되는 보수적 인식을 나타냈다.

> 조 박사를 좋아하는 마음에는 그게 없었다. 연애감정은 젊었을 때와 조금도 다르지 않은데 정욕이 비어 있었다. 정서로 충족되는 연애는 겉멋에 불과했다. 나는 그와 그럴 듯한 겉멋을 부려본 데 지나지 않았나 보다. 정욕이 눈을 가리지 않으니까 너무도 빠안히 모든 것이 보였다. 아무리 멋쟁이라고 해도 어쩔 수 없이 닥칠 늙음의 속성들이 그렇게 투명하게 보일 수가 없었다. 내복을 갈아입을 때마다 드러날 기름기 없이 처진 속살과 거기서 우수수 떨굴 비듬, 태산준령을 넘는 것처럼 버겁고 자지러지는 코곪, 아무데나 함부로 터는 담뱃재, 카악 기를 쓰듯이 목을 빼고 끌어올린 진한 가래, 일부러 엉덩이를 들고 뀌는 줄방귀, 제아무리 거드름을 피워 봤댔자 위액 냄새만 나는 트림, 제 입밖에 모르는 게걸스러운 식욕, 의처증과 건망증이 범벅이 된 끝없는 잔소리, 백 살도 넘어 살 것 같은 인색함, 그런 것들이 너무도 빤히 보였다. 그런 것들을 아무렇지도 않게 견딘다는 것은 사랑만 있다고 되는 것은 아니다. 적어도 같이 아이를 만들고, 낳고, 기르는 그 짐승스러운 시간을 같이한 사이가 아니면 안 되리라. 겉멋에 비해 정욕이 얼마나 아름다운 것인지 이제야 알 것 같았다. 재고할 여지는 조금도 없었다. 불가능을 꿈꿀 나이는 더군다나 아니었다.[21]

여기에서 노년의 재혼에 찬성하지 않는 작가의 보수적 시각뿐만 아니라 중산층적 시각 역시 지적하지 않을 수 없다. 즉 경제적 어려움이 없는 중산층 이상 여성들의 재혼보다는 자유롭게 살고자 하는

---

21) 박완서, 앞의 책, 44면.

의식의 일단이 주인공을 통해 드러나고 있다. 이는 「너무도 쓸쓸한 당신」에서 사실상 별거상태에 있던 남편의 모기에 물린 말라빠진 정강이를 어루만지며 몸의 만남을 시도하는 노년여성과 비교된다. 즉 서울에서 함께 거주하던 아들과 딸이 대학을 졸업하고 결혼까지 해버렸기 때문에 더 이상 별거의 명목상의 이유가 사라짐으로써 연민의 정을 갖고 남편과 몸의 화해를 시도하려고 노력하는 노년여성과는 대조되는 냉정함이다.

「너무도 쓸쓸한 당신」에서 보여주는 오랜 세월을 같이 아이들을 길러온 부부의 의리로 별거를 청산하고 결혼관계를 계속 유지하겠다는 화해의 태도는 소중하다. 그런데 배우자의 사별이나 황혼이혼으로 홀로 살아가는 노인들이 증가하고 있는 상황, 그리고 자식들이 노부모의 부양을 부담스럽게 여기는 상황에서 노년재혼의 개인적 사회적 필요성은 증가하고 있다. 따라서 노년의 재혼에는 육체적 성적 욕망보다는 정서적 소통, 아이를 낳고 기르며 살아갈 동반자가 아니라 노년의 고독을 서로 위로하며 같이 늙어가고 평화롭게 죽음을 맞이할 수 있는 대화가 통하는 동반자가 필요하다. 즉 젊은이의 결혼과 노인의 재혼을 동일시하는 획일적인 의미규정에서 벗어난 새로운 의미규정이 필요한 것이다.

뿐만 아니라 작중 주인공의 재혼에 대한 부정적 인식에는 죽은 남편에 대해서 수절하겠다는 정절 이데올로기가 크게 작용한다. 그것은 "이 에미는 아버지 곁에 묻히고 싶다."는 말에 집약되어 표현된다. 그런데 합장을 위한 가묘까지 만들어 놓은 남편의 묘지에서 주인공이 느끼는 평화와 자유는 다소 추상적이고 과장된 것이라고 하지 않을 수 없다. 즉 환갑밖에 안 된 여성이 남편의 묘지에서 "보장

된 평화와 자유로부터 일탈할 어떤 유혹도 있을 수가 없었다."라고
느끼는 것은 지나치다고 여겨지는 것이다. 앞에서 이성에 대해서 그
토록 날아오를 듯한 정서적 교감을 느꼈던 여성이 동시에 죽음에 대
해서는 "깊은 평화에다 대면 일상에서 일어나는 아무리 큰 기쁨이나
슬픔도 그 위를 스치는 잔물결에 지나지 않았다."처럼 초연한 태도
를 취한다는 것은 매우 모순적이지 않은가. 더구나 노화에 대해서는
그토록 부정적 인식을 나타냈던 주인공이 노화의 연장선상에서 맞
이하게 되는 죽음에 대해서는 지나치게 수용적인 태도를 보여준다
는 것도 앞뒤가 맞지 않는다.

> (전략)나는 성묘하기를 좋아했다. 그하고 사귀는 동안도 남편한테 미안
> 한 마음 같은 건 조금도 없었다. 나의 일상생활 중 거기 가고 싶다는 것처
> 럼 완전에 가까운 자유의사는 없었다. 거기서 느끼는 깊은 평화에다 대면
> 일상에서 일어나는 아무리 큰 기쁨이나 슬픔도 그 위를 스치는 잔물결에
> 지나지 않았다. 결코 죽은 평화가 아니었다. 거기 가면 풀도 예쁘고 풀 사
> 이에 서식하는 개미, 메뚜기, 굼벵이도 예뻤다. 그의 육신이 저것들을 키
> 우고 있구나, 나 또한 어느 날부터인가 그와 함께 저것들을 키우게 되겠
> 지, 생각하면 영혼에 대한 확신이 없어도 죽음이 겁나지 않았고, 미물까지
> 도 유정했다. 진이 빠지게 풀들과 곤충들을 키우고 난 찌꺼기는 화장하여
> 훨훨 산하를 주유하도록 해주기를 자식들에게 부탁할 작정이다. 그 보장
> 된 평화와 자유로부터 일탈할 어떤 유혹도 있을 수가 없었다.[22]

배우자와의 사별로 인한 노년의 재혼문제에 대한 작가의 부정적
시각은 '마른 꽃'이라는 제목에서 상징적으로 드러나고 있다. 마른

---

22) 위의 책, 41면.

꽃은 이미 꽃으로서의 생명력을 상실한 시든 꽃이다. 노인 역시 생명력을 상실한 존재로 간주하며 수절하다가 죽는 것을 자연스러운 것으로 여겨온 전통적이고 보수적인 가치의식이 제목에서부터 나타나고 있는 것이다. 결혼을 자식을 낳아 같이 기르는 짐승스런 시간과 동물적인 정욕이 필요한 것으로 규정하며, 그것이 빠진 연애감정만으로는 재혼을 할 수 없다는 것이 이 작품의 주인공을 통해 반영된 작가의 노년재혼에 대한 인식이다. 정욕이 없는 노년의 인간은 마치 꽃으로서의 기능을 다한 마른 꽃과 같은 존재라는 것이다. 결국 작가는 결혼을 자식을 낳아 기르는 인생의 통과제의쯤으로 여기는 보수적 관념에서 전혀 나아가지 못했다. 작가는 몸이든 결혼이든 가치의 기준을 젊음과 젊은이에 둠으로써 노화를 수용하지 못했고, 노년의 재혼도 부정했다.

그런데 작가의 노인의 결혼에 대한 가치의식은 계층에 따라 차이를 나타내고 있다. 중산층의 '나'는 재혼에 동의하지 않지만 "배고픈 할머니"의 생계형 재혼에 대해서는 찬성을 보인다. 이 견해에 합당하게 형상화된 작품이 「그리움을 위하여」(2001년 제1회 황순원문학상 수상작)이다. 이 작품에서 재혼하는 환갑 진갑이 다 지난 노년 여성은 사촌언니네의 파출부를 하지 않으면 생계를 꾸려갈 수 없는 빈곤여성이다. 하지만 작품은 생계 때문이 아니라 사랑 때문에 재혼하는 것으로 설정되어 있으며 남해의 섬(사량도)에서 행복하게 노후를 보내는 노년부부의 모습이 유토피아처럼 그려진다.

여름에는 시원하고 겨울에도 춥지 않은 남해의 섬, 노란 은행잎이 푸른
잔디 위로 지는 곳, 칠십에도 섹시한 어부가 방금 청정해역에서 낚아 올린

분홍빛 도미를 자랑스럽게 들고 요리를 잘하는 어여쁜 아내가 기다리는 집으로 돌아오는 풍경이 있는 섬, 그런 섬을 생각할 때마다 가슴에 그리움이 샘물처럼 고인다. 그립다는 느낌은 축복이다. 그동안 아무것도 그리워하지 않았다. 그릴 것 없이 살았으므로 내 마음이 얼마나 메말랐는지도 느끼지 못했다.[23]

3. 자녀들에 의한 노인의 타자화

이 작품에서 작가는 노년의 재혼에 대해서는 부정적 의식을 나타내는 동시에 홀로 된 부모(시부모)를 둔 자식세대의 부모를 타자화하는 태도에 대한 비판도 놓치지 않음으로써 그녀 특유의 세태풍속에 대한 신랄함을 감추지 않는다. 즉 시아버지의 재혼에 적극적인 며느리에게서는 사별한 시아버지가 노년에 소통할 수 있는 동반자를 만나 행복하게 노후를 보내기를 바라는 진정성 있는 애정과 배려보다는 일상생활을 수발하는 며느리의 임무에서 벗어나려는 이기적 태도를 야유하는 한편, 어머니의 재혼을 체면이 손상된다며 반대하던 딸이 상대남자가 꽤 괜찮은 조건을 지닌 전직 교수임을 알고는 찬성으로 돌아서서 적극 권유하는 속물적 태도를 야유하고 있는 것이다.

작가가 비판하고 있는 것은 이처럼 노인의 재혼에 대해서 성인자녀들이 보여주는 호의적이건 비호의적이건 부모의 입장에 대한 진정한 고려가 아니라 그들 자신의 입장을 우선시하고 부모를 타자화하는 이기적 태도에 대해서이다. 따라서 남자의 며느리뿐만 아니라 주인공의 딸까지도 부모(시부모)의 재혼에 있어 당사자인 부모(시부

---

23) 박완서, 「그리움을 위하여」, 『친절한 복희씨』, 문학과지성사, 2007, 40면.

모)를 타자화시키는 태도에 대해서 작가는 날카로운 비판의 필봉을 휘두른다.

나(주인공)와 조 박사의 자연스런 만남에 장애가 생긴 것은 나의 딸과 조 박사의 며느리가 두 사람의 관계를 알기 시작하면서부터다. 나의 딸은 조 박사에 대한 정보를 나보다 더 상세히 알아내고는 마치 바람난 "딸을 잡도리하는 에미처럼" 도대체 그 늙은이하고 어쩔 셈이냐고 묻는다. 두 사람의 교제에 대해 '늙은이'가 자신의 어머니를 "꼬셨"다라고 하는 저속한 표현을 사용하는가 하면 아들들이 알게 되면 더 늙었을 때 "구박받고 무시당할 빌미"가 될 것이라며 반대 의사를 노골적으로 표현한다. 그런데 자식의 체면을 구긴다고 "같잖게시리 바람난 딸에게 아버지에게 이르지 않을 테니 정신 차리라고 쉬쉬 당조짐하는 에미 시늉을 내"며 반대했던 딸은 조 박사가 꽤 괜찮은 조건을 지녔다는 것을 알고부터는 호칭도 '늙은이'에서 '조 박사'로 바꾸면서 재혼을 적극 권유한다. 여기서 드러나는 딸의 속물적 태도는 배금주의에 사로잡힌 오늘날의 영악한 세태를 반영한 것이라고 할 것이다. 딸의 이런 속물적 태도에 대해서 작가는 신랄한 야유를 보낸다.

'늙은이'와 '조 박사'의 차이는 단순한 호명의 차이가 아니라 동일한 노년남성이라고 하더라도 사회경제적 차이에 따라 경멸의 대상이 되기도 하고 존경의 대상이 되기도 하는 현실을 여실히 보여준다. "노년의 호명과 관련된 일상의 언어적 실천에는 노년에 대한 우리 사회의 다양한 고정관념과 차별적 시선이 반영되어"[24] 있는데,

---

24) 정진웅, 「노년 호명의 정치학」, 『한국노년학』 31−3, 한국노년학회, 2011, 757면.

'늙은이' 라는 지칭어는 '노인' 보다도 훨씬 비하적이고 차별적인 의미가 내포되어 있다. 뿐만 아니라 노년세대를 주변화하고 타자화시키는 우리 사회의 분위기를 함축하고 있다. 알튀세르에 의하면 호명(interpellation)이란 어떤 개인에게 정체성을 부여하는 것이며, 그 개인은 이데올로기의 언어적 부름을 통해 주체로 탄생한다.[25]

딸은 그야말로 어머니와 딸의 관계가 역전된 듯 어머니의 인생에 지나치게 참견하는 태도를 보여주는데, 이는 오늘날의 부모자식의 권력관계가 역전된 세태현실에 대한 날카로운 반영이다. 딸의 어머니에 대한 불손한 태도는 비단 교제를 반대할 때만이 아니라 주인공이 재혼하지 않겠다는 반대의사를 분명히 표명했음에도 "노골적인 말투"나 "친구한테 농담하듯이 버릇없는 말투"로 재혼을 강권할 때에도 강하게 드러난다. 작가는 딸의 말투에서 나타나는, 어머니의 인생에 어머니의 자유로운 의사나 주체성을 인정하지 않는 태도를 통해 근래 부모의 의사를 존중하지 않고 타자화시키는 자식들의 태도를 비꼬고 있다.

더욱이 남자의 며느리는 두 사람의 재혼에 매우 적극적으로 나오며 시아버지에게 야한 파카를 사주는가 하면 '나'를 집으로 초대하고 싶어 한다.

"그 며느리 요새 세상에 드문 효부인가보다."
"그럼, 엄마 얼마나 잘하는지 몰라. 그래도 홀시아버지 모시기가 보통

---

25) Louis Althusser, 김웅권 역, 『재생산에 대하여—자크비데 서문』, 동문선, 2007, 394~398면.
박찬부, 「상징질서, 이데올로기, 그리고 주체의 문제」, 『영어영문학』 47-1, 영어영문학회, 2001, 74~75면.

힘들겠수. 힘들 때마다 자원봉사하는 셈 친대요."

　　가슴이 뭉클했다. 그러나 순간적인 분노와 연민으로 중요한 문제를 결정할 수는 없는 일이었다.[26]

　그러나 며느리가 시아버지의 재혼을 서두르는 것은 효심 때문이 아니라 홀시아버지의 수발을 드는 책임으로부터 벗어나고자 하는 이기적 욕망 때문임이 드러난다. 이에 화자는 그 며느리에 대한 분노와 조 박사에 대한 연민을 동시에 느끼지만 순간적인 분노나 연민 때문에 재혼이라는 중요한 문제를 결정지을 수는 없다고 생각하며 재혼을 하지 않겠다는 의사를 분명하게 밝힌다.

　두 사람의 딸과 며느리가 개입하면서 재혼문제는 두 사람이 그들의 행복을 위해서 스스로 결정할 문제가 아니라 다른 차원의 문제로 변질된다. 즉 며느리가 홀로된 시아버지의 수발을 들기 힘들어서 재혼시키려는 이기적인 태도나 딸 역시 홀로된 어머니에게 꽤 괜찮은 재혼상대를 놓치지 않게 하려는 속물적인 태도가 전경화되면서 작품은 자녀세대들이 부모의 부양을 회피하는 오늘날의 세태풍속을 예리하게 반영하며, 작가의 신랄한 야유가 빛을 발하기 시작한다.

　주인공이 자신의 재혼문제에 며느리나 딸이 끼어들기 시작하면서 느낀 불편한 감정은 "짓눌리는 기분"으로 표현되는데, 결국 "더는 며느리나 딸이 우리 사이에 끼어들게 하고 싶지 않았"기 때문에 서둘러 두 사람의 관계에 결단을 내리도록 작용한다. 즉 타자화된 재혼을 거부하고 주체적으로 홀로 살기를 선택하도록 만든다.

---

26) 박완서, 「마른 꽃」, 40~41면.

"엄마가 이 청혼 받아들이지 않으면 조 박사님 불쌍해서 어떡허지. 며느리가 글쎄 더는 수발들 수 없대. 이왕이면 시아버지가 좋아하는 사람하고 시켜드리고 싶지만 안 되면 아무하고나 시킬 모양이야. 밥걱정 노후걱정 안하려고 시집오려는 사람은 얼마든지 있대. 그렇지만 너무 젊은 여자는 며느리가 싫은가봐. 당장 지내기 거북한 것 말고도 나중에 책임질 기간이 길까봐 그렇겠지 뭐. 기껏 어디서 배고픈 할머니나 한 분 모셔올 모양이야. 엄만 사랑하던 사람이 그렇게 불쌍해져도 좋아?"

친구한테 농담하듯이 버릇없는 말투였다. 나는 발끈했다.

"배고픈 게 왜 나빠? 무시하지 마, 너. 자원봉사보다 훨씬 거룩한 거다, 그거."

겉멋보다는 더욱 거룩할 터였다. 나는 한 번도 본 적이 없는 그의 며느리를 딸의 얼굴과 겹쳐보면서 속 시원히 내뱉었다. 더는 며느리나 딸이 우리 사이에 끼어들게 하고 싶지 않았다.[27]

타자화란 무엇인가? 자신의 인생에서 주인이 되지 못하고 다른 사람에 의해서 좌지우지되는 소외현상을 의미한다. 사실 이 소설에 등장하는 인물은 아직 연소노인(young−old)이다.[28] 더구나 남자의 경우 아내와 사별한 지는 3년이 되었지만 대학교수에서 은퇴한 지는 1년밖에 지나지 않았다. 시아버지의 재혼에 대해서 좌지우지하는 며느리의 태도나, 어머니의 재혼에 대해서 지나치게 참견하는 딸의 태도는 불손하기 그지없다. 조 박사는 친구들과 연구소를 차려서 소일할 만큼 활동적이고 건강하다. 그리고 경제적으로도 여유가 있고 연금 수령도 가능한 전직 대학교수이다. 그런 시아버지를 좋아하는 사

---

27) 위의 책, 44면.
28) 65~74세 연소노인, 75~84세 고령노인, 85세 이상 초고령노인으로 세분화한다.(김수영 외, 앞의 책, 44면.)

람과 안 되면 아무나하고 시키겠다는 며느리의 안하무인의 태도, 어머니의 의사를 존중하지 않고 자신의 입장만을 우선시하는 딸의 존중심을 잃은 태도는 비난받아 마땅할 것이다.

주인공의 경우도 세를 받아먹고 살도록 되어 있는 삼층집을 소유했기 때문에 자녀들에게 경제적으로 의존하지 않고 독립적으로 생활하고 있는 건강한 연소노인이다. 그럼에도 불구하고 자녀세대들이 노년기 부모의 독립성과 주체성을 인정하지 않고 타자화하는 태도는 부양의 기피, 학대 등으로 이어질 수 있고, 이는 이미 사회문제화되었다. 이 작품에서도 드러났듯 노년은 단지 생물학적 현상이 아니라 문화적 현상이자[29], 사회학적 현상이다. 그리고 이것이야말로 생물학적 노화보다 더 노년을 소외시키는 사회문제이다.

Ⅲ. 결론

배우자와 사별한 노년여성을 주인공으로 한 박완서의 단편소설 「마른 꽃」을 살펴보았다. 이 작품에서 노년의 인물들은 정서적으로는 젊은이와 조금도 다를 바가 없는 존재이다. 이성에 대해서도 젊은이와 다를 바 없는 호기심을 나타내며, 정서적 교류를 희망한다. 그렇지만 주인공은 재혼이란 구체적 현실에 대해서는 부정적이다. 주인공이 재혼에 대해서 부정적인 것은 노인의 연애감정에는 정욕이 없다는 것, 아이를 낳아 함께 기른 짐승스런 시간을 같이 한 사이가 아니면 남성노인의 수발을 들 수 없다는 것을 비롯하여 죽은 남

---

29) Simone de Beauvoir, 홍상희 · 박혜영 역, 『노년』 개정판, 책세상, 2002, 23면.

편의 곁에 묻히고 싶다는 정절 이데올로기 등 여러 가지 이유가 있지만 한마디로 작가의 보수적이고 중산층적인 가치의식의 반영이라고 하겠다.

이 소설에서 주인공은 신체적 노화에 대해서 긍정적인 인식을 갖지 못하고 매우 부정적이다. 이처럼 노년에 대한 부정적 인식은 재혼에 대해서도 동의하지 않는 것으로 나타난다. 제목이 시사하듯 노년을 '마른 꽃'에 상징적으로 비유함으로써 생명력을 상실한 존재로 인식하고 있다. 작가는 몸이든 결혼(재혼)이든 그 가치기준을 젊음과 젊은이에 둠으로써 육체적 노화를 추악하고 혐오스런 것으로 인식하며, 노년의 재혼에 대해 부정한다.

노년의 재혼이 꼭 필요한가에 대해서는 사람마다 가치가 다르겠지만 결혼을 하기 위해서는 정욕이 있어야 한다든가 아이를 낳고 길러야 한다든가 하는 것은 결국 젊은이들의 결혼을 보편적 규범으로 삼았기 때문에 나온 태도이다. 서로 정서적으로 소통할 수 있고 같이 늙어갈 수 있는 인생의 동반자로서 재혼 상대자가 노년에는 필요하다는 가치관의 재설정이 필요하다.

그런데 조 박사의 며느리가 홀시아버지의 수발을 들기 싫어 재혼을 서두르는 이유나 주인공이 노추해가는 노년남성의 수발을 들기 싫기 때문에 재혼할 수 없다는 것은 결국 마찬가지 이유라고 할 수 있다. 즉 홀로 된 노년남성의 수발을 드는 존재가 며느리든 재혼할 아내든 여성이란 젠더는 연령과 관계를 떠나 동일하게 남성의 수발을 드는 역할을 담당해야 할 존재로 설정되었다. 문제는 이 소설에서 보듯이 그 역할을 며느리도 싫어하고 재혼을 고려하는 노년여성도 싫어한다는 것이다.

남성노인들은 의식주를 혼자서 해결할 수 없기 때문에 대체로 재혼에 찬성하는 반면 중산층의 여성노인들은 재혼을 함으로써 다시 남자의 수발을 들기보다는 혼자서 자유롭게 살아가길 원하는 것이 오늘날의 보편적 현상이다. 따라서 남성노인들이 일방적으로 여성으로부터 수발을 받으려는 의식에서 벗어나서 서로를 보살피고 보살핌을 받는 인생의 진정한 동반자로서의 의식을 가질 때에 여성노인들도 재혼에 대해서 긍정적 태도를 가질 수 있을 것이다.

아무튼 「마른 꽃」에는 노년세대의 젊은 세대와의 세대 차이와 그로 인한 노년의 심리적 소외감이 표현되었고, 부모(시부모)의 재혼에 대해서 자녀(며느리)들이 갖는 이기적이고 속물적인 태도에 대해 작가는 야유를 보내고 있으며, 자녀들이 노년이 된 부모를 타자화하는 세태풍속에 대해서도 작가는 유감없는 비판과 야유를 보냈다.

이 소설에서 표현된 부정할 수 없는 현실은 우리 사회의 노년은 점차 가족들로부터도 타자화된 존재로 전락해간다는 사실이다. 이에 분노하는 주인공을 통해서 작가는 젊은 세대들이 노년세대를 타자화하는 오늘날의 세태를 유감없이 드러내는 데에 성공하고 있다.

작중의 주인공처럼 노인 스스로 자신의 노화에 대해서 부정적으로 여기며 타부시할 때에 그들은 가족 내에서도 사회 속에서도 더이상 주체가 될 수 없다. 노년의 신체적 정신적 변화, 즉 노화를 긍정적으로 받아들일 때에만 건강하고 평온한 노년을 보낼 수 있는 것이다. 그리고 그 연장선상에서 죽음에 대해서도 두려움 없이 수용할 수 있는 것이다. 그런데 작가는 노화에 대해서는 충격을 나타내고 혐오감을 보인 반면 죽음에 대해서는 두려움 없는 수용적인 태도를 보여주는 등 모순적인 태도를 지닌 주인공을 그림으로써 작가 스스

로 노년기의 정체성과 규범을 제대로 확립하지 못하고 있음을 노정
했다.

수명이 길어짐으로써 부부간에 사별이라는 현상이 보편화되고,
황혼이혼도 증가하는 상황에서 자식들은 노부모의 부양을 부담스럽
게 여기고 있다. 때로는 부모를 학대하는 자녀들도 있다. 노년을 위
한 사회복지적 차원의 대책도 필요하지만 재혼문제를 비롯하여 노년
기를 어떤 가치를 갖고 살아야 할 것인가라는 가치관과 규범이 확립
될 때에 개인적으로나 사회적으로 노년을 주체적으로 행복하게 살
수 있으며, 동시에 노년의 삶의 질도 향상될 수 있으리라 생각한다.

아직 노년문학은 장르로서 확립된 상태는 아니지만 보다 많은 노
년문학이 창작됨으로써 노년문제에 대한 사회적 인식을 확산시킬
수 있을 것이며, 노년세대들이 그들의 정체성 구성과 연령 규범을
확립하는 데에도 도움을 줄 수 있을 것으로 기대한다.

김훈 소설에 나타난 몸담론

「화장」을 중심으로

송 명 희

김훈 소설에 나타난 몸담론

「화장」을 중심으로

Ⅰ. 서론—포스트모더니즘과 몸담론

메를로 퐁티(Maurice Merleau-Ponty)는 현상학의 관점에서 인간 신체의 의미를 새롭게 해석했다. 그는 인간 주체는 몸이나 정신으로 환원될 수 없고, 몸과 정신이 인간 주체의 실존과 뗄 수 없이 얽혀 있다는 몸철학을 개진하였다. 근대 철학은 세계를 정신과 몸, 주체와 객체, 본질과 현상 등 대립적으로 구분해서 파악하려 했다. 하지만 그는 이러한 이분법적 구분에 근거한 인식을 비판하고, 모든 실재가 분리되기 이전인 근원적인 상태를 탐구하는 것을 자신의 철학적 지향으로 삼았다. 따라서 의식과 몸의 이분법을 극복하고 의식이 몸을 통해서만 세계의 일부로서 세계 안에 존재할 수 있음을 밝혔다. 또한 의식이 신체화됨으로써 몸 역시 단순한 물질적인 육체에 대립하는 진정한 유기체로서의 몸이 된다고 보았다.[1]

퐁티의 현상학적 몸철학은 해체주의와 포스트모더니즘에 깊은 영향을 끼쳤다. 해체주의와 포스트모더니즘은 이성/감성 혹은 정신/육체의 이분법을 해체하고, 감성이 이성을, 육체가 정신을 대체해야 한다는 해체담론을 널리 유포시켰다. 포스트모더니즘의 관점에서는 사랑이든 늙음이든 죽음이든 그것은 모두 정신의 문제가 아니라 바로 몸의 문제이다.

오늘날 몸에 대한 관심은 그 어느 때보다 팽배해 있고, 몸은 우리 사회의 핵심적 화두가 되고 있다. 사회는 몸에 의미와 가치를 부여하고, 몸에 대한 개념은 인간에 대한 기본개념을 형성한다. 몸 없이 인간은 존재하지 않는다. 산다는 것은 세계가 육체에 부여한 상징체계를 통해 세계를 자신의 몸으로 환원시키는 과정이라고 할 수 있다. 현대사회에서 몸은 곧 개인성의 표지이며 타인과 나를 구분해주는 지표지만, 역설적으로 몸은 개인의 주체성과 분리되기도 한다.[2] 몸은 욕망을 불러일으키고 소비를 자극할 뿐만 아니라 담론 생산의 대상으로도 확고하게 자리 잡고 있다는 것은 몸담론에 대해 쓰고 있는 수많은 저서와 논문들에서 잘 확인할 수 있다.

김훈의 단편소설 「화장」은 몸이 겪는 다양한 경험들을 담론화하고 있다. 몸을 정신의 부속물로 간주하던 모더니즘의 사고에 반발이라도 하듯 「화장」에서 몸의 문제는 전면화, 전경화되고 있다. 「화장」은 독자로 하여금 생명을 가진 모든 존재의 피할 수 없는 문제인 생로병사에 대한 진지한 성찰을 요구하는 작품이다. 젊은 몸, 늙고 병든 몸, 죽어가는 몸(죽은 몸) 등 다양한 몸이 등장하여 몸이 갖는 의미를

---

1) 김진아, 「몸주체와 세계」, 한국여성연구소, 『여성의 몸』, 창비, 2005, 22면.
2) David Le Breton, 홍성민 역, 『근대성과 육체의 정치학』, 동문선, 2003, 9~12면.

환기한다.

본고는 몸의 문제를 집중적으로 전경화한 김훈의 「화장」에 나타난 몸담론을 고찰하는 것을 목적으로 한다. 김훈은 「화장」 이외에도 「언니의 폐경」을 통해서 몸의 문제를 형상화한 바 있어 몸담론에 지대한 관심을 기울이는 작가로 생각된다. 몸담론이 이 시대의 화두로 떠오른 시점에서 우리시대의 중요한 작가의 한 사람인 김훈의 소설에 나타난 몸담론을 면밀하게 고찰하는 일은 작품에 대한 문학적 분석을 넘어서서 몸으로서의 존재인 우리 인간을 성찰하는 중요한 계기를 제공하게 될 것으로 생각된다.

Ⅱ. 「화장」에 나타난 몸담론

1. 몸의 주체성과 타자성

「화장」이 몸의 문제를 전면화, 전경화시켰다는 것은 이 작품에 등장하는 수많은 몸의 명칭들과 몸에 관련된 다양한 표현들에서 무엇보다 잘 드러난다. 작품은 '운명하셨습니다' 로 첫머리를 시작하며, "내 모든 의식이 허물어져 내리고 증발해 버리는, 깊고 깊은 잠이었다."로 끝이 난다. 즉 앓던 아내는 죽었고, 그 아내를 간병하던 1인칭의 화자는 아내의 장례식을 치르고 회사의 중요업무까지 처리한 후 모든 의식을 다 내려놓고 깊은 잠에 빠져든다. 이처럼 작품은 발단부터 결말까지, 그리고 '화장(化粧)' 부터 '화장(火葬)' 까지 시종일관 몸의 문제를 다루고 있다.

작품은 아내의 죽음과 그녀의 병든 몸을 나타내는 얼굴, 머리카락, 임종, 숨, 표정, 입술, 침, 몸, 뼈, 가죽, 엉덩이 살, 골반 뼈, 피

부, 성기, 살, 치골, 대음순, 사타구니, 음모, 시신 등과 같은 여러 명
사와 함께 덮다3), 빠지다, 늘어지다, 끊어지다, 돌아눕다, 편안하다,
잦아들다, 멈추다, 투항하다, 흘러나오다, 가파르다, 까맣다, 타들어
가다, 말라붙다, 메마르다, 낳다, 부스러지다, 빠져나오다와 같은 동
사와 형용사를 통해 작품의 서두에서부터 몸의 문제를 전경화시키
고 있다.

죽음에 이르는 과정은 이처럼 정신의 문제가 아니라 바로 몸의 문
제이다. 그런데 아내의 몸이 겪는 질병과 죽음은 그 표현의 풍부함
에도 불구하고, 화자의 시선을 중심으로 관찰될 뿐 아내의 구체적
경험은 드러나지 않는다. 아니 그 누구도 자신의 몸이 죽어가는 현
실을 직시할 수 없으며, 자신의 주체적 언어로 표현할 수 없다. 주체
의 죽음은 그 누구라도 스스로는 말할 수 없는 경험인 것이다. 이처
럼 죽음은 인간의 주체성을 유지할 수 없도록 타자화시킨다.

뇌종양, 발병, 편두통, 수술, 증세, 악화, 두통, 위액, 수술, 집도,
의사, 안면, 주치의, 판정, 병실, 두개골, 종양, 조직, 신생물, 신체조
직, 생명, 생명현상, 환자, 치료, 팽창 등의 명사와 호소하다, 먹다,
뱉다, 토하다, (정신을)잃다, 설명하다, 발생하다, 서식하다, 넓혀나
가다, 어렵다, 고생하다 등의 동사와 형용사는 아내의 뇌종양이라는
병을 설명하는 데 사용된 단어들이다. 2년에 걸친 아내의 투병과정
은 두통, 발작, 위액, 힘, 뼈, 육신, 똥, 항문, 괄약근, 사타구니, 액
즙, 소화, 배설물, 악취, 머리카락, 통증, 기저귀, 생명체, 도지다, 쥐
어뜯다, 시퍼렇다, 위액, 토하다, 늘어지다, (몸부림)치다, 실신하다,

---

3) 동사, 형용사의 경우 기본형으로 바꾸어서 적겠다.

싸다, 열리다, 막다, 멀겋다, 쏟아지다, 날카롭다 등으로 회고된다.

이처럼 아내의 뇌종양의 증세와 투병과정을 다양한 언어로 설명하고 묘사할 수는 있지만 제3자는 타자의 몸에 대해 관여할 수 없다. 환자를 간병하는 가족은 물론, 수술을 맡은 집도의라도 종양을 들어낼 수는 있지만 종양을 빚어내고 키우는 환자의 생명에는 개입할 수 없다. 이처럼 타자와 나 사이에는 건널 수 없는 몸의 심연이 가로놓여 있다. 그래서 화자는 "아내의 임종은 편안했다."고 진술했음에도 실은 아내의 몸이 느낀 통증이 어땠는지 죽음이 편안했는지 모른다고 고백한다. 이처럼 질병의 고통이나 죽음에 있어서 나와 타자 사이에는 결코 뛰어넘을 수 없는 심연이 존재하는 것이다.

아내는 죽어갔지만(죽었지만) 화자 역시 전립선염으로 배뇨장애의 고통을 겪고 있다. 비뇨기과 의사는 그것은 병이랄 수도 없는 노화현상의 하나라고 말한다. 화자가 겪는 몸의 고통은 좌변기, 변기, 통증, 오줌, 방광, 고환, 항문, 요도, 오줌방울, 마려움, 비뇨기과, 무게, 근력, 잠, 병원, 사우나, 소변, 배설, 화장실, 성기, 고환, 느낌 등의 명사와 함께 누다, 기다리다, 힘들다, (힘을)주다, 녹다, 떨어지다, 딱딱하다, 느끼다, 빠져나오다, 지지다, 뜨겁다, 쓰라리다, 떨어지다, 무겁다, 다급하다, 내보내다, 들락거리다, 맺히다, 떨어지다, 나가다, 따라가다, 빼다, 추스르다, 짓누르다, 난감하다, 남다, 덜렁거리다, 허우적거리다, 부풀다, 스미다, 삼투되다 등의 동사와 형용사로 묘사된다. 즉 경험하는 주체의 구체적 느낌 위주의 표현들이 고통의 생생함을 사실적으로 전달한다. 뇌종양에 걸린 아내의 고통보다 화자 자신의 배뇨장애가 더 고통스럽고 생생한 것이 어쩔 수 없는 현실이다. "생명현상은 그 개별적 생명체 내부의 현상이다. 생명은 뒤섞이지 않는다. 생명에서 생명으로 건너갈 수 없고, 이 건너갈 수 없음은 생명현상"[4]이라는 '명석한' 이치를 수긍하지 않을 수 없는 것이다.

배뇨를 위해 병원에 간 화자는 전립선염, 오줌, 허리띠, 의사, 옷, 아랫배, 쉰다섯, 나이, 노화현상, 오줌줄기, 배뇨, 오줌통, 성기, 허리, 바지, 팬티, 구멍 도뇨관, 요도, 통증, 숨, 눈, 눈꺼풀 등과 (신경)쓰다, 눕다, 풀다, 고이다, 안 나오다 등의 단어를 사용하여 인공적인 배뇨의 과정을 설명한다. 그리고 머리, 두건, 젖가슴, 여자 등의 명사와 뒤집어쓰다, 올려다보다, 밍밍하다, 융기하다 등의 동사와 형용사로 그려진 간호사에 의해 바지, 팬티, 고무장갑, 손, 애무, 성기, 구멍, 손가락, 도뇨관 등의 명사와 키우다, 벌리다, 주무르다, 끌어내리다, 키우다, 밀어 넣다 등의 동사로 인공적인 배뇨가 이루어진다. 그에 대해 화자의 몸은 통증, 부풀다, 낯설다, 참담하다, 수치스럽다, 쓰라리다, 갇히다, 쏘다, 떨어지다, 줄어들다, (숨)쉬다, (눈)감다, (통증)수그러지다, 잠들다 등으로 반응한다.

즉 전립선염으로 배뇨장애를 겪고 있는 화자는 간호사가 바지와 팬티를 한꺼번에 끌어내려 고무장갑을 낀 손으로 성기를 부풀게 만드는 행위에 대해 참담하고 수치스러워도 그대로 몸을 내맡길 수밖에 없는 것이다. 노화와 질병 역시 죽음처럼 주체의 자존심에 손상을 가하고 인간을 무력하게 만든다. 즉 몸을 점차 무력화시키고 객체화시킨다. 노화는 궁극적으로 죽음에 이르는 과정이고, 노인 역시 더 이상 자신의 몸의 주체가 아니라 객체임을 보여준다.

---

4) 김훈, 「화장」, 『28회 이상문학상 작품집』, 문학사상, 2004, 20~21면.

이처럼 인간은 태어나서 늙고 병드는 과정을 거쳐 죽음에 이른다. 젊은 여성인 추은주, 전립선염을 앓고 있는 나, 그리고 뇌종양을 앓다 죽어간 아내는 각기 젊음, 늙음, 죽음이라는 의미망을 지닌 인물 설정이다. 우리 인간은 '추은주'처럼 젊은 시절을 지내다가 '나'처럼 노화에 이르고, 결국은 '아내'처럼 암과 같은 불치의 병에 걸려 죽는다. 그 누구도 이 생로병사의 과정을 거스르거나 피해갈 수 없다. 살아 있는 모든 존재는 늙고 병들어 고통 받다가 죽음에 이르게 된다. 이것이 모든 생명체의 피해갈 수 없는 숙명이다. 고도로 발달한 현대의 첨단의학은 인간의 생명을 연장시키려고 필사의 노력을 기울이고 있지만 "죽음은 궁극적으로 인간이 통제할 수 없는 불가피한 생물학적 현상으로 남아 있다."[5]

따라서 작중 화자의 아내는 "죽음을 향해 온순히 투항"할 수밖에 없으며, 아내에게 뇌종양 판정을 내리며 "죽은 자는 종양에 걸리지 않고, 살아 있는 자만이 종양에 걸리는 것인데 종양 또한 삶의 증거"라고 말하는 의사의 뻔한 소리에 대해 화자인 나는 무서움, 무덤덤, 속수무책과 같은 반응을 보일 수밖에 없는 것이다. 화자의 그와 같은 반응은 아내의 죽음을 막기 위해 아무 일도 할 수 없다는 데서 기인하는 공포요, 무력감이다.

몸이 늙고 죽음에 이르는 과정은 이처럼 인간의 의지를 무화시키고, 인간을 속수무책으로 만들어버린다. 인간은 노화, 질병, 죽음에 필사적으로 저항하지만 그 누구도 그것들을 궁극적으로 통제할 수 있는 능력은 없다. 인간은 주체성을 상실한 타자로서 결국 죽음을

---

5) Cris Shilling, 임인숙 역, 『몸의 사회학』, 나남출판, 1999, 250면.

맞이하게 된다. 이는 어느 누구도 결코 피해갈 수 없는 불가항력의
실존적 문제이다.

2. 윤리적 · 신체적 심연

이 소설에서 추은주는 젊음 그 자체 또는 젊은 몸을 상징하는 존
재이다. 화자는 경어체로 추은주를 반복하여 호명한다. 하지만 추은
주를 호명하는 화자의 목소리는 한 번도 발화되지 못한 채 추은주에
대한 감정은 말로 환생하길 갈구하는 독백에 그쳐버리고 만다. 대화
가 되지 못하고 독백하는 말들은 결국 추은주의 직장상사이자 유부
남인 작중화자의 윤리적 보수주의와 관련된다고 할 것이다.

> 제가 당신을 당신이라고 부를 때, 당신은 당신의 이름 속으로 사라지고
> 저의 부름이 당신의 이름에 닿지 못해서 당신은 마침내 3인칭이었고, 저는
> 부름과 이름 사이의 아득한 거리를 건너갈 수 없었는데, 저의 부름이 닿지
> 못하는 자리에서 당신의 몸은 햇빛처럼 완연했습니다. 제가 당신의 이름
> 과 당신의 몸으로 당신을 떠올릴 때 저의 마음속을 흘러가는 이 경어체의
> 말들은 말이 아니라, 말로 환생하기를 갈구하는 기갈이나 허기일 것입니
> 다. 아니면 눈보라나 저녁놀처럼, 손으로 잡을 수 없는 말의 환영일 테지
> 요.[6]

그래서 추은주와의 관계는 '사라지고', '닿지 못해서', '3인칭',
'아득한 거리', '건너갈 수 없었는데', '기갈이나 허기', '잡을 수 없
는', '환영' 같은 단어를 통해서 표현된다. 당연히 욕망은 실현되지

---

6) 김훈, 앞의 책, 26면.

못하며, 따라서 욕망은 더욱 간절해진다. 추은주는 나와 대화적 관계의 '너'가 되지 못하고, 제3자인 3인칭의 '그녀'로서 남을 뿐이다. 욕망한다고 그 욕망을 말로 표현할 수 없는 사회의 윤리적 심연이 나와 추은주 사이에 가로놓여 있기 때문이다.

그런데 둘 사이에는 과연 윤리도덕의 심연만이 존재하는 것일까? 오십대 중반의 배뇨장애뿐만 아니라 성기능장애를 동반하는 전립선염을 앓고 있는 나의 노쇠한 몸은 추은주의 젊고 싱싱한 육체의 파트너가 될 수 없다. 이미 노화과정에 들어선 나와 젊은 추은주 사이에는 건너뛸 수 없는 몸의 심연이 가로놓여 있는 것이다. 그래서 화자는 "오줌이 빠지지 않는 저의 몸은 무거웠고, 몸 전체가 설명되지 않는 결핍"의 덩어리로 자신의 몸을 지칭하며 두 페이지가 넘게 그녀의 빗장뼈 부근을 묘사하지만 정작 추은주의 몸이 아니라 자기 몸의 빗장뼈와 목 밑살을 더듬는 마스터베이션에 빠져들 수밖에 없다.

두 사람 사이의 뛰어넘을 수 없는 아득한 거리는 "당신의 모습은 매몰된 지층 밑의 유적이나 풍문처럼 아득하고 모호했습니다. 그 확실함과 모호함 사이에서 저는 아둔하게도 저 자신의 빗장뼈와 목 밑살을 더듬고 있었지요.", "당신의 살들은 손으로 만질 수 없는 풍문과도 같았습니다.", "어째서 닿을 수 없는 것들이 그토록 확실히 존재하는 것인지요."로 반복해서 강조된다. 뿐만 아니라 중국의 고대국가를 연상시키는 '추은주'라는 이름 속에 그녀에 대한 아득한 거리는 이미 잘 드러나고 있다.

하지만 윤리적·신체적 심연으로 욕망을 금지당하면 당할수록 욕망은 더욱 강하게 추동된다. 욕망을 일깨우는 추은주의 젊은 육체가 발산하는 감각적인 환기, 이 부분의 서술은 지속시간이 길어지고,

반복도 자주 일어나는데 그 이유는 금지당하는 욕망의 간절함 때문
이다.

　가) 당신은 목둘레가 둥글게 파인 블라우스를 입고 있었고, 당신의 목
아래로 당신이 빗장뼈 한 쌍이 드러났습니다. 결재서류가 올라오기를 기
다리던 나는 내 자리에서 일어서서 칸막이 너머로 당신을 바라보았습니
다. 당신의 가슴의 융기가 시작되려는 그곳에서 당신의 빗장뼈는 당신의
가슴뼈에서 당신의 어깨뼈로 넘어가고 있었습니다. 그 빗장뼈는 당신의
가슴뼈에서 당신의 어깨뼈로 넘어가고 있었습니다. 그 빗장뼈 위로 드러
난 당신의 빗장뼈를 바라보면서 저는 저의 손으로 저의 빗장뼈를 더듬었
지요. 그때, 당신의 몸을 생각했습니다. 당신의 몸속의 깊은 오지까지도
저의 눈에 보이는 듯했습니다. 여자인 당신, 당신의 깊은 몸속의 나라, 그
나라의 새벽 무렵에 당신의 체액에 젖는 노을빛 살들, 그 살들이 빚어내는
풋것의 시간들을 저는 생각했고, 그 나라의 경계 안으로 제 생각의 끄트머
리를 들이밀 수 없었습니다. (후략)[7]

　나) 어쩌다가 회사 복도나 엘리베이터에서 당신과 마주칠 때, 당신의 몸
에서는 젊은 어머니의 젖 냄새가 풍겼습니다. 엷고도 비린 냄새였습니다.
가까운 냄새인지 먼 냄새인지 분간이 되지 않는 냄새였지요. 확실하고도
모호한 냄새였습니다. 당신의 몸 냄새는 저의 몸속으로 흘러 들어왔고, 저
는 어쩔 수 없이 당신의 몸을 생각했습니다.[8]

　인용문 가)는 시각에 호소하고, 나)는 후각에 호소하는 묘사이다.
가)에서 빗장뼈라는 단어는 무려 6차례나 언급되는 중첩반복서술이

---

7) 위의 책, 27면.
8) 위의 책, 28~29면.

이루어지며, 화자는 거의 관음증의 수준에서 추은주의 빗장뼈 부근을 묘사한다. 이 중첩반복서술에서 드러나는 추은주의 몸을 더듬고 싶은 억제된 욕망의 간절함은 독자로 하여금 실현할 수 없는 욕망이란 얼마나 서글픈 것인지를 잘 보여준다. 이 욕망은 주체와 대상 간의 상호작용에 의해서 두 사람의 친밀감을 확인하는 욕망이 아니라 일방통행적인 욕망이다. 데스몬드 모리스(Desmond Morris)의 분류에 의한다면 접촉의 1단계에 불과하다. 즉 '눈에서 신체'로 일어나는 접촉은 상대방에 매혹되었다는 신호의 첫출발이지만 작품에서는 '눈에서 눈'으로 일어나는 상호접촉의 2단계로조차[9] 발전하지 않는다. 나)에서도 화자의 리비도를 후각적으로 자극하는, 추은주의 젊은 육체가 발산하는 향기, 즉 페르몬을 젖 냄새로 의도적으로 왜곡하고 중첩반복서술하며 속도를 감속시키고 있다. 후각의 성적 유인력은 새삼 강조할 필요가 없으며, 이 역시도 추은주의 젊은 육체에 사로잡힌 화자의 단절되지 않고 지속되는 욕망의 드러냄이다. 이 때 이야기 시간은 멈춰 있는데, 담론 시간만 흘러가며 후각적인 환기를 통해서 추은주에 대한 욕망의 강렬함이 드러난다.[10]

3. 죽음의 의료화 현상

"과거 어느 때보다도 지금처럼 사람들이 이렇게 조용하고 고독하

---

9) Desmond Morris, 김민준 역, 『접촉』, 지성사, 1994, 98~99면.

10) 송명희, 「삶은 죽음을 향해 가고, 죽음은 삶을 향해 간다 ─ 김훈」, 『현대소설의 이론과 분석』, 푸른사상, 2006, 144~145면.

게 그리고 위생적인 상태에서 죽어간 적은 결코 없었다."라는 엘리아스(Elias)의 지적대로 한 개인이 죽게 되면 그는 가족과 친지들로부터 격리되어 의학적 지식과 실무적 기술을 가진 전문가의 통제하로 들어가게 된다. 이것은 병원이라는 제도를 통해 신속하게 이루어진다. 죽음의 의료화는 시체를 가리고 주도면밀하게 통제된 상태에서 이송하는 병원의 역할에 의해서 강화된다.[11] 산 자와 죽은 자는 신속하게 격리되며, 죽음은 가족들로부터도 제거된다. 「화장」에서도 아내가 죽자마자 주변은 신속하게 정리되었고, 시체는 병실로부터 냉동실로 이송되었다.

> "시신은 병실에 두지 못합니다. 곧 냉동실로 옮기겠습니다."
> 수련의가 전화로 직원을 불렀다. 직원 두 명이 병실로 들어와 아내의 침대 주변과 쓰레기통, 변기에 분무액을 뿌렸다. 직원들은 아내의 시신을 벨트로 고정해서 침대를 밀고 나갔다.[12]

화자인 남편은 죽은 아내의 시신이 침대에 실려 나갈 때에도 방광의 무게에 짓눌려 침대 뒤를 따라가지 못한다. 이처럼 산 자와 죽은 자가 신속하게 격리되는 것이 현대사회의 특징이다. 현대사회에서 죽음은 살아 있는 몸과 죽어가는 몸 사이의 경계를 강화하고 몸의 개별화를 강조하면서 조직된다.[13]

그리고 장례도 죽음을 의미 있게 다루고자 하는, 가족이 치러내야

---

11) Cris Shilling, 임인숙 역, 앞의 책, 268~270면.
12) 김훈, 앞의 책, 12면.
13) Cris Shilling, 임인숙 역, 앞의 책, 271면.

할 공동체적 의례가 아니라 이미 사회화되고 상업화된 절차일 뿐이다. 병원의 장례식장은 가족을 대신하여 기계적으로 장례절차를 대행한다.

> 장례용품과 상복, 육개장을 국물로 주는 접대용 식사와 음료수까지 모두 병원 영안실에 준비되어 있었고, 영안실 직원은 진단서를 첨부해서 사망신고를 제출하는 일과 시립 화장장에 연락해서 화장 순번을 받아내는 일을 맡아주었다. 운구용 버스를 예약하고 납골함을 구입하고, 납골당의 자리를 교섭하는 일까지도 영안실 직원은 전화 몇 번으로 끝냈다. 아내의 죽음을 몸으로 감당해야 할 사람은 나였지만 아내의 장례일정 속에서 나는 아무 할 일이 없었다.[14]

죽음에는 개인적 감정이 끼어들 여지조차 없다. 화자에게 아내의 죽음은 3일간의 장례절차를 치러내야 하는 일로 부과된다. 그리고 병원의 경리직원으로부터 아내가 죽기 전 일주일간의 치료비와 병실료를 납부해달라고 요구받자 화자는 "환자가 이미 죽었는데, 살아 있던 동안의 마지막 진료비를 내놓으라는 요구는 공정한 거래가 아닌 것 같았지만, 죽음은 죽은 자 그 자신의 사업일 뿐 병원이 거기에 대해서 책임질 수는 없는 것"[15]이라 독백한다. 즉 병원은 죽은 환자의 병원비를 챙길 뿐 결코 환자를 살려내지 못하고 죽음에 이르게 한 그 어떤 책임도 지지 않는다.

병실에서 냉동실로 옮겨진 아내의 시신은 염을 한 직후 다시 냉동

---

14) 김훈, 앞의 책, 19면.
15) 위의 책, 19면.

실에 들어갔다가 화장장으로 옮겨져 소각로에 들어간 지 두 시간 만에 어느 부위인지 알 수 없는 뼛조각 몇 점과 뼛가루들만 남았다. 이것들은 유골함에 담겨지고 납골당에 안치되었다. 이제 아내는 산 자들의 기억 속에만 존재하며, 딸의 얼굴과 몸을 통해 그 흔적을 남긴 채 영원히 지상에서 사라졌다.

아내의 죽음은 수련의가 시트를 당겨 얼굴을 덮는 행위, 심전도의 계기판 눈금이 0으로 떨어지는 것과, 램프에 빨간 불이 깜박거리며 내는 삐삐소리 같은 것을 통해서 객관적으로 그려지고, 아내의 편안한 임종, 고통이 없는 얼굴 표정 등 온순히 죽음에 투항한 흔적들이 관찰된다. 하지만 그것은 슬픔의 감정으로 화자를 사로잡지 못한다. 지난 2년 동안의 긴 투병과정은 아내에게 충분히 몸의 고통을 안겨 주었을 터이지만 남편인 화자에게도 더 이상 아내에 대한 그 어떤 감정도 남아 있지 않을 만큼 충분히 고통을 안겨주었다. 병들어 죽어가는 과정도 고통스럽지만 그것을 지켜보며 살아 있다는 것도 고통스럽다. 아내의 죽음은 터질 듯한 방광의 무게에 짓눌려서 그 자리에 주저앉아 버리고 싶을 만큼의 무거움으로 다가오지만 그것은 가족의 죽음에 대한 슬픔과는 거리가 있는 감정이다. 화자는 아내의 장례기간 내내 슬퍼하는 감정을 보이지 않았으며, 단지 슬픔을 표현하는 유일한 인물은 딸이다.

아내의 소유였던 진돗개 '보리'를 화자는 아무런 망설임도 없이 동물병원에서 주사 한 대로 안락사시켜버렸다. 개의 안락사를 통해서 작가는 안락사의 문제를 간접적으로 제시하고 있는 듯하다. 더 이상의 치료가 의미가 없고, 생존 가능성이 없는 병자의 투병과정이 너무 고통스러운 것이라면 개의 안락사처럼 사람에게도 안락사가 오히려 고통을 줄여주는 인간적인 배려일 수 있다는 의미일 것이다.
아무튼 이 문제는 본격적인 문제로서보다는 문제를 제기하는 차원
에서 제시되었다고 볼 수 있다.

4. 성의 상품화와 소비자로서의 여성

주인공이 근무하는 직장은 기초화장품 20여 종, 색조화장품 30여
종을 생산 유통시키는 시장점유율 1위의 화장품 회사이다. 그가 여
성의 몸을 단장하는 화장품 회사에서 상무로 일한다는 것은 매우 의
미심장하다. '화장'이란 몸의 아름다운 부분은 돋보이도록 하고, 약
점이나 추한 부분은 수정하거나 위장하는 수단이며, 화장품 산업은
여성들의 몸 관리 산업의 하나이다. 이 화장품 회사는 나이 팔십 노
인이 경영하는 회사로서, 그는 만성적인 무릎관절염을 앓고 있다.
사업에 성공하여 많은 돈을 가진 그에게도 노화와 질병은 막을 수
없는 공평한 현상임이 드러난다.

이 회사는 개발비 50억 원을 투입하며 질 세척제[16]를 새로 개발하
고 있다. 이 질 세척제는 세척효과, 젤리타입의 약물, 멘스, 찌꺼기,
부작용, 질 내부, 염증, 작열감, 자궁 입구, 악취, 침전물, 인체, 분비
물, 여성 생식기, 부위, 해부학, 산성 정도 등의 단어에서 보듯이 인
체 적용의 문제점들을 드러낸다. 그리고 회사는 질 방향제도 생산하
는데, 스프레이 타입의 이 제품은 인체 적용의 문제점은 드러나지

---

16) 전문의들은 질 세척을 함으로써 질 속을 깨끗하게 청소하는 것보다 오히려 염증을 유
발할 수 있다고 경고한다. 즉 여성의 질은 세척할 필요가 없는 부위이다.

않았지만 수요 창출을 위한 마케팅 전략의 수립이 필요하다. 질 세척제와 질 방향제는 여성의 생식기에 사용하는 제품으로서 사용자인 여성의 몸의 건강과 필요성에 의해서 신제품이 개발되어야 함에도 불구하고, 이는 무시된 채 비용절감과 억지 수요 창출을 위한 연구개발과 마케팅 전략이 수립되고 있음을 볼 수 있다. 뿐만 아니라 제품 개발의 과정에서 여성의 몸은 파편화되며, 신제품생산의 실험도구로 전락한다. 또한 여성의 몸은 이익 창출을 위한 마케팅의 대상이 된다. 화장품 회사는 여성의 젊음과 아름다움을 위해서가 아니라 자본의 이익을 창출하기 위해 여성을 소비자로, 실험도구로 대상화한다.

장례기간 중임에도 불구하고 사장은 "올여름 시장에 출시되는 제품 다섯 종의 선전과 마케팅 전략을 기한 안으로 확정해서 집행에 착수하라."는 지시를 내린다. 그런데 신제품이란 것은 회사의 유동자금 경색과 단기성 개발비 동결로 인해 "2년 전에 재고 처리했던" 것을 "라벨과 용기로 포장만 바꾸고 15억 원의 선전비를 투입해서 시장으로 떠밀어내는" 제품에 불과하다. 화자는 이러한 영업 내용에 대해 "건더기는 없고 껍데기뿐"의 것으로 치부하지만 곧이어 "이 업계에서 건더기와 껍데기가 구별되는 것도 아니었고, 껍데기 속에 외려 실익이 들어 있는 경우는 흔히 있었다."라고 자조적인 인식을 드러낸다.

화자는 바로 여름용 재고상품에 대한 선전과 광고에 적용될 리딩 이미지와 문구를 결정해야 하는 것이다. 두 가지로 압축된 리딩 이미지의 문구는 '여름에서 가을까지―여자의 내면여행' 과 '여름에 여자는 가벼워진다' 이다. 이 둘 중의 하나로 리딩 이미지를 결정하고 거기에 따른 여러 가지 일을 처리해야 하는 것이 그가 장례기간

임에도 불구하고 화급하게 결정해야 할 업무이다.

광고기획1 과장과 광고기획2 과장은 문상을 와서 서로 두 개의 광고 이미지를 놓고 갑론을박 의견의 일치를 보지 못한다. 이들의 대화에서 각각의 리딩 이미지를 선택할 경우 거론되는 여자 모델들의 몸 역시 완전히 파편화되어 "머리카락의 질감, 눈동자의 깊이, 눈두덩의 높이, 눈썹의 긴장감, 아랫입술의 늘어짐, 아랫입술과 윗입술이 만나는 두 점의 극한감, 어깨의 각도가 주는 온순성과 애완성" 등으로 상품화되고 광고적 가치로서 물화(物化)된다. 부분모델들 역시 손톱, 입술, 눈동자, 허벅지, 장딴지, 눈썹 같은 신체적 가치로서만 평가된다. 여성 신체의 상품화, 성의 상품화이다.[17]

성을 상품화한 광고를 통해 자본은 이익을 최대한으로 증대시키고자 한다. '건더기'인 상품의 개발이나 개선을 통해서가 아니라 '껍데기'인 라벨과 용기만을 바꾸고 광고비를 대거 투입함으로써 소비를 촉진시키고자 하는 것이다. 화장품 회사는 마케팅 확대를 위한 전략에 골몰하고 제품 개발비를 동결시키는 대신 광고비를 대거 투입함으로써 이익 창출에만 전력투구한다. 그리고 바로 그 일의 실무 책임자가 화자이다. 회사의 관점에서 볼 때에 여성은 화장품의 주체적 사용자가 아니라 단지 화장품 회사의 광고에 따라 마음대로 조종당하는 무주체적 소비자일 뿐이다. 따라서 기업은 지역 대리점 관리나 광고와 마케팅 전략에는 지대한 관심을 기울이지만 정작 화장품의 사용자인 여성에 대해서는 무관심하다.

---

17) 작품에서 여성 신체의 상품화는 지방 출장지의 룸살롱의 접대부들에게서 가장 극명하게 드러난다. 이들이야말로 남성들의 향락을 위한 성적 상품으로 존재한다.

결국 광고의 이미지는 '가벼워진다' 로 결정되었다. '내면여행' 은 너무 관념적이라는 이유 때문이다. 이미 두 과장들의 논의에서 지적된 바 있듯이 화장품은 내면사업이 아니라 외면사업이며, 작가 김훈은 내면과 외면, 정신과 몸의 가치에서 후자가 압도하는 시대임을 광고의 이미지 결정에서도 드러냈다. 화장은 여성의 내면을 가꾸는 일이 아니라 여성의 외면을 가꾸는 일인 만큼 지극히 당연한 결정이다. 더욱이 몸이 지배하는 포스트모던 시대에 관념의 흔적을 느끼게 하는 '내면여행' 이라는 콘셉트는 전혀 어울리지 않는다.

현대사회에서 광고는 우리들 자신의 의식과 태도, 가치 등과 함께 이미지를 자본주의적인 것이 되도록 강요한다. 광고가 담고 있는 메시지는 '상품구매' 에 대한 설득과 태도 변용이지만 우리가 살고 있는 사회를 상품의 판매와 구매라는 이분법적으로 바라보는 지배 이데올로기의 감춰진 의도를 숨기고 있다. 광고가 노리는 것은 수용자 개개인의 감성구조를 변화시켜 제품을 구매하도록 하는 것이지만 그것은 점점 사회의 이데올로기와 문화적 지형을 변화시킴으로써 그 영역을 확고히 하는 것이다.[18] '내면여행' 대신 '가벼워진다' 로 광고 이미지가 결정된 것은 결국 여성을 정신적인 것과는 거리가 먼 가벼운 존재로 구획하는 남성중심사회의 여성관을 은연중에 드러낸 것으로도 읽혀진다.

화장품 광고는 여성들로 하여금 젊고 아름다워지고 싶은 욕망에 충실하라고 부추긴다. 여성 소비자의 젊음과 미적 욕망을 추동하여

---

18) 김규원, 「우리의 욕망, 몰카의 이미지」, 성광수 · 조광제 · 류분순 외, 『몸과 몸짓문화의 리얼리티』, 소명출판, 2003, 394면.

소비로 끌어들이는 상업광고들은 오로지 젊음과 아름다움만이 여자들에게 있어 삶의 목표라고 선전하고, 그를 위해 광고는 존재한다. 그러나 그것은 건더기를 풍요롭게 하는 주체적 욕망이 아니라 자본의 이익에 따라 타율적으로 조종되는 무주체적 욕망이며, 주체인 남성의 시각적 욕망을 충족시키는 타자화된 욕망일 뿐이다. 그리고 이 과정에서 여성의 몸은 소외된 채 자본의 이윤추구를 위해 상품화, 파편화, 물화된다.

5. 보여지는 몸, 바라보는 시선의 주체

최근 여성주의 문화분석은 '성별과 시선'의 관계에 대한 문제를 매우 중요하게 제기하고 있다. '시선(looking)이나 시각(sight)은 이미지 수용에서 매우 중요한 부분이기 때문에, 이미지 바라보기가 성별의 차이와 가부장적 권력관계에 의해 어떻게 구성되는가를 살펴보는 것은 의미 있는 작업이다.[19] 수잔나 D. 월터스는 미디어에서 재현된 여성 이미지는 남성의 타자로서 남성의 욕망을 구현하거나 남성의 결핍된 존재로서 만들어지며, 이렇게 재현된 여성은 현실을 왜곡하는 것이 아니라 적극적으로 성적 차이를 만들어낸다는 입장을 나타낸 바 있다.[20] 영화를 비롯한 대중문화분석에 사용되는 이 이론은[21] 소설 속의 여성인물의 이미지와 화자에 대한 분석에도 유용하

---

19) Suzanna D. Walters, 김현미 외 공역, 『이미지와 현실 사이의 여성들』, 또하나의문화, 1999, 72면.
20) 위의 책, 73면.
21) 멀비(L. Mulvey) 역시 시선에 젠더의 관점을 넣어 영화를 분석한다. 즉 영화 이미지를

다고 생각한다.

「화장」은 남성작가 김훈이 남성화자의 시각과 관점을 통하여 여성의 몸에 대해서 쓴 소설이다. 이 소설은 남성작가의 태도가 작중의 화자인 남성인물의 시선과 중첩되는, 즉 여성의 몸을 바라보는 시선의 주체가 남성인 작품이다. 따라서 여성의 몸보다 그 몸을 바라보는 시선의 주체에 대한 주도면밀한 분석이 요청된다. 작가의 탁월한 묘사적 문체에 의해서 치밀하게 그려진 여성의 몸은 죽어가는 아내나 젊은 추은주나 모두 스스로 욕망하는 주체가 아니라 보여지는 대상이다. 아내와 추은주 둘 다 주체로서 자신의 몸과 몸의 느낌에 대해 말해본 적은 없다. 이 점은 남성화자가 주체의 느낌을 중심으로 아내의 몸이나 추은주에 대한 욕망, 그리고 자신의 배뇨장애의 고통을 묘사한 것과는 대조적이다. 여성은 시선을 갖지 못한 채 응시의 대상이 될 뿐이다. 처음부터 끝까지 여성의 몸은 주체가 아니라 대상으로 타자화, 객체화되고 있는 것이다. 이 소설은 화자이자 주체인 남성이 묻는 대상인 여성의 몸에 대한 질문들을 늙고 병들어 이미 생식능력을 상실한 황폐해진 몸과 젊고 부드럽고 아름답고 싱싱한 그리고 생식능력을 갖춘 몸을 극명히 대비시키며 던지고 있다.

생식능력을 상실한, 더욱이 뇌종양으로 죽어가는 여성의 몸은 이미 여성성을 거세당한, 그것이 27년의 세월을 같이 산 아내라고 할지라도 회피하고 도망치고 싶은 혐오스런 몸이다. 반면 생식능력이 있는 젊고 싱싱한 추은주의 몸은 화자가 간절히 성적 욕망을 느끼는

구성하는 관습은 카메라 뒤 남성의 시선이 주도하며 그에 따라 남성관객에게 시각적 쾌락을 주도록 창안되고 구성된 여성이미지이다.

몸이다. 아내의 몸도 치밀하게 묘사되지만 추은주의 몸에 대한 묘사는 몇 페이지씩 단락도 바뀌지 않고 계속되며, 남성화자의 집요한 시선에 의해 거의 관음증의 수준에서 이루어진다. 추은주는 화자가 실현할 수도 표현할 수도 없지만 성적 욕망의 대상으로 그려지며, 동시에 생식능력을 가진 존재로, 아기를 돌보는 모성적 존재로, 그리고 간병에 지친 화자가 달려가 위안을 받고 싶은 존재로 그려질 뿐 성적 욕망을 지닌 주체로 그려지지 않는다. 남성의 몸이 개별화된 주체의 장소인 반면 여성의 몸은 남녀의 생물학적 차이에 기반하여 몸을 가지고 몸을 재생산하는 생식적 기능에 의해 정의되는 것이다. 즉 보수적인 구조기능론적 가족이론가 파슨스가 말한 표현적 역할(expressive role)을 작가는 추은주에게 부여하고 있다. 남성이 남편과 아버지로서 대외적 직업을 통해 가족을 경제적으로 부양하는 도구적 역할을 수행하는 것과는 달리 여성은 아내와 어머니로서 대내적인 통합과 긴장관리의 표현적 역할을 수행하는 존재로 파슨스는 이분법적으로 구분했다. 도구적 행동은 과업수행, 생산성 및 효율성을 중시한다. 반면 표현적 행동은 감정적 충족감, 집단 결속성 및 안정과 같은 통합적 목표를 중시한다.[22] 시선의 주체인 작중화자와 그 배후에 있는 작가는 남녀의 성역할에 있어서 남성중심적이고 보수적인 시선과 태도로 여성의 몸을 대상화하고 있다.

하지만 바라보는 남성이라고 해서 적극적이고 능동적으로 욕망을 발산하는 주체는 아니다. 시선의 주체인 남성 역시 그저 바라보는 것으로 자신의 욕망을 통제하는, 관음증적 욕망만으로 사회적 금기

---

22) Lynda M. Glennon, 이수자 역, 『여성과 이원론』, 이대출판부, 1990, 42~51면.

를 거스르지 않는, 즉 윤리적 보수주의에 갇힌 존재이다. 그러기 위해서 작가는 남성화자를 전립선염으로 배뇨장애를 겪고 있는 오십대의 남성으로 설정하고 있다.

6. 삶은 죽음을 향해 가고, 죽음은 삶을 향해 간다

아내와 추은주, 두 여자는 결국 한 여자의 일생을 보여준다. 아내는 지금 "성기 주변에도 살이 빠져서 치골이 가파르게 드러났고 대음순은 까맣게 타들어 가듯 말라붙어 있었다. 나와 아내가 그 메마른 곳으로부터 딸을 낳았다는 사실은 믿을 수 없었"음에도 추은주처럼 분명 젊고 아름다웠던 한때가 있었고 자신을 닮은 딸을 낳았다. 반면 화자가 연모의 정을 품고 있는 젊은 추은주, 그녀를 닮은 아기를 잉태한 자궁과 산도는 어떠한가?

> 그 아기의 걸음을 바라보면서, 저는 당신과 닮은 아기를 잉태하는 당신의 자궁과 그 아기를 세상으로 밀어내는 당신의 산도(産道)를 생각했습니다. 그리고 거기는 너무 멀어서, 저의 생각이 미치지 못했습니다.(중략) 당신의 아기의 분홍빛 입 속은 깊고 어둡고 젖어 있었는데, 당신의 산도는 당신의 아기의 입 속 같은 것인지요.[23]

죽어가고 메말라 붙은 아내의 생식기와 깊고 어둡고 젖어 있을 것으로 상상되는 추은주의 생식기는 극명하게 대비된다. 까만색과 분홍색, 메마름과 젖음으로 대비되는 그것은 다름 아닌 늙음과 젊음의

---

23) 김훈, 앞의 책, 42~43면.

대비이며, 죽음과 생명의 처연한 대비이다. 후각적으로도 죽어가는 아내에게선 찌를 듯한 악취가, 추은주에게선 엷고도 비린 젖 냄새가 풍겨 나온다. 한마디로 아내의 몸은 더 이상 생명을 잉태할 수 없으며 죽음을 향해 있고, 추은주의 몸은 생명을 잉태할 수 있는 싱싱한 젊음을 지니고 있다.

그러나 그 젊음도 언젠가는 늙고 병들 것이며, 죽음을 맞게 될 것이다. 추은주는 젊은 날의 아내이며, 아내는 늙은 날의 추은주일 것이다. 화자 역시 한때는 젊은 남자였다. 젊은 아내를 욕망하고, 아내와 아내를 닮은 딸을 낳았다. 화자가 가 닿을 수 없는 것은 추은주의 몸뿐만이 아니다. 간절히 욕망하지만 결코 다시는 돌아갈 수 없는 자신의 젊음이다. 아내가 뇌종양으로 죽어가는(죽은) 지금 그도 전립선염으로 배뇨가 되지 않는 병든 몸이 되어 있다. 그러니 그의 독백은 추은주에게 가 닿지 못한 채 홀로 떠돌고, 그의 눈길은 추은주의 몸 구석구석을 샅샅이 응시하지만 그의 몸은 추은주에게 가 닿지 못하여 고통스럽다.

추은주에 대한 에로스를 성본능을 환기하는 '질'이라는 단어가 아니라 아이를 낳는 길이라는 의미의 '산도'로 표현한 것은 성본능과 종족보존의 본능이 다르지 않다는 뜻인가. 아니면 성본능을 생식본능의 뒤에 은폐하려는 작가의 보수주의 때문일까.

아내는 죽어 화장되었고, 추은주는 회사를 사직했고, 아내가 키우던 진돗개는 수의사에 의해서 안락사 되었다. 그는 비뇨기과에 들러 방광의 오줌을 빼냈다. 오줌을 빼낸 그의 방광은 들판처럼 허허롭다. 빈 방광보다 더 허허로운 것은 아내와 추은주를 떠나보낸 그의 심경일 것이다. 화자는 죽음과 이별의 무상함조차 방광이란 몸의 경험을 통해 표현해냈다.

이 작품의 메시지는 죽음까지 가는 과정(삶)은 무겁지만 정작 죽음
은 가볍다는 의미인가? 아내의 발병 이후 2년간의 긴 고통의 투병과
정과 간병과정이 있었지만 아내는 결국 한 줌의 유골과 5,600만 원
의 부의금을 남기고 떠났으며, 5년 동안 화자가 홀로 연모의 정을 키
워왔던 추은주는 사직서를 제출하고 가볍게 그의 곁을 떠났다. 아내
의 삶은 화장으로 지워졌고, 추은주에 대한 연모의 정은 끝내 표현
하지 못한 채 지워졌다. 개의 목숨은 주사 한 대로 끝났으니 더 간단
히 지워졌다. 아내에게 속했던 것들－옷, 개, 아내의 몸－은 양로원
으로, 안락사로, 화장으로 모두 사라졌다. 이처럼 죽음과 이별은 가
볍고 간결하다. 사랑하던 이들과의 별리도 이토록 가벼운데, 굳이
여름 화장품의 광고 콘셉트를 무겁고 추상적인 내면여행으로 해야
할 이유가 없다.[24]

아내는 그녀를 꼭 빼닮은 딸을 낳았고, 추은주 역시 그녀를 닮은
딸을 낳았다. 아내를 닮은 딸의 모습에 난감해하고 짓눌린 느낌을
화자가 갖는 것은 이해할 수 없는 일이지만 유한한 존재인 인간은
그의 자식을 통해 무한히 생명을 이어간다. 개체의 생명은 죽음으로
끝이 나지만 자식을 통해 생명은 계속 이어진다고 본 「화장」의 몸담
론은 다분히 유교적이다.

인간은 하나의 생명체로 세상에 태어나서 살아가다 병들어 죽는
다. 즉 우리 인간은 어머니의 몸에서 아기로 태어나 성인으로 자라
고, 노인이 되어 병들고, 마침내 죽음에 이르게 된다. 생명을 가진

---

24) 송명희, 앞의 책, 353~354면.

존재라면 그 누구도 이러한 생물학적 과정을 피해갈 수 없다. 인간이 살아간다는 것은 육체의 사멸이라는 죽음을 향해 가는 과정이기도 하다. 하지만 유한한 존재인 인간은 자손을 통하여 무한히 생명을 이어가고 있으며, 여성의 몸은 바로 그러한 재생산의 기능을 담당하고 있다.

인간은 생물학적 몸의 한계인 죽음과 대면하는 상황을 결코 회피할 수 없지만 생명은 죽음의 자리에서 다시 태동한다. 삶은 죽음을 향해 가고, 죽음은 삶을 향해 간다. 삶과 죽음은 순환한다. 여자들은 매일 아침 화장을 하고 저녁이면 화장을 지운다. 매일 같이 화장을 하고 지우기를 반복하는 여자들이야말로 프로이트 식으로 표현할 때에 에로스와 타나토스의 모순된 충동을 반복하는 존재, 대상을 향해 가고 또 가는 삶을 살아가는 존재이다.[25]

Ⅲ. 결론

이 글은 김훈의 「화장」을 몸담론의 관점에서 분석하였다. 이 작품은 길이면에서 짧은 단편소설이며, 서술시간도 아내의 장례를 치르는 4일 간에 불과하지만 몸담론의 다양한 측면들에 대한 작가의 결코 가볍지 않은 성찰을 담아냈다. '몸의 주체성과 타자성', '윤리적·신체적 심연', '죽음의 의료화 현상', '성의 상품화와 소비자로서의 여성', '보여지는 몸, 바라보는 시선의 주체', '삶은 죽음을 향해 가고 죽음은 삶을 향해 간다'와 같은 소주제별로 고찰한 바대로

---

25) 위의 책, 354면.

작가 김훈은 「화장」이라는 한 편의 소설에서 몸의 다양한 측면에 대
해 참으로 치밀하게 관찰하고, 이 시대의 몸이 직면한 문제들을 차
분한 시선으로 정확히 집어내며, 독자로 하여금 몸을 어떻게 인식하
고 사유할 것인가에 대해 화두를 던져주고 있다.

　「화장」에서 작가는 몸과 정신, 젊음과 늙음, 삶과 죽음, 화장(化粧)
과 화장(火葬), 남성과 여성, 자아와 타자, 바라보는 시선과 응시되는
대상의 이항대립을 다양하게 배치함으로써 포스트모더니즘 시대는
몸과 젊음과 삶이 정신과 늙음과 죽음을 압도한다는 것을 말해보고
싶었던 것일까. 하지만 그의 몸담론은 명쾌하게 요약할 수 없다. 결
코 단순하지 않다.

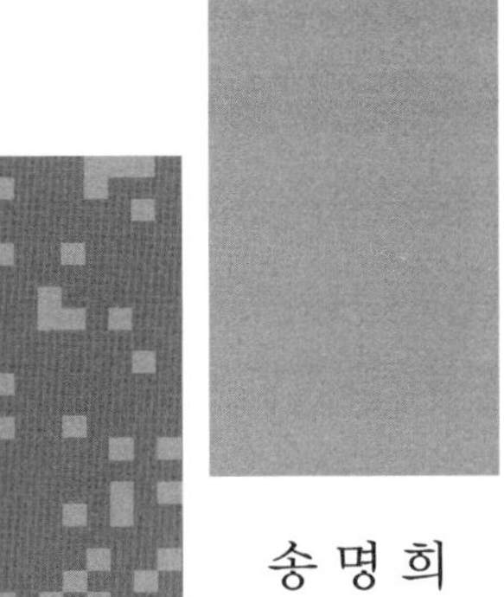

주류사회에서 아웃사이더의 정체성 찾기

이창래의 『제스처 라이프』를 중심으로

송 명 희

주류사회에서 아웃사이더의 정체성 찾기

이창래의 『제스처 라이프』를 중심으로

Ⅰ. 서론

재미한인작가 이창래의 작품은 발표될 때마다 큰 반향을 불러일으켰다. 한국계 소수민족작가로서 미국 문단에서 그의 활약상은 매우 두드러진다. 프린스턴대학교 교수로 재직 중인 그는 1995년 데뷔작인 『네이티브 스피커』로 헤밍웨이재단상, 펜문학상 등을 받았고, 1999년에 두 번째 소설 『제스처 라이프(A Gesture Life)』로 아니스필드-볼프 도서상과 아시아계 미국인상을 수상하는 등 큰 호평을 받고 있다. 그의 작품들은 국내에서도 잇따라 번역되고,[1] 연구논문이 계속 나오는 등 학계의 관심 또한 뜨겁다.

---

1) 첫 번째 소설 『네이티브 스피커(Native Speaker)』(1995), 『제스처 라이프(A Gesture Life)』(1999), 세 번째 소설 『가족(Aloft)』(2004)은 모두 번역되었고, 네 번째 작품 『서랜더드(The Surrendered)』(2010)는 아직 번역되지 않았다.

『제스처 라이프』에 대해서는 2000년부터 신역사주의, 정신분석, 탈식민주의 관점에서 여러 연구들이 진행되어 왔다. 나영균은 푸코의 권력이론을 근거로 신역사주의적 관점에서 작품을 고찰하였다.[2] 권택영은 라캉의 '응시(gaze)'의 개념으로 작품을 분석하였다.[3] 김미영은 『제스처 라이프(A Gesture Life)』의 작중인물의 변화에서 나타난 숭고미의 교육적 효과에 대해서 연구했다.[4] 고양성과 노종진은 소수민족 출신 이민자로 설정된 주인공의 존재의식과 정체성을 탐구했다.[5] 박보량은 주인공을 두 문화와 두 삶 속에 사로잡혀 있는 희생자이자 이방인으로 파악하며 그의 정체성을 모색하였다.[6] 유제분은 작품의 종군위안부를 재현하는 방식과 그 윤리성의 문제를 탈식민주의의 '하위주체(subaltern)'란 개념을 통해 분석하였다.[7] 이소희는 주인공 하타의 역사적 기억으로부터 진행되고 있는 일인칭 서사가 하타의 젠더화된 트라우마와 어떤 관계가 있는가를 고찰하였다.[8] 이선

---

2) 나영균, 「『제스츄어 인생』:신역사주의적 고찰」, 『현대영미소설』 7-2, 현대영미소설학회, 2000, 1~12면.
3) 권택영, 「응시로서의 『제스쳐인생』-이창래와 라캉의 다문화적 윤리」, 『영어영문학』 48-1, 2002, 243~261면.
4) 김미영, 「〈제스쳐라이프에 나타난 숭고미의 교육적 가치」, 『국어국문학』 141, 국어국문학회, 2005, 429~458면.
5) 고양성·노종진, 「이창래의 『네이티브 스피커』와 『제스츄어 인생』에 나타난 등장인물의 존재의식과 정체성」, 『영어영문학 연구』 47-2, 2005, 143~166면.
6) 박보량, 「『제스쳐 라이프(A Gesture Life): 이민사회 속에서의 하타의 정체성 모색」」, 『미국소설』 2-2, 미국소설학회, 2005, 127~149면.
7) 유제분, 「재현의 윤리: 『제스쳐 라이프』의 종군위안부에 대한 기억과 애도」, 『현대영미소설』 13-3, 현대영미소설학회, 2006, 77~99면.
8) 이소희, 「『제스처 인생』에 나타난 젠더화된 트라우마」, 『현대영미소설』 13-1, 현대영미소설학회, 2006, 133~156면.

주는 『제스처 라이프』를 생존의 속성에 관한 윤리적 딜레마를 탐구하는 소설로 규정하며, 제국주의 국가로부터의 패싱(passing), 백인주도문화로의 동화, 디아스포라로의 커밍아웃이라는 세 관점에서 작품분석을 시도하였다. 장사선은 『제스처 라이프』를 백인중심의 가치체계를 기계적으로 확립하는 삶을 살아온 주인공의 삶을 유지하는 방식의 허상에 대한 고발을 보여준 작품으로 해석했다.[9] 윤정헌은 이민자의 정체성을 다룬 안정효, 돈오 김의 작품과 비교하면서 『제스처 라이프』를 경계인으로서의 자기반성을 보여주는 작품으로 읽었다.[10] 이해년은 민족이산의 모티프를 그리고 있는 조정래와 이창래의 작품을 탈식민주의적 관점에서 비교하였다.[11] 국내의 논문들이 『제스처 라이프』에 대해서 대체로 긍정적 시선을 취한 데 반해 해밀튼 캐롤(Hamilton Carroll)[12]과 조안 장(Joan C.H. Chang)[13]은 주인공 하타의 행동을 동양남성의 열등감 또는 모범소수민족 콤플렉스로 해석하는 등 다소 부정적인 관점으로 분석했다.

본고는 이창래(Chang-rae Lee)의 『제스처 라이프』에 나타난 하타(Franklin Hata)라는 주인공의 정체성 찾기라는 주제를 칼 융의 분석

---

9) 장사선, 「재미한인소설에 나타난 폭거와 응전」, 『한국현대문학연구』 18, 한국현대문학연구학회, 2005, 481~509면.

10) 윤정헌, 「한인소설에 나타난 이주민의 정체성」, 『한국문예비평연구』 21, 한국문예비평학회, 206, 115~135면.

11) Lee, Hae-Nyeon, "A Comparative Study on Korean Writer' Post-Colonialism", 『비교한국학』 16-1, 국제비교한국학회, 2008, 111~133면.

12) Hamilton Carroll, "Traumatic Patriarchy: Reading Gendered Nationalism in Chang-rae Lee's *A Gesture Life*.", *Modern Fiction Studies* 51.3(2005), pp.592~616.

13) Joan C.H. Chang, "*A Gesture Life*": Reviewing the the Model Minority Complex in a Global Context." *Journal of American Studies* 37:1(2005), pp.131~152.

심리학과 탈식민주의 관점에서 분석하고자 한다. 왜냐하면 이 소설은 개인적인 관점에서 볼 때에는 노년의 하타가 페르조나로서의 삶에 대한 회의를 나타내며 진정한 자아를 찾아가는 이야기이지만 동시에 그것은 한국 혈통의 일본계 미국인의 페르조나 속에 억압된 민족정체성을 회복하는 탈식민주의적인 주제를 내포하고 있다고 보았기 때문이다.

Ⅱ. 페르조나로서의 삶에 대한 회의

칼 융(C.G.Jung)에 의하면 나(ego)는 한편으로는 외계(external world)와 관계를 맺으면서 다른 한편으로는 나의 마음, 내계(internal world)와 관계를 맺도록 되어 있다. 외계와의 관계에서 형성된 페르조나(persona)는 집단적으로 주입된 생각이나 가치관으로, 다른 사람들에게 보이는 나를 더 크게 생각하는 특징을 가지고 있다. 집단과의 관계를 유지하는 동안 자아는 차츰 집단정신에 동화되어 그것이 자기의 진정한 개성인 것으로 착각하는데, 이것을 자아가 페르조나와 동일시되어 있다고 말한다. 이렇게 되면 집단이 요구하는 역할에 충실히 맞추는 사람, 즉 집단이 옳다고 말하는 규범은 무엇이나 지키는 사람이 된다. 그런데 페르조나와의 동일시가 심해지면 자아는 그의 내적 정신세계와의 관계를 상실하게 된다.[14)

『제스처 라이프』의 주인공 하타는 재일한인으로서 일본인 가정에 입양됨으로써 일본인이 되었으며, 태평양전쟁시에 위생장교로 복무

---

14) 이부영, 『분석심리학』, 일조각, 1978, 43, 65~70면.

했고, 종전 후에는 미국에 이민하여 의료기기상을 운영하며, 예의바른 미국인으로 살아온 인물이다. 70세의 은퇴한 노인이 된 하타의 사회경제적 성공은 '닥 하타(Doc Hata)'라는 호칭과 그의 아름다운 튜더식 2층 집에서 상징적으로 드러난다. 그가 단지 의료기기 판매상임에도 불구하고 사람들이 그를 '닥(의사) 하타'라는 우호적인 호칭으로 부르게 된 것은 그의 가게를 "아무 때나 불쑥 들러 상담을 할 수 있는 비공식 진료소"로 여기며, "경험이 풍부하고 물정에 밝을 뿐만 아니라 개방적이고 마음이 따뜻한 주인에게 자유롭게 조언을 구할 수 있는 곳"으로 여겼기 때문이다. 하타는 자신이 그곳 주민들의 '웃어른으로서 거의 동양적인 숭상'을 받게 된 것이 오랫동안 살아온 세월뿐만 아니라 그가 일본인이었다는 데서 기인하는 측면도 있다고 술회한다.

주인공은 "사실 나는 오래 전부터, 특히 점점 줄어드는 여생을 생각할 때, 지금 여기에 이르러 있는 내 모습을 평가하는 일에 힘을 쏟아야 한다고 느꼈고, 이제 그 작업을 해보려 한다"[15]라고 서두에서 밝히고 있다. 말하자면 이 소설은 노년에 이른 하타의 성공적이었다고 여겨져 온 삶에 대한 자기 성찰을 통해 새로운 자아를 찾는 소설이다.

그런데 이 소설은 자아를 찾기 위해 미래로 떠나는 여정을 보여주는 것이 아니라 과거의 억압된 기억을 회상함으로써 진정한 자아와의 만남을 추구한다. 억압된 것은 항구적으로 회귀를 모색하기 때문에 반드시 어떤 형태로 언제든 재출현한다는, 즉 억압된 것의 귀환[16]

---

15) 이창래, 『제스처 라이프』 제1권, 중앙M&B, 2000, 18면.
16) Jean Bellemin-Noel, 최애영 · 심재중 역, 『문학텍스트의 정신분석』, 동문선, 2001, 12면.

이라는 관점에서 볼 때에 주인공의 무의식 속에 억압된 기억들을 떠올려보는 일이야말로 진정한 자아를 찾기 위한 의식화의 과정에서 반드시 필요한 일이다.

하타는 자신의 사회경제적 성공을 나타내주는, 베들리런(Bedley Run)에 위치한 아름답고 큰 튜더 왕조식의 2층집 ─ "당당한 꽃밭과 약초정원, 판석을 깐 수영장, 납을 넣은 유리, 단철로 지은 온실까지 갖춘 큰 집" ─ 에 대해서 대단히 만족해 왔다. 사람들은 그 집을 부러워했고, 부동산업자로부터는 팔라는 권유를 수시로 받아왔던 집이다. 그런데 익숙함과 편안함과 소속감이 행복하게 조합된 그 집에 대한 당연한 느낌들이 갑자기 성가시게 느껴지기 시작하는 내적 변화가 일어난다. 또한, 자신에 대한 그곳 사람들의 우호적 평판이나 그곳 사람들과의 조화로운 관계에 대해서도 당혹스런 측면이 있다고 돌연 고백하게 된다.

뿐만 아니라 그는 자신이 직접 꾸며놓은 아름다운 뒤뜰의 수영장에서 헤엄을 치는 것밖에 할 일이 없어진 자신, 어쩌면 로맨틱 하고, 승리를 거둔 자의 모습으로 비추어질지도 모를 자신의 모습에 대해 '약간은 슬픈 광경', '차갑고 텅 빈 아름다움을 지닌 광경', '맥 빠진 광경' 이라는 느낌을 받으며, "물밑에서 검은 냉기 속을 미끄러져 갈 때, 내 정신의 눈은 갑자기 높은 곳에서 아래를 굽어보는 느낌"에 갑자기 사로잡히게 된다. 이 장면은 의식의 너머에 존재하는 미지의 정신세계, 즉 무의식의 일렁임을 느끼게 하는 대목이다. 자칫 이 대목은 "높은 곳에서 아래를 굽어보는" 것으로 인해 초자아가 자아를 내려다보는 것으로 오독될 수 있지만 그것은 자아로 하여금 원시적 욕구를 억제하고 도덕이나 양심에 따라 행동하도록 하는 정신 요소인 초자아와는 구별되는 것으로, 뭔가 알 수 없는 정신세계라는 점에서 무의식으로 해석하는 것이 타당해 보인다.

그가 예의바른 미국인으로 존경을 받아온 우호적 평판과 이제껏 만족해온 집과 느긋하게 수영을 즐기는 자신에 대해서 낯설고, 당혹스러운 감정에 빠지게 되었다는 것은 다른 사람들의 평판만을 의식하며 페르조나에 자아를 일치시켜온 삶에 대해서 회의를 품게 되었다는 뜻이며, 이로부터 그의 자아 찾기의 여정은 출발된다고 할 수 있다.

그는 거실의 난로에 장작불을 피우다가 실수로 불을 내어 집의 일부를 태우게 된다. 그런데 이 실화는 단순한 실수가 아니다. 즉 지금껏 페르조나와 자아를 동일시해온 과거를 불태우는 의미심장한 불이며, 그 자신도 모르는 힘에 이끌려 그의 내적 자아와의 만남을 촉구하는 창조적인 불이다. 왜냐하면 불을 낸 쇼크로 카운티 병원 성인병동에 입원한 이후 그는 메리 번즈, 서니, 그리고 K(끝애)와의 일들을 회상하기 때문이다.

메리 번즈(Mary Burns), 서니(Sunny), 그리고 K(Kkutaeh)라는 세 명의 여성은 칼 융의 관점에서 보면 하타의 아니마의 투사이다. 메리 번즈는 그가 오십대에 결혼을 심각하게 고려한 적이 있었던 백인여성이며, 서니는 양녀로서 그의 집을 13년 전에 떠난 한국 출신의 흑인과의 혼혈아이며, K는 그가 위생장교로 복무하던 시절에 사랑했던 조선 출신의 정신대로 차출되어온 여성이다. 이 세 여성은 모두 하타로 하여금 페르조나로서의 삶, 제스처 인생을 벗어던지라고 촉구하는 인물들이다.

Ⅲ. 아니마로서의 여성－메리 번즈, 서니, 그리고 K(끝애)

외적 인격에 대응해서 내적 인격이 인간의 마음속에 존재한다. 이 것을 융은 '마음'이라 불렀다. 내적 인격은 자아로 하여금 무의식으로 눈을 돌리게 하는 중요한 교량 역할을 한다. 이것은 남성의 무의식 속의 내적 인격인 아니마(anima), 여성의 무의식 속의 내적 인격인 아니무스(animus)로 구분된다. 아니마와 아니무스는 경험적 관념으로서 그것이 어떤 대상에 투사되어 경험될 때 인지될 수 있다.[17]

우아한 백인여성 메리 번즈는 이미 고인이 된 인물로 과부였다. 하타는 일본을 떠나오면서 새로운 땅에서의 적응이 얼마나 사람을 소진시키는 일인지 잘 알기 때문에 여자와 친밀한 관계를 갖거나 동반자 관계를 형성하는 것에 대해 생각해보고 싶지 않았음에도 평온한 느낌의 그녀와는 "따뜻하게 서로를 이해하는 동반자 관계가 형성되기를 바랐다."

하지만 둘의 관계는 양녀 서니에 대해 그녀가 최선을 다했음에도 불구하고 서니가 마음을 열지 않았고, 그의 열정이 결여된 의례적 태도로 인해 결렬되고 말았다. 하타의 서니를 대하는 태도에 대해 번즈는 다음과 같이 충고한다.

> "그래요. 그 애는 주체적이에요. 하지만 당신은 마치 그 애한테 신세를 지고 있는 것 같아요. 나는 그 점을 이해할 수 없어요. 이유가 뭔지 모르겠어요. 그 애를 원한 건 당신이에요. 당신이 그 애를 입양한 거라고요. 그런

---

17) 이부영, 앞의 책, 72~73면.

데 당신은 마치 죄를 지은 사람처럼 행동해요. 전에 그 애한테 상처를 준 사람처럼, 아니면 그 애를 배반한 사람처럼. 그래서 이제는 그 애가 원하는 대로 다 해주어야 하는 사람처럼. 그것은 누구에게나 절대 좋지 않아요. 하물며 아이한테는."[18]

메리 번즈가 지적하였듯이 서니에 대해 당당하지 못한 하타의 이해할 수 없는 태도, 그것은 그가 일본인 부모의 자식에 대한 관대한 양육태도로 합리화하고 있음에도 그의 무의식이 억압하고 있는 K(끝애)에 대한 죄책감과 연관된 것으로 보인다. 그가 무의식적으로 한국 출신의 여자아이를 양녀로 원했던 것도……. 결국 번즈는 "당신은 늘 노력을 해요, 프랭클린. 하지만 지나치게 열심히 하죠. 마치 나를 사랑하는 것이 당신이 맹세한 의무인 것처럼"이라는 말을 남기고 그를 떠난다. 서니에게나 하타에게 번즈는 충분히 진지한 관계를 이루려는 노력을 보였음에도 서니는 끝내 마음을 열지 않았고, 하타는 그녀를 잡지 못했던 것이다.

노력하는 관계, 의무처럼 사랑하는 관계란 친밀감과 신뢰는 있지만 내적 열정이 부재하는 관계일 것이다. 하타는 사랑하는 남녀의 관계란 어떠해야 하는지 몰랐기 때문에 번즈를 떠나가게 만들었다. 그녀가 원한 것은 그가 보여준 의례적인 노력이나 의무감에서가 아닌, 그의 내면이 욕망하는 대로 자연스럽게 발산하는 열정적이고 진실한 관계였을 것이다. 그녀는 결국 제스처로서의 태도가 아닌 내면의 진실과 열정을 그에게서 발견할 수 없었기 때문에 실망하여 떠나

---

18) 이창래, 앞의 책, 86면.

갔던 것이다. 그녀의 충고에도 불구하고 그때 하타는 그녀가 말한 진실이 무엇이었는지를 깨닫지 못했음을 회고한다. 즉 페르조나의 삶에 사로잡힌 채 아니마의 목소리에 귀 기울이지 못했던 것이다. 당연히 그의 제스처 인생은 칠십이 될 때까지 그대로 계속될 수밖에 없었다.

그가 조선인 갓바치와 넝마주이의 아들로 태어나 톱니바퀴 공장을 운영하는 일본인 사장 집에 입양된 것처럼 서니 역시 입양기관을 통해 입양한 아이였다. 그의 양부모가 그에게 "나를 아들처럼 대해 주고, 물질적으로 필요한 것, 나에게 이익이 될 만한 것은 모두 제공해 주었"고, 그가 친부모의 열악한 환경을 떠나 경제적으로 풍족한 양부모를 만난 것을 다행으로 여겼던 것처럼 서니 역시 비슷한 인종에다 충분한 자산까지 갖추고 기대에 부풀어 기다리는 아버지가 있는 가정, 예의바른 미국 교외의 가정으로 입양된 사실에 대해서 고마워할 것이라 생각했다. 하지만 서니는 "한 번도 필요했던 적이 없어, 이유는 모르겠지만, 그쪽에서 나를 필요로 했어. 하지만 그 반대였던 적은 한 번도 없어."라고 가차 없이 말하고 그를 떠나갔다. 뿐만 아니라 서니는 하타를 향해, 그의 제스처 인생에 대해 비난의 화살을 쏟아 붓는다.

"아무것도요. 저는 사랑을 원하지 않아요. 아빠의 관심도 원하지 않아요. 어차피 가짜라고 생각해요. 혹시 모르실지 모르지만, 아빠가 관심을 가지는 것은 이 지저분하고 더러운 타운에서 아빠가 어떤 평판을 얻느냐 하는 것이에요. 그리고 제가 혹시나 거기에 상처를 내지나 않을 하는 것이고요."

"말도 안 돼. 너는 지금 말도 안 되는 얘기를 하고 있어."

“그럴지도 몰라요. 하지만 제가 보아 온 것은 아빠가 모든 일에 매우 주도면밀하다는 거예요. 우리의 예쁘고 큰 집에서도, 이 가게에서도, 모든 손님들에게도. 보도를 쓸고 다른 가게 주인들하고 기분 좋게 이야기하는 걸 한 번 보세요. 아빠는 제스처와 예의만으로 인생을 꾸려가고 있어요. 아빠는 늘 다른 사람한테 이상적인 파트너이자 동료가 되려고 해요.

“왜 그래서는 안 되니? 우선 나는 일본인이야! 유순해서 남들의 사랑을 받는 게 뭐가 그렇게 나쁜 거야?”

“흥, 베들리런에서는 그런다고 해서 누구 하나 콧방귀도 뀌지 않아요. 카드 가게에서 내가 무슨 이야기를 들었는지 아세요? 쓰레기와 보도 청소 일정을 잘 짜는 ‘착한 찰리’를 두었으니 얼마나 좋으냐는 거였어요. 사람들이 아빠에 대해 진짜로 생각하는 건 그거라고요. 일등 시민이 되는 게 아빠의 직업이 되어 버렸어요.”[19]

제스처와 예의만으로 인생을 꾸려가고 있다는 서니의 직접적인 비난에도 하타는 자신이 페르조나와 동일시하는 인생을 살고 있다는 데 대한 자각을 갖지 못하며, 왜 그것이 잘못된 것인지를 인식하지 못한다. 결국 서니는 “공부를 열심히 하고, 피아노를 연습하고, 견딜 수 있을 때까지 견디면서 책을 많이 읽는” 소위 주류사회의 일원으로 편입시키려는 하타의 양육방식을 견디지 못하고, 집밖으로 일탈하다 떠나갔다. 하타는 예전에 그의 양부모가 그에게 경제적으로 지원했던 것처럼 서니에게 “내 집과 내 가게를, 그리고 내가 살고 있는 타운의 선선한 배려를 마음껏 누릴 수 있는 자유”를 제시했는데도 그것들을 모두 떨쳐버리고 떠나버린 서니를 결코 이해하지 못한다.

---

19) 위의 책, 128~129면.

그렇다면 그녀가 하타에게서 진정으로 원했던 것은 무엇이었을까? 그것은 아버지로서의 경제적 지원을 넘어선 어떤 것, 즉 의무나 제스처가 아닌 진정한 사랑과 대화였을 것이다. 이를 하타는 병원에 입원해 있는 동안 방문한 코모 경관의 다정한 모녀관계를 보면서 비로소 깨닫는다.

그러나 그 자신이 조선인 친부모나 일본인 양부모로부터 그런 사랑을 받아본 적이 없었던 만큼 그것을 서니를 향해 베풀 줄 몰랐다. 아니 그는 부모자식관계에서 경제적 지원 이상의 어떤 것이 필요하다고 생각해 본 적이 없다. 위생장교 시절 그는 양부모가 최선을 다해 기회와 편의를 제공하려 했으며, 늘 아들로 대했다고 하자 K가 그분들이 소위님을 아들처럼 사랑했는지 궁금하다고 반문한다. 이에 대해 그는 "그런 것 같습니다. 하지만 그분들이 늘 나를 아들처럼 대했으면 됐지 더 이상의 뭐가 있는지 잘 모르겠군요."라고 대답한다. 즉 부모 자식 관계에서 경제적 지원을 넘어선 사랑의 필요성에 대한 인식을 아예 갖지 못했던 것이다.

그의 서니에 대한 태도 역시 그의 다른 삶처럼 제스처에 불과한 것이었다는 것은 서니의 일탈에 대한 반응에서 극명하게 드러난다. 그는 불량배 기지의 집에서 흑인 링컨과 외설스럽게 밀착된 자세로 있는 서니를 발견하고도 그녀의 행동을 저지하는 대신 그 자리를 떠나버림으로써 아버지로서의 책무를 회피해버린다. 그뿐만이 아니다. 가출했던 서니가 임신 28주의 몸으로 찾아왔을 때에도 중절수술을 강요하며, 그 애한테 그 일이 얼마나 끔찍한 일인지를 생각하는 대신에 그 자신에게 가해져 올 수치와 당혹만을 느꼈을 뿐이다. 그는 서니와 같이 사는 동안 "한 번도 불길한 느낌에 시달려 심각하게 괴로웠던 적은 없었고, 한 번도 골수까지 병들었던 적은 없었다."라고 회고하며 깊은 죄책감을 갖는다. 특히 서니의 인공중절수술을 종용했던 데에 대한 그의 죄책감은 그가 악몽에 시달리는 것을 통해서 잘 드러나고 있다.

그가 서니의 입양을 결심하게 된 동기는 미국 주류사회에서 더욱 신뢰할 만한 존재로 평가받기 위해서였는데, 서니의 행동들은 그것에 오히려 흠집을 냈다. 따라서 서니가 가출한 뒤 그는 타운에 어울리는 일등시민, 이곳 사람들이 원하는 것―사생활과 예절과 힘겹게 얻은 특권에 수반되는 고요―을 구현한, 살아 숨 쉬는 상징물로 자리매김된다. 서니의 직언 그리고 떠나감도 그에게 페르조나를 벗어던질 기회를 제공하지 못했다. 그는 여전히 남들의 평판과 일등시민의 자부심 속에서 계속 안주해왔던 것이다.

그가 K(끝애)를 만난 것은 일본제국의 위생장교로서 미얀마에서 복무할 때이다. 그녀는 남동생의 징병을 대신하여 그녀의 언니와 함께 끌려온 위안부였다. 그녀는 기품 있는 양반집안의 딸로서 체계적인 근대교육을 받은 적이 없었음에도 하타가 일본제국이 선전하는 대로 되뇐 대동아공영권의 허위의식을 통찰할 수 있는 교양을 갖추었으며, 그에게 '조선사람'이냐고 질문함으로써 그의 민족정체성에 분열을 일으킨 인물이다. 그녀는 하타의 사랑한다는 고백, 전쟁이 끝나면 함께 가자는 말들이 한낱 젊은이의 열정이나 꿈일 뿐임을 꿰뚫으며 "당신은 나를 사랑한다고 하지만 당신이 정말로 뭘 원했는지 아직도 모르고 있어요. 아직 젊고 점잖으니까요. 하지만 이제 말해주죠. 그건 내 섹스예요. 내 섹스라는 물건이에요."라고 그가 다른 사람들과 조금도 다를 바가 없다는 것을 날카롭게 지적했던 조선여성이다.

에도 상병이 K의 언니를 죽여주고 그 자신도 처형당했던 것과는 달리 하타는 그녀에게 사랑한다고 고백하고, 그녀와 실제 사랑을 나누었음에도 불구하고 그녀의 죽여 달라는 간절한 요구를 들어주지 못함으로써 그녀를 집단성폭력을 당하고 죽도록 방치했다. 죽음이야말로 아무런 권력도 갖지 못한 그녀가 위안부로서의 삶을 거부할 수 있는 유일한 저항수단이었다. 그런데도 그는 그녀의 요구를 들어주지 못함으로써 결국 그녀를 가장 치욕스럽게 죽어가도록 방관했던 것이다. 그에 대한 죄책감은 그의 무의식에 수십 년 동안 억압되어 있었다.(그녀의 존재를 떠올리고 싶지 않았다는 것은 그녀의 이름을 '끝애' 대신 'K' 라는 약자로 호명하는 데서도 무의식중에 드러난다.) 하지만 그를 미국으로 이주한 후 독신으로 살게 만든 것, 메리 번즈의 진지한 사랑을 제대로 받아들이지 못한 것, 그가 한국 출신의 입양녀를 원했던 것 등 그 모든 것들의 근원에, 그러나 하타 자신은 결코 의식하지 못했던 무의식의 근원에 그녀가 위치한다. 그녀에 대한 죄책감은 그도 의식하지 못하는 가운데 그의 인생을 관통하여 왔던 것이다.

화재사건으로 입원해 있는 동안 그는 그녀에 대한 기억들을 비로소 떠올리며 그녀에게 속죄한다. 일본제국의 군인이라는 집단적 규범에 의한다면 그녀의 요구를 들어주지 못한 것은 잘못된 일이 아닐 것이다. 하지만 그녀를 진심으로 사랑했던 남성으로서의 원초적 양심에 의한다면 그것은 분명 사랑하는 여성에 대한 책임의식의 방기였다. 그는 그 죄책감을 무의식의 저 밑바닥에 억압한 채로 70세의 노년에 이른 것이다. 그럼에도 K는 그의 환영 속에 등장함으로써 그의 자기실현을 돕는 아니마로서의 기능을 수행한다. 환영 속의 K는 그에게 이사갈 것을 촉구한다.

"하지만 이상할 수밖에 없습니다. 왜 여기 있는 게 나 외에 다른 모든 사람에게는 그렇게 끔찍한 일인지. 필요한 게 다 있잖아요. 아니 그 이상이죠. 이 지역에서 가장 좋은 타운에 멋진 집과 뜰이 있습니다. 게다가 평판도 좋고 존경도 받아요. 시간도 많고 조용하고 돈도 아쉽지 않아요. 나는 이런 걸 마련하느라 열심히 노력했습니다. 그리고 누가 봐도 부러울 정도로 따뜻하게 환영받았어요. 모든 것이 섬세하게 조화를 이루고 있어요. 그런데도 당신은 만족하지 않는 것 같아요."
"만족하지 않는 게 아니에요."
흐린 눈이 나를 빤히 바라보고 있다.
"하지만 불안해요, 소위님. 정말이지 이사를 가면 좋겠어요. 무슨 문제가 있는 건 아니에요. 전혀 없어요. 하지만 저는 알아요. 저는 여기서 죽지 않을 거예요. 여기서 죽을 수가 없어요. 하지만 가끔은, 소위님. 나도 그러고 싶을 때가 있어요."[20]

여기서 '이사'야말로 평판과 존경과 경제적 안정과 남으로부터 부러울 정도로 따뜻하게 환영받는 삶, 즉 페르조나와 동일시해온 삶을 단절하여 새로운 삶을 살 것을 촉구한 것으로 읽을 수 있다. K의 환영을 쫓아다니던 하타는 서니가 사용하던 목욕탕으로 들어가 오랫동안 사용하지 않아 나오는 갈색의 녹물들을 다 빼버리고 욕조에 깨끗한 물을 가득 받아 그 속에 들어가 앉는다. 그는 그 안에서의 느낌을 다음과 같이 표현한다.

---

20) 이창래, 제2권, 141면.

　　아직 이 생에, 이 세계에, 인류의 행위와 흔적에 줄을 댄 어떤 일에도 태어나지 않은 태아처럼 조용히 몸을 웅크린 채 그대로 머무를 수 있는 방법. 나는 순수를 원했다기보다는 뒤로 거슬러 올라가 지울 수 있는 지우개를 원했다. 시작 이전을 원했다. 내 모든 세월을 팔아버리고 어떤 앞선 시점으로 돌아가 다시는 앞으로 나아가지 않을 수 있다면, 나는 의문 없이 아무런 두려움 없이 그렇게 할 것이다.[21]

　　이 시점에 이르러서야 하타는 자신의 성공했다고 여겨온 삶을 반성하며 가능하다면 그것을 지우개로 지우고 싶다는 강력한 열망, 아니 모든 것이 시작되기 이전, 세상 밖으로 나오지 않은 태아상태에 머물러 있기를 희구한다. 하타가 물이 맑아질 때까지 흘러보낸 불그스레한 갈색의 녹물은 그의 지워버리고 싶은 과거, 즉 죄책감으로 얼룩지고 남의 평판만을 의식해온 제스처 인생일 것이다. 그는 깨끗한 물속에서 재탄생한다. 이 때 욕조는 어머니의 자궁이며, 창조의 요람이다. 깨끗한 물은 태아를 감싸는 양수와 같은 창조력의 원천이며, 원수(原水)로서의 생명의 근원이며, 재생의 상징이자 K에게 참회하는 속죄의 물이라고 하겠다. 융에 의하면 물은 무의식의 가장 일반적인 상징이다. 하타의 자아찾기는 그의 무의식으로 눈을 돌리게 만든 아니마로서의 여성 K를 기억함으로써, 그녀의 인도에 의해서 이루어진 것이다.

　　그 후 하타의 삶은 변화한다. 바다에서 수영하다 익사할 뻔한 손자 토마스와 친구 레니를 내적인 자발성에 의해 망설이지 않고 구하는가 하면 그의 내면이 요구하는 대로 서니와 화해한다. 그리고 마

---

21) 위의 책, 144면.

침내 그의 사회경제적 성공의 표지인 튜더풍의 집을 팔 결심을 한다. 그는 그 돈으로 심장병을 앓고 있는 히키 부인의 아들을 위한 기부금을 낼 것이며, 그가 팔았지만 히키 부인이 운영하다 실패한 서니의료기기를 다시 사들여 자신과 서니의 이름으로 공동 등기할 예정이다. 그리고 가게 2층 아파트에서 서니와 토마스 모자가 머물게 할 것이다. 그리고 그는 오랫동안 살던 곳을 떠날 것이다. 가야 할 곳은 정하지 않았다. 그러나 그는 한 바퀴 돌아서 다시 귀향할 것이다.

소설의 결말은 더 이상 타인지향적이고 집단적인 투사에 의하여 형성된 제스처가 아니라 외적 자아와 내적 자아가 조화를 이룬 하타를 보여준다. 마침내 그는 페르조나와 동일시된 자아를 벗어나 성숙, 즉 자기실현을 이룬 것이다.

사회심리적 생애발달을 8단계로 구분한 에릭슨(Erikson)은 제8단계인 노년기를 '자아통합 대 절망'의 시기로 규정했다. 이 단계는 모든 갈등이 조화롭게 통일되며 성숙한 경지에 도달하는 시기이고, 죽음을 앞두고 자신의 삶을 통합하고 점검해야 하는 시기이다. 칠십 세의 하타는 자신의 지나온 인생에 대한 성찰을 통해 그야말로 자아통합의 성숙한 경지에 성공적으로 도달한 것이다.

Ⅳ. 주류사회에서 아웃사이더의 정체성 찾기

작가 이창래는 이 소설에서 단지 페르조나에 동일시해온 자아를 벗어나 진정한 자아정체성을 실현하는 노년남성을 그리는 데에만 그 목표를 두지 않았다. 아니 진정한 자아정체성의 실현이란 단순히 개인의 심리학적 주제만이 아니다. 즉 『제스처 라이프』는 정신대로 끌려갔던 여성에 관한 소설이자 주인공 하타의 민족정체성을 묻는 탈식민주의적인 주제를 중요하게 내포하고 있다. 따라서 탈식민주의의 관점에서 이 소설의 주제를 다시 분석하지 않을 수 없다.

정신분석학적 탈식민주의 이론가 바바(Homi K. Bhabha)는 기억하기는 결코 자기반성이나 회고와 같은 정태적 행위가 아니다. 그것은 현재의 외상을 이해하기 위해 조각난 과거를 짜 맞추어 보는 것, 고통스러운 다시 떠올림이라고 했다.[22] 릴라 간디(Leela Gandhi) 역시 단순히 식민기억들을 억압하는 것만으로 식민경험이라는 불편한 현실에서 해방되거나 그것을 극복하는 일은 불가능하다고 했다.[23] 일본계 이민자로서 미국사회에서 성공했지만 칠십에 이르러 정체성에 회의를 나타내는 하타를 제대로 이해하기 위해서는 과거의 억압된 기억들을 복원하고 아무리 고통스럽더라도 과거의 기억들과 직면하게 만들어야 한다.

탈식민주의적인 주제를 드러내기 위해 작가는 주인공 하타를 한국인(조선인)이자 일본인이며, 최종적으로 미국인이 된 다중적 정체성을 지닌 인물로 설정하고 있다. 그리고 일본인 가정에 입양된 이 인물을 대동아공영권이라는 이데올로기로 그들의 침략주의를 호도하며 동남아시아 침략에 나선 군인(위생장교)으로 설정하여 정신대 여성 K와 만나도록 설정한다. 뿐만 아니라 입양녀 서니를 흑인군인과 한국여성 간의 혼혈아로 설정하고, 그의 아들 토마스도 흑인남성과의 혼혈아로 설정함으로써 민족 또는 인종적 차원에서 정체성의

---

22) Homi K. Bhabha, *The Location of Culture*, Routledge, London, 1994, p.63.
23) Leela Gandhi, 이영욱 역, 『포스트식민주의란 무엇인가』, 현실문화연구, 2000, 16~17면.

문제를 새롭게 제기하고 있다.

하타의 삶을 지배해온 제스처로서의 인생은 그가 미국 이주 후에 새롭게 터득한 생존의 원리가 아니라 일본인 가정에 입양된 열두 살의 어린 나이로부터 시작된 것이다. 그때부터 그는 그의 자아를 사회가 원하는 방향으로 일치시켜 왔다. 사회의 불침번으로 그 자신을 헌신하고 그의 모든 것을 사회에 의탁하여 해결해야 하며, 자아와 사회의 이상적인 공생관계야말로 강력한 힘을 발휘하는 동시에 해방의 기능을 한다는 사실을 어린 나이에 벌써 깨달았음을 기억해낸다. 그것은 그가 자란 전체주의 사회인 일본의 국민교육의 의도된 결과였다. 작가는 일본 제국주의가 개인보다 전체(국가)를 먼저 생각하도록 국민을 어떻게 도구화하고 의식화해왔는가를 하타의 의식에서 잘 포착해낸다.

더욱이 하타는 입양으로 일본인이 되었지만 혈통상으로는 피식민지 한국인이었다. 따라서 비천하고 가난한 친부모에게 되돌려질지도 모른다는 입양아로서의 불안감 때문에, 사회로부터 배제되고 후원을 받지 못하게 될지도 모른다는 데 대한 두려움 때문에 그의 일본인 행세는 더욱 철저했다. 그는 제국의 군인으로서 오점을 남기는 데 대한 두려움 때문에 그가 사랑했던 K의 죽여 달라는 요구를 외면했고, 결국 그녀를 수십 명의 일본군에게 윤간당한 후 살해당하도록 만들었다. 하타는 미국에 이주한 이후까지 평생을 그런 두려움에 사로잡혀 살아왔음을 돌이켜 고백한다. 그 두려움이란 비천한 갓바치의 집안으로 되돌려질지 모른다는 입양아로서의 불안감이자, 독립된 이후에도 계속된 정신적인 포스트 식민상태에서 갖는 콤플렉스이며, 그리고 동양계 이민자로서 미국의 주류사회로부터 배제될지도 모른다는 데 대한 디아스포라의 불안감이라고 할 수 있다.

<blockquote>

나는 평생 그것을 두려워했다. 내가 구로하타 집안에 양자로 들어간 날부터 제국 육군에 입대한 날까지 계속된 두려움이었다. 심지어 서니의료기기의 문을 연 날에 이르기까지도 계속된 두려움이었다.[24]

</blockquote>

그런데 그가 의식의 차원에서 비천한 조선인으로서의 정체성을 삭제하고, 철저히 일본사회가 요구하는 일본인으로 동화되어 충성과 의무로 무장해왔음에도 불구하고 그의 내면은 두 개의 정체성 사이에서 끊임없는 불안을 나타냈다.

<blockquote>

좀 더 구체적으로는 내 진정한 본성이 전장의 시련 속에서 드러나기를 바랐다. 그래서 혹시 나라는 인간을 내 친족이 사는 비천한 곳으로부터 떼어내 길러낸 것이 과연 가치 있는 일이었냐고 의심하는 사람에게 그것이 가치 있는 일이었음을 증명하고, 나아가 우리 모두의 내부에 있는 본질적이고 내적인 정신을 드러내고 싶었다. 그럼에도 나는 늘 궁금했다. 훈련과 양육이 우리의 본질을 이루고 있는 단순한 흙과 재와 피보다 더 큰 힘을 지니는 것일까? 아니면 이런 사회적 단련은 결국 죽은 자들의 썩어가는 옷처럼 떨어져 나가고 결국 그 밑의 뼈가 드러나는 것일까?[25]

</blockquote>

그것은 조선인이라는 선천적인 혈통의 정체성(흙, 재, 피)과 일본인으로서의 후천적 정체성(훈련, 양육) 사이에서 나타내는 분열이요, 불안이다. 조선 출신의 K와의 만남도 필연적으로 정체성에 대한 그의 불안을 뒤흔든다. 그녀가 조선인이냐고 두 번이나 물었을 때 이를 강하게 부정했음에도 그는 그를 똑바로 보며 조선어로 말하는

---

24) 이창래, 제2권, 70면.
25) 이창래, 제1권, 161~162면.

그녀의 주제넘은 태도에 흔들리며 묘하게 위압감을 느끼게 된다. 그녀가 그의 일본인이라는 정체성에 분열을 일으키며, 그가 의식적으로 거부해온 조선인의 정체성을 환기했기 때문이다. K를 만난 후 그는 조금씩 변화한다. 다른 일본병사들이 조선인 위안부를 조센삐라는 경멸적 단어로 부르며 인간이 아니라 마치 우리 안의 짐승처럼 여기는 태도에 자신도 모르게 "잠시 몸이 얼어 붙었"고, 위안부를 부드러운 살덩어리들로, 사라지기 전에 얼른 가져야 할 짧고 따뜻한 쾌락으로, 그것이 전시의 기본적인 방식으로 여기는 것과는 달리 K를 어떻게 보존할까, 어떻게 그녀를 그런 식으로 이용당하는 모든 일들로부터 떼어놓을까를 생각하게 된다.[26] 그것은 단지 젊은 남자로서 자신이 사랑하게 된 젊은 여자에 대한 소유욕과 보호본능으로부터 나온 것만이 아니었음을 그때 그는 의식하지 못했다.

> 이상하게 들리겠지만, 지금 나는 내가 늘 갈망했던 것과 똑같은 것을 K가 원했다고 생각한다. 그것은 받아들여지는 질서 속에 자기 자리를 갖는 것이었다. 그녀는 훌륭한 품성을 갖춘 젊은 여인이 되어, 그녀의 아버지에게 남동생만큼이나 의미 있는 존재가 되고 싶었다. 그녀는 배움과 우아함에 기초한 독립을 원했다. 그녀는 그녀 나름대로 헌신할 수 있는 일을 택하고 싶었다. 아이를 낳고 필요한 일을 하고 싶었다. 진정한 소명을 찾고 싶었다. 지금의 나처럼 늙고 싶어 했다. 물론 나와는 다른 색조로, 다른 마음으로 뒤를 돌아보겠지만, 내가 바란 것은 큰 집단을 이루는 것의 한 부분(비록 백만분의 일이라 해도)이 되는 것이었다. 그리고 제스처들뿐인 삶 이상의 어떤 것을 가지고 그 과정을 마치는 것이었다.[27]

---

26) 이창래, 제2권, 96~97면.
27) 위의 책, 156면.

그는 뒤늦게 전쟁이 그와 K로부터 어떤 것들을 빼앗아 갔는지를 비로소 깨닫게 된다. 돌이켜보건대, 전쟁의 폭력성은 K로부터 그녀의 생명을 비롯하여 그녀의 모든 꿈을 앗아가 버렸지만 하타 자신에게도 타인지향적인 제스처뿐인 인생을 살게 만들었다. 수십 년의 세월이 흐른 지금 그는 그 시절을 되돌아보며, 그나 병사들, K나 다른 여자들, 그리고 나머지 사람들도 모두 중심을 구성하는 존재들이었으며, 동시에 전쟁기계에 자신과 서로를 먹이로 내주고 만 전쟁의 피해자들이라는 사실을 깨닫는다.

> 지금은 똑똑히 보이지만, 사실 나는 그 상황의 중요한 한 부분이었다. K와 다른 여자들도, 병사들과 나머지 사람들도 마찬가지였다. 사실 무시무시한 것은 우리가 중심에 있었다는 것이다. 순진하게 동시에 순진하지 않게 더 큰 과정들을 구성하고 있었다는 것이다. 그럼으로써 모든 것을 삼켜버리는 전쟁기계에 우리 자신을 또 서로를 먹이로 내주고 말았다는 것이다.[28]

이 대목에서 재미한인 1.5세인 이창래의 독특한 역사의식이 드러난다. 만약 그가 순수한 한국작가였다면 결코 가질 수 없는, 전쟁에 대한 그의 개성적 인식은 한국의 독자들에게는 다소 생소하다. 위안부로서의 삶을 거부하고 살해당한 K나, 제국의 군인으로서 살아남은 하타 모두가 전쟁의 중심에서 큰 과정을 구성하는 존재였으며, 모든 것을 삼켜버리는 전쟁기계에 자신과 서로를 먹이로 내주고 만 피해자라는 인식은 이창래가 재미한인이었기에 가능한 태도일 것이다. 가해자와 피해자가 분명한 전쟁에서 그에 동원된 개인들 모두가

---

28) 위의 책, 156면.

피해자라는 시각은 그가 순수한 한국작가였다면 좀처럼 갖기 어려 웠을 것이다.

　하타의 일본인으로서의 정체성을 속임이나 위장의 의미가 함축된 패싱(passing)으로 파악한 이선주는 식민지 시대 일본에서 사는 조선 인으로서 하타가 한 일본인 행세는 식민통치의 과정에서 살기 위해 자발적, 비자발적으로 택한 국적 감추기라는 정황을 고려해야 함에 도 불구하고, 그의 일본인 되기는 너무 필사적이고 결연한 것이라고 비판했다.[29] 하지만 그가 필사적으로 피식민지인에서 제국의 국민 으로 패싱하며, 조선인임을 부정하고 철저히 일본인으로 살아간 것, 뿐만 아니라 미국에 이민한 이후까지도 일본계로 행세한 것은 그만 큼 피식민지 조선인에 대한 일본제국의 억압이 심각했기 때문일 것 이다. 그 억압의 가장 확실한 예가 정신대로 동원된 K와 그 언니, 그 리고 다른 소녀들이 아닌가? 그리고 계속해서 그가 조선인임을 부정 한 것까지……

　아무튼 미국에 이민한 하타는 그가 과거에 필사적으로 일본인처 럼 되려고 노력했던 것처럼 미국인으로 동화되기 위해 필사적으로 노력한다. 그리고 그 노력은 성공을 거둔 것처럼 보인다. 하지만 그 가 골프여행에서 다른 일본인을 만났을 때, 그 둘만이 다른 미국인 들과 다르다는 느낌, 그곳 미국인들 사이에 그들이 끼어들 곳이 없 다는 느낌을 받는다.[30] 또한 메리 번즈의 컨트리클럽에서 열리는 사

---

29) 이선주, 「이창래의 『제스처인생』−패싱, 동화와 디아스포라」, 『미국학』 31−2, 서울대 미국학연구소, 2008, 238면.

30) 이창래, 제1권, 36면.

교행사나 무도회에서 유일한 유색인종으로서 불편을 느낀다.[31] 그 것은 그가 일본계 미국인으로서 아무리 좋은 평판과 사회적 성공을 거두었다고 하더라도 바바가 말했듯이 '거의 같지만 똑같지 않은' 닮은꼴로서의 동양계 이주민에 불과했음을 자각했기 때문이었다. 바바에 의하면 피지배자가 식민권력에 의해 제국에 동화되는 가운 데 지배자를 모방하게 됨으로써 '거의 같지만 똑같지 않은' 닮은꼴 로서의 피지배자는 식민통치에 필요한 인적 자원이 된다는 것이 다.[32] 그는 노력하면 미국인과 똑같이 될 수 있다고 믿었지만 그게 아니었던 것이다. 그는 칠십에 이르러 과거를 돌이켜봄으로써 비로 소 평생을 통해 부단히 주류사회로부터 인정받기 위한 삶을 위해 노 력해 온 것이 자신의 인생에서 오랜 어리석음이며, 그의 인생을 지 속적으로 실패하게 만든 원인이었음을 깨닫는다. 작품의 서두에서 자랑스럽게 "이곳 사람들은 나를 안다."라고 말했던 것과 같은 사회 적 인정이 그의 인생의 진정한 성공은 아니었다는 것을 자각한 것이 다. 즉 릴라 간디의 말처럼 그는 과거에 대한 엄정한 사유를 함으로 써 정신적 해방을 비로소 이룬 것이다.

> 그저 매일 밤 가게를 나오면서 슬쩍 돌아보았을 때, 저곳이 우리를 담아 줄 만한 곳이라는 믿음을 느끼게 될 수도 있다는 상상이다. 어쩌면 그것이 야말로 내가 평생 동안 얻으려고 노력했던 것이 아닐까? 어렸을 때 일본인 부모의 손을 잡고 정규학교에 입학했을 때부터 영광스런 전쟁으로 일컬어 지던 전쟁에 군인으로 참여할 때까지, 그리고 이 나라에, 그것도 매우 품

---

31) 위의 책, 138면.
32) 태혜숙, 『탈식민주의 페미니즘』, 여이연, 2001, 37면.

위 있는 타운에 정착할 때까지 그것이 내 오랜 어리석음, 나의 지속적인 실패가 아닐까?[33]

이 소설은 조선인이었지만 입양과 이민으로 후천적으로 일본계 미국인이라는 다중적 정체성을 획득한 하타와 달리 선천적으로 흑인군인과 한국여성 사이의 혼혈로 태어나고, 또 흑인과의 관계에서 아들을 낳은 서니라는 인물을 배치함으로써 미국사회로 이민한 동양계 이주민의 정체성의 문제에 대한 대안을 제기하고 있다.

백인 주류사회에 적응하는 양육방식을 거부하고 가출한 서니가 당당하고 책임감 있게 살아가고 있는 모습을 통해서 피식민 경험과 전쟁 경험, 이민 경험이 있는 하타 세대와는 다른 서니 세대의 혈통이나 민족, 그리고 국가를 벗어난 자리에 위치한 새로운 정체성을 작가는 비전으로 제시한다. 하타가 염려했던 것과는 달리 서니의 당당한 삶이야말로 역설적으로 하타의 실패한 삶을 비춰주는 거울로 작용한다. 하타의 서니와의 화해는 단순한 부녀지간의 화해만이 아니다. 그것은 하타로 하여금 서니의 삶의 방식에 대한 수용이며, 인정이다. 그것은 하타의 동화주의적 삶이 실패이며, 서니의 혼혈의 정체성에 대한 당당한 인정이 오히려 성공이라는 것을 말해준다.

현재 미국은 건국 초기의 동화주의가 갖는 부정적 측면이 드러나자 여러 민족의 문화적 다양성이 미국 발전에 도움이 된다는 다문화주의로 선회했다. 다문화주의는 이주문제의 적절한 해법을 모색하기 위한 시도로서, 이것의 핵심은 차이의 공존을 인정하고 이질적인

---

33) 이창래, 제2권, 42면.

문화 간의 상호작용을 통해 사회의 다원화와 새로운 문화적 정체성을 지향하는 것이다. 다문화주의의 이상은 "상이한 국적, 체류자격, 인종, 문화적 배경, 성, 연령, 계층적 귀속감 등에 관계없이, 모든 인간이 인간으로서의 보편적 권리를 향유하고, 각각의 특수한 삶의 방식을 존중하며 공존할 수 있는, 다원주의적인 사회·문화·제도·정서적 인프라를 만들어내기 위한 집합적 노력"[34]이다.

결말에서 하타는 그의 사회적 성공의 상징이었던 집을 팔고 내 살, 그리고 피, 내 뼈를 짊어지고 갈 것이며, 나는 한 바퀴 돌아서 다시 이곳에 이를 것이다. 마치 귀향을 하듯이라고 다짐한다. 이것은 그가 평생 억압해 왔던 한국인으로서의 정체성을 인정한다는 의미이며, 그것이 결국 진정한 미국인으로 되기 위한 방식이라는 자각이다. 여기서 작가의 중요한 메시지를 읽을 수 있다. 즉 탈식민을 위해 다문화주의를 대안으로 제시한 것이다. 미국사회에서 동양계 이민자들이 일방적인 동화보다는 동양인이라는 정체성을 인정함으로써 오히려 당당한 미국인으로 살 수 있다는 메시지이다.

사이드(E. W. Said)의 파생(filiation)과 제휴(affiliation)라는 개념에 의한다면, 주인공의 삶은 파생에 대한 부정으로 인해 제휴의 삶이 제스처 라이프가 되고 만 경우이다. '파생'이란 세대와 세대 사이의 자연스러운 전이나 계속성, 또는 자신이 태어난 문화와 개인과의 관계를 의미한다. '제휴'는 태어난 이후에 갖게 되는 여러 가지 관계와 결속—예컨대 교우관계, 직업, 정당활동 등—을 의미한다.[35]

---

34) 오경석 외, 『한국에서의 다문화주의:현실과 쟁점』, 한울아카데미, 2007, 26면.
35) 김성곤, 『포스트모더니즘과 현대미국소설』, 열음사, 1990, 129면.

하타의 경우 파생은 그가 부정했던 한국인으로서의 계속성으로, '제휴'는 입양 후 갖게 된 일본인, 또는 이민 후 미국에서의 관계나 미국인으로서의 새로운 정체성과 관련된다고 할 것이다. 그의 제스처 인생, 페르조나로서의 삶은 제휴에만 매달림으로써 자아상실에 빠진 삶이다. 따라서 주인공의 새로운 자각은 파생에 대한 인정을 통해 진정한 제휴에 도달하고자 하는 것이다. 이 작품은 다민족 다문화의 미국사회에서 동양 이민자들은 일방적인 동화보다는 동양인이라는 정체성을 인정함으로써 제스처 라이프를 벗어나 진실한 삶을 살 수 있다는 메시지를 던져준다.

V. 결론

이 논문은 이창래의 『제스처 라이프』에 나타난 노년인물의 정체성 찾기라는 주제를 칼 융의 분석심리학과 탈식민주의 관점에서 고찰했다.

『제스처 라이프』의 주인공 하타는 재일한인으로서 일본인 가정에 입양됨으로써 일본인이 되었으며, 모범적인 일본인 장교가 되어 동남아시아에 파견되어 위생장교로 복무한다. 그 후 그는 미국에 이민하여 의료기기상을 운영하며, 예의바른 미국인으로 성공적 삶을 살아왔다.

하지만 칠십 세의 노년에 이르러서 자신의 삶에 회의를 나타내며 페르조나에 동일시해온 삶을 반성하며 진정한 자아찾기의 여정에 나선다. 메리 번즈, 서니, K(끝애)는 하타의 아니마로서의 여성들로서 그로 하여금 페르조나에 동일시해온 삶을 단절하고 자아실현을 이루라고 촉구하는 존재이다. 하타의 자아찾기는 결국 그의 무의식으로 눈을 돌리게 만든 아니마로서의 여성 K를 기억함으로써, 그녀의 인도에 의해서 이루어진다. 소설의 결말은 더 이상 타인지향적이고 집단적인 투사에 의하여 형성된 제스처가 아니라 외적 자아와 내적 자아가 조화를 이룬 하타를 보여준다. 칠십 세의 노년에 이르러서야 그는 페르조나와 동일시된 자아를 벗어나 성숙, 즉 자기실현을 이룬 것이다.

또한, 주인공은 모범적인 일본인, 또는 미국인으로서의 살아온 삶은 지배문화로부터 인정받기 위한 제스처 라이프였음을 자각한다. 그는 노력하면 모범적인 일본인도, 미국인도, 아버지도, 연인도 될 수 있다고 믿었지만 그것은 단지 타인지향적이고 의례적인 삶, 즉 페르조나에 불과했음을 성찰한다. 그는 딸과의 화해를 시도하는 한편 "그저 내 살, 그리고 피, 내 뼈를 짊어지고 가겠다."와 "나는 한 바퀴 돌아서 다시 이곳에 이를 것이다. 마치 귀향을 하듯"이라고 다짐한다. 즉 혈통적 정체성을 부정하지 않을 때에 비로소 미국이 진정한 삶의 터전으로서 자리매김 될 수 있다는 자각이다.

사이드(E. W. Said)의 파생(filiation)과 제휴(affiliation)라는 개념에 의한다면, 주인공의 삶은 파생에 대한 부정으로 인해 제휴의 삶이 제스처 라이프가 되고 만 경우이다. 따라서 주인공이 노년에 얻은 자각은 파생에 대한 인정을 통해 진정한 제휴에 도달하고자 하는 것이다. 이 작품은 다민족 다문화의 미국사회에서 동양 이민자들은 단순한 동화보다는 동양인이라는 정체성을 인정함으로써 제스처 라이프를 벗어나 진실한 삶을 살 수 있다는 메시지를 던져준다. 노년에서 주인공이 이룬 깨달음은 다민족 다문화 사회인 미국에서 이주민으로 살아가는 한인들뿐만 아니라 동양계의 이주민들에게 그들의 정체성에 관한 소중한 방향을 제시해 준다 할 것이다.

제2장

노년담론의 사회인문학적 성찰

노인 어휘망에 나타난 '늙음'의 의미분석에 따른 새로운 노년인식 **채영희**
의료와 미디어 산업의 노년담론 비판 **한혜경**

노인 어휘망에 나타난 '늙음'의 의미분석에 따른 새로운 노년인식

채 영 희

노인 어휘망에 나타난 '늙음'의 의미분석에 따른 새로운 노년인식

Ⅰ. 머리말

의학기술의 놀라운 진보와 공공의료 정책의 실시로 사회가 안정화 되면서 우리 사회는 소득수준의 증가와 더불어 삶의 질이 개선되면 서 평균수명 역시 증가하게 되었다. 과거 로마인의 기대수명이 25세 였다는 사실과, 1900년까지만 해도 세계 평균 기대수명이 30세였다 는 사실이 믿기지 않을 정도이며, 현재 전 세계 기대수명은 64세로 증가하였다.[1] 우리나라는 2009년에 남성의 평균 기대수명이 80.3세, 여성은 83.8세로 세계 6위의 고령화 국가가 되었다.[2] 인구 100명 중

---

1) Ted. C. Fishman, 안세민 역, 『회색쇼크』, 출판사 반비, 2010, 26면.
　테드 피시먼은 노화와 장수에 관한 최신 의학적, 기술공학적 연구들을 참조해 노화의 생물학적 과정을 설명하고 노화와 그것을 막으려는 과학의 대결과 현대 사회 전체에 만연한 노년에 대한 편견과 혐오가 어떻게 작동하는지를 다루고 있다.
2) 고령화 사회(aging society)는 65세 이상의 노인인구가 전체인구에서 차지하는 비율이 7% 이상인 국가를 일컬으며, 고령사회(aged society)는 65세 이상의 노인인구가 전체인구에

11명이 65세 이상의 노인이며, 이미 2000년에 전체 인구 중 65세 이상이 차지하는 비율이 7%를 넘으면서 고령화 사회의 서막을 열었고 곧 2018년에는 14% 이상인 고령사회, 2026년에는 20% 이상인 초고령사회가 될 것이라는 2011년 통계청의 발표가 있었다.[3] 이것은 우리나라가 세계에서 가장 빠른 속도로 고령화 사회에서 고령사회로 이행 중이라는 의미이다. 실제로 고령사회로 바뀌는 데 걸린 기간이 프랑스는 115년, 스페인은 85년, 일본은 24년이었던 데 비해 우리는 19년 만에 초고속으로 인구 내용의 변화를 겪고 있는 것이다. 이러한 급속한 인구구조의 변화는 젊은 층에게는 자신들이 부양할 국민의 증가라는 부정적인 측면으로 인식되어 국민연금문제와 함께 거론되면서 사회문제로 부각되었다.

노인문제에 대한 이러한 관심은 노인문제를 어떻게 국가적 차원에서 어떻게 다룰 것이냐에 대한 정책적 논의와 노인세대를 더 이상 생산의 주체가 아닌 소비의 주체로 이해하려는 경제적 시각이 전제되어 있다. 사회적 담론의 대다수가 노인을 경제적 활동이나 노동현장에서 은퇴하여 역할 상실과 건강과 소득을 상실한 인구층으로 지칭하고 있다.[4] 노령인구의 증가세에도 불구하고 우리 사회는 여전히

서 차지하는 비율이 14% 이상인 국가를 말하며, 초고령사회(super aged society)는 65세 이상의 노인인구가 전체인구에서 차지하는 비율이 20% 이상인 국가를 말한다. 연동욱 외, 『고령화시대의 경제적 의미와 대책』, 삼성 경제 연구소, 2002.

3) 통계청 홈페이지 www.kosis.kr 참조.

4) 외국에서는 노인을 직장에서 은퇴하는 65세부터 시작한다고 하고 있으나 우리나라에서는 60세를 전후하여 노인으로 규정하고 있다. 이것은 아마도 우리나라 노동법상의 정년퇴직의 나이가 55세로 되어 있기 때문으로 보이며, 1981년에 제정된 노인복지법에서는 노인을 65세 이상으로 규정하고 있다.

노인을 생산능력이 없고 경제적 자립이 어렵다는 이유로 자존감이 매우 낮은 계층으로 인식하는 경향이 있고, 대다수의 언어 자료에도 그러한 인식이 반영되어 노인에 대한 전형적인 이미지를 만들어 내고 있다.

이 글에서는 노인에 대한 비판적 담론 분석의 입장에서 말뭉치 자료를 분석하여 우리 사회에 퍼져 있는 노인에 대한 인식태도를 살펴 노인에 대해 생산하고 교환하는 제반 언어 현상에 나타난 우리 인식의 문제점을 알아보고자 한다. 이를 바탕으로 노인에 대한 인문학적 성찰의 필요성을 제기하면서 지금까지의 노인에 대한 부정적 담론을 적극적이고 긍정적인 담론으로의 전환이 필요함을 기술하고자 한다.

II. 말뭉치 자료에 나타난 노인에 대한 수식어 양상

비판적 담론 분석(Critical Discourse Analysis:CDA)은 언어를 사회적 맥락에 따라 이념적 성격을 지니는 것으로 보고, 사회적 과정 및 문제들의 언어학적, 기호학적 측면을 분석대상으로 하는 담화분석의 한 분야이다. 비판적 담론 분석의 대상이 되는 것은 언어로 된 문장이나 발화가 된다. 사람들은 지식이나 신념을 의미화하고 구성하는 과정에서 자신이 이미 인지하고 있거나, 혹은 학습된 세계관에 의해 단어를 선택하고 문장을 구성하게 된다. 어휘선택의 과정에서 사회적, 정치적 맥락에 의해 불평등한 권력관계를 지닌 단어를 선택하기도 하고 사회현상을 유지하기도 한다. 이렇게 문장이나 발화들이 어떻게 담론으로 결합되는가에 관심을 가지는 담론구조 분석과, 담론을 사람들이 어떻게 이해하는가에 관심을 두는 인지구조 분석, 그리고 의사소통 과정에서 말 순서를 어떻게 주고받으면서 담화를 유지하는지 등이 비판적 담론 분석의 연구 영역이다.

일반적으로 담론은 인간 활동의 과정에서 생성되는 모든 유형의 언어적 산물을 대상으로 언어 사용자들의 의도를 살피고 의미를 도출해내는 과정을 분석적으로 연구하는 방법이다. 언어사용 과정에서 생산된 담론들은 정치 사회적 맥락과 긴밀하게 관련되어 갈등의 축이 되기도 하며 권력의 핵심이 되기도 한다. 우리가 다른 사람을 이해하기도 하고 배제하기도 하는 근간에는 사회가 공유하는 가치와 인식의 구조적 틀인 '문화'를 여과장치로 사용하는 경향이 있다.

그런데 이 문화라는 것을 만들어내는 담론의 중심에 언어를 통해 대중에게 전달하는 중요한 매체들이 있기 마련이다. 대부분의 사람들은 그 사회의 문화적 가치를 해석하여 재현해 내는 역할을 담당하는 사람들이 생성해 내는 매체의 언어인 신문이나 TV와 같은 미디어를 통해 사회적 사건과 정보들을 인식하고 판단한다. 이것은 어떤 문제 상황이나 사건에 직접 관여하지 않은 사람들이 미디어 생산자의 판단과 정의에 의존하여 의미화 수단으로 사용함을 의미한다.

노인문제를 언급하는 신문기사에 등장하는 노인과 연어관계(collcation)를 형성하는 수식어를 통해 언어현상에 비친 노인에 대한 인식을 알아보면 우리 사회의 노인에 대한 전반적 의식구조를 짐작할 수 있을 것이라고 생각했다. 그래서 텍스트화된 자료에 나타난 노인에 대한 수식어의 결합관계를 살펴 우리 사회가 노인에 대해 가지고 있는 인식을 살펴보고자 했다. 말뭉치 검색기를 이용해 '노인' 혹은 '늙은이'라는 단어가 선택된 말뭉치 자료를 찾아 언어화된 자

료를 분석한 결과 '노인'과 결합한 수식어는 다음과 같다.[5]

(1) 외모/신체에 관련된 어휘

〈노인〉 : 저승꽃이 뒷목에까지 핀, 백발, 구부정한 허리, 주려서 유난히
커 보이는 눈, 천지에 여윈 몸, 거친 손, 모과같이 빡빡한, 이 빠진, 아름답
고 긴 수염을 가진, 금방 쓰러질 것처럼 보이던, 허름한 옷을 입은, 거동이
불편한, 꼽추 노인, 대머리, 부축을 받고 있는

〈늙은이〉 : 초라한, 무력한, 보살핌이 필요한, 망령이 들었거나, 광기
있는, 아들을 나무라는, 굉장히 오래 산, 석고처럼 앉아 있는, 자신의 늙음
을 모르는, 누더기 입고, 빗질 안한 흐트러진 머리를 한, 시름겹게, 골골하
는, 아무짝에도 못 쓰는, 권태로운, 중늙은이, 시들어가는, 한곳에 머물게
해야 하는, 오갈 데 없는, 걸인, 깡마른, 삭정이처럼 야윈, 찌그러진, 눈곱
이 잔뜩 끼어있는, 뒤처진, 각설이, 귀가 먹은, 하찮은 목숨의, 주책의, 힘
없는, 빨갱이, 귀가 먹은, 장가 못간, 주책, 못살게 구는, 깡마른, 쪼그라
진, 찌푸린, 젊은이를 희생시키는, 한가한, 만만한, 여승에게 구애하는, 늙
은이의 손처럼 누렇게 시든, 지팡이에 의지해 가는, 몸이 약한, 노회하게
끝까지 권력에 집착하는, 미처 피난을 못 간, 성적으로 타락한, 조심스러
운, 되지 못한, 썩어가는 늙은이 냄새, 얕보는, 수다스러운

노인의 외모에 대한 수식어의 양상이다. 여기서 분석 대상으로 삼
지는 않았지만 노년소설 등에도 노인을 묘사하는 부분은 이러한 부
정적 시각으로 전개된 것이 많았다. 노인이라는 어휘와 결합하는 연
령은 (2)와 같이 60세 이상인 경우가 많이 나타났다.

---

5) 꼬꼬마 검색을 통해 연어 관계를 확인한 자료이다. http://kkma.snu.ac.kr/search. 말뭉치
  자료는 어휘별 빈도의 계량 분석의 경우 가치를 지니지만 이 논문에서는 빈도수보다
  수식관계에 나타나는 의미에 치중하였다.

(2) 나이에 관련된 어휘

〈노인〉 회갑을 맞은, 시골의 환갑노인, 80~90세 노인, 70세 이상의, 65세 이상의, 90살쯤 되어 보이는, 70대 노인, 65세 이상의, 50~60대

(3)과 같이 노인이라는 존재가 죽음을 앞둔 사람이라는 개념과 밀접하게 연관되어 있음을 보여주는 수식어가 많았으며 신체적 변화인 노화를 언급한 수식어가 많이 보인다.

(3) 죽음

〈노인〉 죽음을 준비하기 위하여, 어차피 돌아가실, 곧 죽게 생긴
〈늙은이〉 다 죽어가는, 잠깐이면 죽어 나자빠지는, 죽을 날만 기다리는

(4) 건강

〈노인〉 실성했을, 잠시 지체할 수 없는 환자, 맥빠진, 白壽, 치매, 노인 환자, 치매, 건망증 환자, 만성질환이 있는 연약한, 노인의 신경증, 뼈가 쉽게 부러지기 때문에, 젊은이보다 회복속도가 느려, 가난과 질병으로부터 고통 받으면서,
〈늙은이〉 기운도 못 쓰는, 기력이 약한

노인이라는 어휘가 (5) '고독' 과 (6)과 같이 '사회적 약자' 라는 연어관계를 형성하고 있다는 것은 우리 사회의 노인문제에 대한 심각성을 드러내는 지표가 될 것이다.

(5) 고독/소외

〈노인〉홀로 고립될 수 있는, 자식에게 집을 내 주고 독립해서, 오남매를 낳아 출가시키고, 아내나 남편을 잃고 외롭게 사는, 아버지 어머니 혹은 아들딸을 잃어버린, 종종 자살하는, 자식으로부터 독립하는, 홀로 어렵게 살아가는, 혼자 사시는, 홀로 외롭게 사는, 상당히 외롭게 지내는, 무의탁

〈늙은이〉 소극적으로 조용히 살아가는, 고집스럽게, 햇볕을 탐하는, 쪼그리고 앉은, 개 같은, 시중들어줘야 하는, 엿누룽갱이 같은

(6) 사회/정보와의 관계

〈노인〉 사회적 약자, 노인 수발, 노인의 부양, 노인문제, 노인복지, 정보화는 먼 나라 다른 별의 이야기, 높은 구매력을 가지고 있는, 인터넷 활용이 서툰

〈늙은이〉 엄살이 심한, 늙은이에게는 무리인, 허리가 꼬부라지는, 사회의 적, 불쌍한, 언제라도 물리칠 수 있는

대체로 생활에서 한발 물러나 생활인으로서 역할을 상실한 부정적 이미지의 노인상이 대다수를 이루고 있다는 사실을 (7)과 같은 어휘에서 확인할 수 있었다.

(7) 직업

〈노인〉 점쟁이, 불목하니, 도박판, 집에서 노는, 나를 돌봐주는, 한담을 나누거나 장기를 두었다, 술 취한, 술에 곤드레가 된

부정적 이미지의 수식어가 대다수를 이루고 '건강하고, 활동적인' 등과 같은 긍정적인 의미의 수식어와 결합은 오히려 비정상적인 특

별한 노인으로 인식되는 경향을 보이며 ⑧과 같은 수식관계는 근대
화 이전 전통적 농경 사회에서나 가능한 수식어로 보인다. 하지만
이것은 우리 사회가 노인에 대해 기대하는 이상적으로 구조화한 노
인에 대한 모형이라고 생각한다.

⑧ 긍정적 이미지

〈노인〉 노인들이 들려 준 지혜, 예에 밝은, 복 있는, 한문을 잘 아는.
　〈늙은이〉 깨달음을 준, 가르침을 주는, 지칠 줄 모르는 기억력의, 지혜가
있는, 마누라에게 선물을 사 주는 것이 즐거움인. 아이들을 보는 재미가 낙인

'늙은이'는 '노인'과 유의관계에 있는 어휘로 지시대상이 같고 사
전적 정의도 별 차이가 없지만 말하는 이의 감정적 태도에 따라 의
미차이가 있는 경우가 있다. 일반적으로 '늙은이'는 '노인'을 매우
낮추어서 이르는 말이다. 우리가 일상에서 사용하는 모든 어휘를 다
조사한 자료도 아니고 빈도수에 따른 논의는 아니지만 ⑴에서 ⑧에
나타난 노인관련 수식어의 양상은 언어에 비친 노인에 대한 우리의
인식을 어느 정도 반영하고 있는 것이다.

이것은 언어 자체가 독립적으로 관찰의 대상이 되는 것이 아니라
사물에 대한 인지, 태도, 행동이라는 층위에 작용하여 유형화한다는
것을 전제로 한 것이다. 인간이 외부세계에 대한 여러 지식을 어떻
게 구축하여 사용하는가 하는 문제는 다른 사람으로부터 배우고 공
유하는 문화적 지식(cultural knowledge)을 통해 인간 사회의 한 집단
이 사물을 범주화하고 이론화하게 된다. 이를 언지언어학에서는 스
테레오 타입(stereo type)이라고 하고 사람들이 어떤 사건이나 집단의

구성원에 대해 단순화하여 머릿속에 그리는 모습을 말한다.[6)]

리프만(Lippmann)은 "우리는 대개의 경우 보고 나서 정의하는 것이 아니라 정의하고 나서 본다"고 하고 "어떤 스테레오 타입 체계가 확고히 정착되어 있을 때 우리의 관심은 그러한 스테레오 타입을 뒷받침하는 여러 사실에 이끌리고 그것과 모순된 것은 놓친다."라고 하였다.[7)] 이것은 대중이 스테레오 타입을 일종의 여과장치로 사용하고 정보를 선별하고 있다는 것을 말해준다. 노인에 대한 '늙음=추함'이라는 등식을 성립하게 하는 이러한 단상이 담론을 형성하면서 노인문제에 대한 왜곡을 가속화하는 것이다.

뮬러(Mueller)에서는 "언어 및 언어에 편입된 개념이나 말은 개인과 환경사이에서 눈에 보이지 않는 여과장치 역할을 하고 있다."라고 하고 사람들은 언어를 통하여 환경을 인지하고 상황을 정의하고 의미를 부여하고 해석한다고 했다. 일반적으로 사람들은 스테레오 타입이나 도식에 의존하면서 언어를 사용하여 사회적 문제를 인식하고 의미를 부여하는 과정에서 기존의 지배적 가치관에 대한 보강이나 재생산에 깊이 관여하게 된다.

리프만(Lippmann)에서도 스테레오 타입을 사용하여 상황을 정의하는 것이 인간의 인지과정의 복잡함을 절약할 수 있어 매우 경제적이기 때문에 사람들은 이러한 과정을 통해 상황을 정의하고 의미를 부여한다고 하였다.[8)] 위의 (1)과 (8)의 노인 수식어에 나타난 '노인'

---

6) Tsuji Yukio, 임지룡 외 역, 『언어의 인지과학사전』, 박이정, 2008, 605면.

7) 위의 책, 606면 재인용.

8) 위의 책, 606면 재인용.

혹은 '늙음'에 대한 우리의 인식이 부정적이며 추함이나 죽음과 동일시되고 있음을 확인하게 되었다. 이에 대해 김지혜는 미디어에 나타난 '노인' 정체성에 대한 분석을 통해 정상상태와 비정상상태로 구분하거나, 늙은 육체와 젊은 육체를 나누는 것, 건강과 병약을 규정하는 모든 지식이 푸코의 분석을 빌어 주체를 구성해내는 지식—권력의 산물이라고 주장하면서 미디어의 노년담론의 주된 내용을 이루는 '젊음을 유지하는 방법', '노화의 원리와 그것을 억제하는 방법의 발명', '젊고 활동적으로 살아가는 노인 소개', '장수하는 방법' 등은 푸코의 틀에서는 노인이라는 주체를 억압하고 훈육하고 규율하는 장치라고 주장하고 있다. 뿐만 아니라 미디어를 통해 의학, 과학전문가가 언급하는 노화를 거부하는 다양한 방법론은 효과적으로 현재 혹은 미래의 노인들에게 수용되어 그들은 은연 중에 '젊음=아름다움', '노화=추함'이라는 전형적 이미지의 노예가 되어 우리 사회에 공공연히 자리 잡고 있는 연령 차별적인 공식을 전복하지 못함을 비판하고 있다.[9]

이러한 의식 구조라면 사회의 고령화는 청년과 노년의 갈등을 증폭시킬 것이며 자식과 부모, 여성과 남성의 역할에 대한 갈등을 심화하는 기제가 될 것이다. 결국 노인과 공기하는 수식어의 성격을 보면 노년기의 4고(四苦)라고 할 수 있는 빈곤, 질병, 고독과 소외, 무위라는 노년기의 대표적 문제를 의미하는 용어와의 연어관계를 형성하고 있음을 알 수 있으며 노인에 대한 우리 사회 저변에 내재된

---

9) 김지혜, 「고령화 사회의 '노년담론'과 '노인의 정체성'에 관한 연구」, 이화여대 석사학위논문, 2002, 76면.

노인에 대한 정체성을 확인한 것이다.

Ⅲ. 우리말과 외국의 노인 호칭어를 통해 본 노년인식

누군가를 부를 때 사용하는 호칭어(adress term) 혹은 부름말과 발화의 장면에는 없는 다른 사람을 이르는 지칭어(reference term)가 있는데 우리말은 이러한 호칭어가 조직적으로 분화되어 있지 않아 친족어를 차용하여 호칭어의 빈칸을 채우고 있다. 우리말은 한자 차용어를 친족 호칭어로 수용하였으며 고유어의 친족 호칭 체계가 구조화되어 있지 않다.

우리말의 연령적 세대 구분 언어는 형용사 '늙다:졈다' 의 양분 구조에서 '늙다: 졈다: 어리다' 의 삼분 구조로 변화해 왔다. 홍사만은 '어리다' 를 문헌자료를 토대로 유의적 성격을 가지는 어휘소와 대비하여 서로 유의경쟁을 벌인 어휘소의 양상을 설명하고 (9)와 같이 시대에 따른 언어의 변천을 설명하였다.

(9) '늙다 : 졈다 : 어리다' 로 삼분 구조

	중세 한국어(15c)	근대 한국어(17,18c)	현대 한국어
愚의 의미	어리다	어리다	(어리석다)
幼의 의미		어리다	어리다
若의 의미	졈다	졈다	(소멸)
		졈다	졈다
老의 의미	늙다	늙다	늙다

‘어리석다’의 의미인 ‘어리다’가 현대어의 ‘어리다’ 개념으로 변화하고 ‘幼’와 ‘苦’의 의미를 지닌 ‘젊다’가 의미 축소가 일어나면서 삼분구조가 되었다. 이와 같이 어떤 어휘들은 서로 무리지어 그 의미관계를 세분화하게 되는데 이를 의미장이라 한다. 의미장 (semantic field)이란 하나의 상위어 아래 의미상 밀접하게 관련된 낱말들의 무리를 일컫는 말이다. 각 의미장 속의 어휘소들은 서로 연관되어 특정한 방법으로 서로를 정의하게 된다. 각각의 낱말들은 혼자서 사용될 때보다 전체 속의 부분으로 작용할 때 비로소 그 어휘의 가치를 인정받게 되는 경우가 많다. 그러나 모든 어휘가 빈틈없이 구조가 긴밀한 것은 아니기 때문에 어휘적 빈자리(lexical gap)가 나타나기 마련이고 그 빈자리는 도형이나 매트릭스에 의해서 도식화될 수 있으며 우리말의 경우는 한자어나 외래어로 그 양식이나 조직을 채우곤 한다. 라이온즈(Lyons)(1977:301~5)는 의미장의 빈자리를 어휘장의 구조 안에서 어떤 특정한 자리에 어휘소가 없는 것으로 규정하고 빈자리는 어휘의 체계상에서 개념상으로는 있을 법한데 실제로는 어휘소가 비어 있는 것을 말한다고 했다. 의미장 속에 나타나는 빈자리는 계층, 서열, 상관관계로 나타난다. 친족어의 빈자리를 보이면 (10)과 같다. 〈A〉는 개념상 있음직한 상위어이지만 그 쓰임이 많지 않아 토박이말에는 빈자리로 남아 있고 〈B〉는 ‘형제(兄弟)’, ‘남매(男妹)’ 등의 한자어로 대치되었다. (11)은 우리말의 서열에 따른 호칭어의 분류이다.

(10) 우리말 친족 호칭어의 빈자리

상위어	어버이		오누이		〈A〉		〈B〉	
하위어	아버지	어머니	오빠	누이	아저씨	아주머니	아들	딸

(11) 서열관계에 따른 친족 호칭어

고조부 – 한한아비 – 한아비 – 아비 – 아들 – 손자
고조모 – 한할미 – 할미 – 어미 – 며느리 – 손부

(12)는 상관관계에 따른 '양육' 의미장인데, 노인 호칭어와 관련이 있어 보기로 든 것이다. 양로원(養老院)이라는 명칭에 대한 개선이 있어야 함[10]을 주장한 논의도 이러한 어휘구조의 차이에 기인한 것으로 보인다.

(12) 상관관계의 의미장

사람	짐승	식물
기르다 : 키우다		
양육하다	치다:먹이다, 사육하다	가꾸다 배양하다

---

10) 양로원(養老院) 호칭 개선 한국사회복지협의회의 노인호칭공모와 함께 기존의 양로원이라는 표현에 대한 검토가 필요하다고 하였다. 양로원의 '양(養)'은 기른다는 '육(育)'이나 가축을 친다는 '사(飼)' 의미로 어른을 모신다는 뜻으로 쓰기에는 부적절하며, 양로원이 1차적인 물질적 부양만을 책임진다는 뜻으로 해석될 소지가 있기 때문에 어른이 섬기는 데는 물질(養)보다 정신(奉)이 앞서야 한다는 유교의 가르침을 따라, 정신적 공경의 의미가 담긴 명칭으로 봉양원(奉養院)이나, 만수무강과 편한 삶을 기원하는 뜻에서 수복원(壽福阮)·강녕원(康寧阮)으로 개선하는 것이 바람직하다는 주장을 한 적이 있다. (중앙일보『열린 마당』(김영옥 독자기고, 1998. 8. 27일자))

의미장에서 나타나는 빈자리는 언어내적인 구조의 문제이지만 빈자리 가운데 그것을 지칭하는 어휘가 없어 의사소통에 지장을 주게 되는 경우 언중들은 빈자리를 채우기 위해 노력을 하게 된다. 이러한 호칭어의 빈자리는 언어사용과 관련된 화용상의 문제이기 때문에 어휘장의 빈자리를 채우는 방법으로는 외래어를 차용해서 기능상의 빈자리를 채우는 것이 가장 흔한 방법이다. 그런데 우리말의 호칭어의 경우는 어휘적 빈자리를 친족어에서 가져와 채우고 있음을 알 수 있다.

(13) 호칭어에 대한 어휘적 빈자리

세대		중립적 의미	성별 고려	친족어 차용
어린이	유년(幼年)	아이	소년: 소녀	〈A〉
	소년(少年)			
젊은이	청년(靑年)	청소년 /어른	아가씨:〈B〉 처녀: 총각	언니: 오빠, 누나: 형 아저씨:아주머니, 이모, 삼촌
	장년(壯年)			
늙은이	기년(耆年)	노인, 어르신	〈C〉	할머니: 할아버지

어휘적 빈자리를 친족어로 대치하는 현상을 '친족어에 의한 허구적 용법(Fictive use)'이라고 한다. 외국인에게 한국어를 가르치다보면 이러한 호칭상의 문제가 논의의 대상이 되곤 하는데 모르는 사람에게 '언니'라거나 '이모' 등의 호칭 사용에 대한 설명의 근거가 필요하다. (13) 〈A〉의 경우는 나이 어린 아이의 경우는 화용적으로 공손

의 원리를 적용해야 할 이유가 없기 때문에 이름을 부르기 쉬워 빈 자리로 남아 있는 것으로 보인다. 그러나 〈B〉의 '아가씨'에 대응하는 말로 어형상 '아저씨'가 올 수 있을 법도 하지만, 아저씨는 나이 든 남자로 결혼한 사람에 대한 지칭어이다. 예전에 결혼 전의 남자 젊은이를 칭하던 '도련님'이 짝을 이루는 말로 생각되는데 현재는 시가 식구 중 결혼하지 않은 남편의 동생을 부르는 말로 범위가 축소되면서 '아가씨'와 '도련님'이 쓰이는 것으로 보인다. 그런데 노인의 성별에 대한 어휘는 친족어인 할아버지와 할머니만 있고 〈C〉는 빈자리로 남았다. 이는 자신보다 신분이 높은 사람의 이름을 부르지 못하는 우리 언어사회의 현실을 반영하는 것으로 생각된다.

박갑수(1989)에서는 친족 호칭어의 확대 사용양상을 살피면서 화자 지향적 측면과 청자 지향적 측면으로 나누고[11] 화자가 자신의 연령을 기준으로 상대방을 직접 호칭할 때는 '할아버지, 할머니, 아저씨, 아주머니, 형, 언니, 오빠'를 사용하고, 청자를 기준으로 그 신분에 어울리게 간접 호칭할 때는 '할아버지, 할머니, 아버지, 어머니, 형, 언니, 오빠'를 사용한다고 하였다. 강희숙은 이러한 친족 호칭어 확대 사용요인을 분석하면서 우리말이 주어 생략이 빈번하고, 인칭대명사가 미분화되었으며, 소규모 사업체가 증가함에 따라 가족적 분위기의 일터 조성 요인과 이름 부르기에 대한 금기가 작용하여 친족어를 호칭어로 사용하게 되었다고 하였다.[12] 림현정(林炫情)(2006)

---

11) 박갑수, 「국어호칭의 실상과 대책」, 『국어생활』 19, 국어연구소, 1989, 10~32면.

12) 강희숙, 「호칭어 사용에 대한 사회언어학적 분석−서비스업을 중심으로」, 『사회언어학』 10(1), 2002, 1~24면.

에서는 친족관계에 있지 않은 사람에 대해 상대의 나이를 추측하여 자기의 친족으로 간주함으로써 가상적 친족관계를 설정하고 인간관계 친밀도에 의한 감정적 측면을 고려한[13] 것으로 보았다.

세대를 나타내는 우리말은 '어린이-젊은이-늙은이'의 삼분 구조이며 이를 부를 때는 자신보다 나이 어리거나 신분관계가 낮은 경우는 이름을 부를 수도 있지만 그렇지 못한 경우 이름을 부르는 것은 금기시되어 왔기 때문에 호를 사용하거나 택호나 출생지를 붙여 이름으로 대신하곤 했다.

이규태(1998)에서 노령에 대한 정신적 가치를 존중한 호칭으로 (14)와 같은 내용을 주장하면서 개선을 촉구하기도 했다.[14] 한자숙어에 보이는 노인에 대한 호칭을 정리하면 (15)와 같다.

> (14) 노령의 정신적 가치에 준한 호칭: 50세(知命), 60세(耳順), 70세(從
> 心), 육체연령에 준한 호칭: 50대(艾年, 머리가 쑥색이 됨), 60대(指
> 使, 앉아서 손가락만 놀림)
> 20세 위의 아버지 뻘(尊者) 호칭 개선안: 노년(老年) → 숙년(熟年),
> 고년(高年)
> 노인(老人) → 수인(壽人), 복인(福人),노자(老子) → 존자(尊者), 덕
> 자(德者)

> (15) 백발어초(白髮魚樵, 초야에 묻혀 낚시질과 나무하기를 일삼는 노인)
> 학발노옹(鶴髮老翁, 머리가 학처럼 하얗게 센 노인)
> 계피학발(鷄皮鶴髮, 고초를 겪어 살갗이 닭의 살처럼 거칠고 머리

---

13) 림현정, 「대명사적 용법의 대칭사 사용에 관한 일한 대조 연구 인간 환경학 연구」 5,
광도수도대학, 2006, 1~1면.
14) 조선일보, 「이규태 코너-노인호칭」, 1998. 9. 5일자.

119

　　　털이 학의 날개처럼 흰 노인)

　　　황발(黃髮, 70~80세의 노인)

　　　달존(達尊, 나이가 많고 관직이 높고 덕까지 갖춘 노인)

　미국은 1960년대 이후 급성장한 노령인구의 세력형성(gray power)을 통해, 권익옹호와 입법 활동 등 다양한 지위향상 운동을 전개하는 과정에서 기존의 old people, aged person 등의 신체적 노화를 의미하는 호칭을 개선하여 senior citizen을 공식적인 호칭으로 사용하게 된다. 1965년 The Older American Act의 제정에 따라 전 지역에 걸쳐 각종 노인복지서비스의 전달거점으로서 senior center가 설립되고, 1988년 샤페츠(Chafetz) 등이 미국 노인 868명을 대상으로 실시한 "대중매체에 나타난 노인관련 용어 선호도 조사" 결과에 따르면 노인에 대한 호칭 중 가장 선호되는 것은 mature American(55%), retired person(53%), senior citizen(50%)인 것으로 나타났으며, 가장 불리기 싫어하는 호칭으로는 old man/old woman(67%), aged person(50%), old timer(45%) 등이 지적되었다.

　조사 결과 집약된 노인 호칭 관련 명사와 형용사에 대한 선호도별 구분은 다음과 같다.

(16) 노인 호칭 관련 명사와 형용사에 대한 선호도

	선호	비선호
명사	senior citizen, retiree, senior, older adult	old man / old woman, old person, oldster, old timer, geezer
형용사	retired, senior, mature	old, aged, gray, geriatric

일본은 노인을 '高齡者' 또는 '高年者'로 호칭하고, 50~60대는 인생의 결실을 맺는 시기라는 의미로 '實年'이라고도 한기도 한다. 백발을 뜻하는 화이트 세대라는 말을 실버 세대란 말로 먼저 사용하기 시작하였다. 중국은 노인을 칭하는 50대를 '熟年', 60대를 '長年', 70대를 '尊年'이라 칭한다.

우리나라에서도 부정적 의미의 어휘에 대한 호칭 개선작업이 있었다.[15] 이때 노인(老人)의 경우, 은년(銀年), 은인(恩人), 할님(할머님+할아버님)등의 대체 호칭에 대한 검토가 이루어지다가 한국사회복지협의회에서 1999년 세계노인의 해를 맞이하면서 우리 사회 노령인구의 지위향상과 권익증권의 일환으로 '노인(老人)'을 대체할 수 있는 새로운 호칭을 공모하게 되었다. 신체적인 노화를 강조하는 '노인(老人)'이라는 호칭이 노령인구에 대한 존경과 감사의 마음을 표현하는 데 적합하지 않다는 다수의 여론을 반영하기로 한 것이다. 당시 심사위원장이었던 허웅 위원장은 다음과 같이 말했다.

> '노인'이나 '늙은이'란 말에는 상당히 강한 거부감이 있음을 직감하고, '노인'에 갈음할 수 있는 말을 공모한 결과 '어르신(네)'란 말이 가장 많아 채택되었다. '어르신(네)'란 말은, 남의 아버지를 높여서 일컬을 때 쓰이는 말인데, 그 뜻에서 번져나가 아버지와 벗이 되거나 또는 그 이상이 되시는 분을 높여서 부르는 말로 많이 쓰이고 있으므로, 노인을 부르거나 또는 노인을 일컫는 말로는 매우 적절한 것이라고 생각된다. 본디 '어르신'은 '어르신 사람'의 줄임인데, '어르다'는 옛말로는 '장가나 시집을 가다'

---

15) 장애자(障碍者)라는 호칭을 장애인(障碍人), 장애우(障碍友) 등 더불어 살아가는 사회의 동등한 구성원의 개념이 부각되는 호칭으로 개선하고 부녀(婦女)의 경우도 보편적이고 광범위한 개념의 여성(女性)으로 그 호칭을 개선하기로 하였다.

란 뜻이므로, 이 말은 '장가나 시집가는 사람'의 뜻이다. 이것이 높임의 뜻을 더하게 되어 오늘날과 같은 뜻을 가지게 된 것으로 어원으로 보더라도 '어르신'은 '노인'이나 '늙은이'를 갈음하여 쓰일 수 있는 매우 적절한 말이다.

Ⅳ. '늙음'과 '낡음'의 관계

언어는 유기체와 같아서 늘 변화하고 또 언제나 새로운 의미로 자신의 외연을 확장하기도 한다. 영어의 '늙다'라는 말의 어원은 '자라다, 위로 잡아당기다, 영양을 공급하다'라는 뜻의 동사로 '먹여살리다, 키우다(alere)'에서 파생된 라틴어 '높다(altus)'와도 관련이 있다. 이와 같이 높은 지위 혹은 연령의 높음과 같이 '늙었다'는 말은 본디 긍정적인 뜻이었으나 점차 부정적인 의미로 바뀌게 된 것으로 보인다. '늙다'의 영어가 'old'인 데 반해 우리말은 사물인 경우 '낡다'를 쓰고, 사람의 경우만 '늙다'를 쓴다. '늙다'는 형용사임에도 '늙는다'는 말이 가능한 것은 그 말 속에 시간의 흐름이라는 움직임의 의미가 들어 있기 때문이다. '늙다'의 '늘-'의 의미는 고어에서 찾아보면 '老'의 의미로 쓰였고 '늙다'는 '久, 故, 舊' 등의 번역에 쓰이며, '낡다'도 나온다.

> (17) 眞實로 氣骨이 뫼혜셔 늙놋다 〈두시언해 초간본 16:36〉
> 늘글로(老) 〈훈몽자회 상 33〉
> 살면 주구미 이실ᄊᆡ 모로메 늙느니라 〈석보상절 11:36〉
> 늘거냐 므ᄉ 일로 외오두고 글이는고 〈송강가사 11〉
> (18) 오라 늙다 니ᄅ시고 〈법화경 105〉
> 오시 늘ᄀ니 〈두시언해 초간본 26〉

서정범은 '늙다'의 어원을 어근 '늘-'에 말음 'ㄱ'이 첨가 되었다고 보았다. 그러나 우리말에 색이 바래는 것을 '색이 날다'로 말하는 것으로 보아서 늙은 것이나 낡은 것은 '날이 가다'는 의미로 시간적 의미가 들어간 것으로 볼 수 있다. '날'은 곧 '해(태양)'를 의미한다면 '늙은 것'이나 '낡은 것'은 시간적 의미나 경험이 축적된 것으로 대상에 시간의 흔적이 있음을 의미한다고 하겠다. 시간은 태양의 움직임에 의해 결정되는 것이니 '늙다'의 '늘'을 해라고 보는 것이 좋을 듯하다. 여기에 대해서는 추후 논의가 깊어지기를 바란다. 한자 '老'의 어형은 허리를 구부린 사람이 지팡이를 짚고 있는 것을 형상화한 것으로 '老'와 결합하여 쓰이는 어휘로 사전에 등재된 것은 (19)와 같다.

(19) 사전에 '老' 관련 어휘

긍정적 의미	중립적 의미	비선호부정적 의미
노장(老將, 老壯, 老莊) 구로(耆老) 노련(老鍊) 노숙(老宿) 노익장(老益壯)	노구(老軀) 노염(老炎)	노망(老妄) 노탐(老貪) 노회(老獪)

(19)의 '老'가 사용된 한자어의 의미는 긍정적인 의미를 담고 있는 것과 부정적 의미를 지닌 것도 있음을 보았다. 이들 한자어에서 추출할 수 있는 '늙음'의 긍정적 의미는 '오래됨, 익숙함, 지혜로움, 슬기로움' 등이 되고, 부정적 의미는 '부질없음, 쓸모없음, 교활함'

등이 내재된 의미라 볼 수 있다. (20)은 '노인'에 대한 낮춤말의 유의
어이고 (21)은 높임말의 예를 보인 것이다.

> (20) 애늙은이, 설늙은이, 뒷방 늙은이, 노닥다리, 늙다리, 늙은이
> (21) 늙으신네, 어르신네, 노인장, 어르신, 노친네, 할아버지, 할머니

근대 급속도로 산업화가 진행되기 전 농경 사회에서는 오래 산 사
람에 대한 사회적 존중이 전제되어 있었다. 연장자의 경륜과 인격을
존중하는 미덕을 숭상하고, 가족과 친족 범위 내의 어른에 대한 부
양을 당연한 도리로 여기던 전통이 산업화 이후 급속도로 희석됨에
따라 노령인구에 대한 유대감과 가족주의 등 대표적인 동양적 사회
복지 사상의 기반이 흔들리고 있는 실정이다. 최기숙은 '한국적 근
대의 특성이 늙음에 대한 경시 풍조의 원인 가운데 하나'라고 지적
하고 (22)와 같은 주장을 하고 있다.[16]

> (22) 축적된 경험의 총량, 즉 살아온 시간에 의거해서 미래를 예견하기
> 에는 다가오는 미래의 속도가 지나치게 빠르다. 유선 전화기를 사용하던
> 이들이 스마트폰 사용자에게 전수할 지혜는 사실상 없다. 시간의 축적이
> 가치로 환원되지 못하며 심지어 불필요하고 폐기되어야 할 것으로 다루어
> 지는 경향은 사회가 빠른 속도로 변모하는 동시에 하나의 방향을 향해 나
> 아가고 있기 때문이다. 의료기술의 발달에도 불구하고 인간은 영원할 수
> 없으며 늙는다. 시간의 흐름을 거스를 수 없음에도 불구하고 '늙음'의 의
> 미에 대한 사회적 고찰은 육체적 징후에 대한 반응보다 중요하다. 늙음을

---

16) 최기숙, 『죽음의 무도, 또는 나이 들기를 응시하기』, 2011.
   http://blog.aladin.co.kr/ppul/5256403.

처리하는 사회적 방식에 대한 단일한 논리를 마련하기는 어렵지만, 어렴
풋하게 늙음에 대한 사회적 태도의 이중성을 감지할 수는 있다. 그 이중성
은 때로 매우 상반된 것으로 보이기에 불편하다. 근대적 논리는 자신이 살
아온 시간에 비례하는 성숙을 요청하는 것이 타당하다는 데서 출발한다.
지식이 많고 적은가의 여부와 무관하게 한 개인의 내부에 쌓인 경험의 총
량이 알 수 없는 미래에 대한 예견을 가능하게 하고 행위 지침을 제공해
줄 수 있을 것이라는 확신이 있을 때 노인에 대한 사회적 존중이라는 합의
가 도출된다.

(22)의 최기숙의 논의는 현재 우리 사회에 '늙음'에 대한 부정적
평가가 행해지고 있는 까닭을 정신의 늙음에 의한 것이라고 보고 사
회적 문맥에서의 늙음 자체에 대한 경시는 늙음을 낡음으로 이해하
는 논리에 기반해 있다고 보았다. 이것은 여전히 우리 사회가 과거
와 미래, 낡은 것과 새것의 근대적 시간 구조에 기인한 이분법적 사
고에 지배되고 있다는 증거라고 보았다.

과학기술의 발전은 앞으로도 가늠하기 힘들 정도로 빠른 속도로
진화하는 데 반해 그 새로운 기술에 적응하지 못하는 사람은 노인으
로 치부되는 현실은 낡음과 늙음을 동일시하게 되어 사물에만 적용
되던 '낡음=쓸모없음=폐기'라는 공식이 사람에게로 확장되어 노인
에 대한 존경을 보기 어렵게 만들고 있다.

고대 그리스와 로마시대의 현인 플라톤이나 키케로는 늙는 것이
아름다운 것이며 오랜 경험의 축적이 새로운 미래를 예기할 수 있음
을 간파하고 있다.[17] 플라톤(Platon BC 427~347)은 그가 노인의 모델

---

17) Georges Minois, 박규현·김소라 역, 『노년의 역사』, 아모르문디, 2010, 121~133면.

로 삼고 있는 케팔로스를 통해 건장하고 교양 있는 노년의 모습을 구사하고 있다. 그는 "육체적 삶에서 오는 기쁨들이 감소하는 대신에, 정신적인 것에 관해서는 그 필요와 기쁨이 늘어난다."라고 생각하고 있으며 (23)에서 소개하는 소크라테스와 나눈 이야기는 노년의 이로운 점에 대해서 말한 가장 아름다운 글로 손꼽힌다.

(23) 소크라테스와 케팔로스와의 대화; 정의란 무엇인가?

〈케팔로스〉 소크라테스 선생, 마침 잘 와 주었소. 그간 뜸했구려. 나이 들어 늙다보니 바깥출입 하기가 예전 같지 않소. 그러니 한 살이라도 젊은 소크라테스 선생께서 자주 찾아주시오. 친척집 드나들듯 말이오. 젊은 친구들과 어울리는 것도 재미있겠지만 나 같은 늙은이와 이야기를 나누는 것도 나쁘진 않을 게요.

〈소크라테스〉 물론입니다. 케팔로스 님. 저 역시 나이 드신 분들과의 대화를 즐기는 편입니다. 어르신들이야말로 우리보다 앞서 많은 경험을 하신 분들이니까요. 그래서 그 길이 평탄하지 험한지 알아보려고 생각하고 있습니다. 특히 선생님께서 걸어오신 길에 대해 알고 싶습니다. 꼭 좀 듣고 싶습니다. 선생님께서는 시신의 말을 빌리자면 '노령의 문턱에 이르렀다'는 나이가 되셨는데 지금이 인생에서 과연 괴로운 시기에 해당되는지에 대해 말씀 좀 해주셨으면 합니다.

〈케팔로스〉 좋습니다. 소크라테스 님! 제우스신에 맹세하고 그것을 어떻게 생각하는지 이야기하지요. 옛 속담에도 이르듯이 우리 노인들은 모였다 하면 젊었을 때의 쾌락을 잊지 못해 과거를 회상하고 아쉬워하지요. 젊었을 때의 쾌락이 없어진 것이 분하다는 것이지요. 술을 마시고 유쾌하게 놀던 지난날의 일들을 회상하면서 말입니다. 그리하여 마치 아끼던 물건을 잃은 것처럼 옛날에는 행복했는데 지금은 살맛이 없다고 비탄에 잠기는 것입니다. 그리고 그들 중에 어떤 사람은 집에서 자기를 홀대한다고 불평하면서 이러저러한 일들로 해서 나이를 먹는다는 것이 불평불만의 원인이라고 합니다. 그러나 소크라테스 님, 내가 보기엔 그들은 불행의 원인에 대해 착각하고 있습니다. 늙음이 원인이라면 나도 그런 경험을 했을 것이며 , 또 나이 외에도 이 나이에 이른 사람들은 저마다 그렇게 생각할 테지요. 그러나 그 동안에 나는 그렇지 않은 사람도 여럿 만났지요. 이를테면 작가인 소포클레 스도 그 중 한 사람입니다. 언젠가 소포클레스와 함께 있는데 누군가가 물 었어요. 그 때 내가 마침 옆에 있었지요. "소포클레스, 요즘 재미가 어떠신 가. 아직도 여자를 즐기시나?" 그러자 소포클레스가 말했지요. "그런 말 말 게. 애욕의 구렁텅이에서 빠져 나온 지 오래되었네. 난 지금 더할 나위 없이 기쁘네. 마치 광폭하고 사나운 폭군의 손아귀에서 벗어난 느낌이네" 나는 그 때 소포클레스의 이러한 답변이 명언이라고 생각했습니다. 지금도 그 생 각에 변함이 없지요. 아닌게 아니라 나이가 들면 그런 욕망이나 생각에서 벗어나 자유롭고 평화로운 시간을 많이 갖게 됩니다. 모든 욕망이 사라지고 마음이 평화롭게 되면 소포클레스의 말과 같이 됩니다. 즉 여러 미치광이 같은 폭군의 손에서 완전히 놓여난 것 같은 심정이 되는 것입니다. 이런 방 면에 대해서만이 아니라 가족관계에 있어서도 원인은 단 한 가지입니다. 소 크라테스 님. 그것은 우리의 성격입니다. 그러니까 나이든 게 원인이 아니 란 말이지요. 마음이 단정하고 스스로 만족을 느낄 줄 아는 사람이라면 나 이 먹어 늙은 것이 큰 괴로움이 되지 않지요. 그러나 만일 그 반대의 사람이 라면 나이가 많건 적건 괴로움을 언제나 뒤따르게 마련입니다.

이러한 플라톤의 생각은 이후 철학자 키케로(Marcus Tullius Cicero BC 106~43)가 계승하게 되는데 그는 노년의 행복을 덕에 연결하고 덕스러운 삶을 산 부유한 사람은 행복한 노년의 나날을 보내며 그의 노년은 인생의 완성으로 보았다. 그러나 이와 정반대의 견해를 가진 아리스토텔레스는 그의 수사학에서 노인에 대해 다음과 같이 기술 하고 있다.

(24) 노인들은 성격이 좋지 못하다. 즉 모든 것을 최악의 면만 보는 것이 다. 게다가 그들은 스스로의 인생 경험 때문에 어디에서든 의심을 한다.

그리하여 그들은 심하게 미워하지도 열렬히 좋아하지도 않는다. 비아스의 가르침에 따라, 언젠가는 미워할 것처럼 좋아하며 언젠가는 좋아할 것처럼 미워하는 것이다. 그들은 쩨쩨한 심성을 가지고 있는데 그 까닭은 삶에서 굴욕을 경험했기 때문이다. 그들은 고매하고 경이로운 것을 바라지도 않으며 자신들의 욕망을 생활의 필요에 국한 시킨다. 그들은 극도로 인색한데, 그 까닭은 재산이 그 필요 가운데 하나이기 때문이며 동시에 경험을 통해 얻기는 어려워도 잃기는 쉽다는 것을 알기 때문이다.

철학자 키케로는 '노년'이 비참한 이유를 (25)와 같이 들고 있다.[18] 이글은 역사적 인물들 간의 대화로 엮은 글로 84세의 활기찬 카토와 두 젊은이 스키피오와 라일리우스와의 대화 중 일부이다.

(25) 노년이 비참해 보이는 네 가지 이유를 발견하게 되네. 첫째, 노년은 우리를 활동할 수 없게 만들고 둘째, 노년은 우리 몸을 허약하게 하며, 셋째, 노년은 우리에게서 모든 쾌락을 앗아가며, 넷째, 노년은 죽음으로부터 멀리 떨어져 있지 않다는 것이네

그는 '노년에 관하여' 든 네 가지 이유를 대화 형식으로 23장에 걸쳐 그의 지혜로운 생각들을 펼쳐 보이고 있다.

키케로는 23장에서 "노년이 내게는 가벼우며, 짐이 되지 않을 뿐 아니라 즐겁기까지 한 것이네, 영혼은 불멸이라는 내 믿음이 실수라면 나는 기꺼이 실수를 하고 싶고, 나를 즐겁게 해주는 이 실수를 내가 살아 있는 동안에는 빼앗기고 싶지 않네."[19]라는 말로 마무리하

---

18) Marcus Tullius Cicero, 천병희 역, 『노년에 관하여 우정에 관하여』, 숲, 2005, 제5장 29면 참조.
19) 앞의 책, 92면.

고 있다.

서양이 오랫동안 노년에 대한 연구와 담론을 구성하고 있을 때 동양은 유교의 '효' 사상에 기반한 논의가 있었으며 『예기』의 대부분 내용이 이러한 의례에 대한 내용으로 구성되어 있다. 하지만 현재 동양에서 '효'는 한계에 달했으며 노인 인구가 증가하여 인구피라미드의 불균형이 생기면 '효'를 중요시하는 유교적 전통마저도 공격의 대상이 될 수도 있을 것이다.

에릭슨은 현재의 문화에서 젊음을 지나치게 강조하기 때문에 마치 노인이 되는 것이 나쁜 것이거나, 우스운 것인 양 노년기를 은유적으로 "성인기 후기(later adulthood)"라고 한다고 하고 그는 오히려 생애단계를 생산성(generativeity)면에서 생식성(procreativity), 생산성(productivity), 창조성(creativity)으로 구분하여 노인의 창조적인 잠재력을 높이 평가할 것을 주장하기도 했다.[20]

조선시대에 '수서(壽序)'라는 글쓰기 양식이 있었는데, (26)에 보이는 내용은 60세 환갑을 맞이한 이를 축하하는 글이다.[21]

(26) 우승상 현헌 신공이 61세를 맞는 것을 축하한 글[右丞相玄軒申公六一歲壽序]

금상(今上 인조(仁祖))께서 내란(內難)을 평정하고 대위(大位)에 오르시어 지저분하고 더러운 것들을 모조리 쓸어버린 뒤 초야에 피신해 있던 기구(耆耈) 석덕(碩德)들을 불러들이셨다. 그때에 현헌(玄軒) 신공(申公)이 시골에 있다가 나와 총재(冢宰 이조 판서)와 태학사(太學士 홍문관 대제

---

20) E .H. Erikson & B. F. Skinner & C. R. Rogers, 한성열 역, 『에릭슨, 스키너, 로저스의 노년기의 의미와 즐거움』, 학지사, 2006, 74~75면.

21) 한국고전번역원(http://www.itkc.or.kr 谿谷集 序) 참조.

학)가 되었으며 조금 뒤에는 여기에서 승진하여 우승상에 임명되었다.

(중략)

"세상에서 정승의 역할을 제대로 수행하기 어려운 점이 세 가지가 있으니, 재질과 도량과 도(道)를 터득하는 것이 그것이다. 어떤 상황에서든 일을 잘 처리하려면 본래 재질이 있어야 하고, 포용력을 발휘하여 크게 받아들이려면 도량이 있어야만 한다. 그리고 가령 영욕(榮辱)의 경계를 초월한 식견을 소유하고 현상계의 밖에 마음을 노닐면서 외물(外物)에 끌려 다니지 않고 자신이 외물을 마음대로 다루려면, 어느 정도 도를 체득하지 않고서는 불가능한 일이라 할 것이다.

(중략)

대체로 공의 재질로 말하면, 마치 숫돌에 갈아 금방 꺼낸 칼날과 같아서 뼈와 살이 엉긴 복잡한 부위도 어려움 없이 분해를 하고, 흙먼지를 박차고 저 멀리 치달리는 사마(駟馬)처럼 그 바퀴 자국을 찾을 수가 없으며, 궤 속에 보관된 옥(玉)이나 수레를 비추는 구슬처럼 비밀스럽게 숨기면 숨길수록 더욱 값이 중하게 나가는 그런 것이라고 하겠다.

공은 평소의 몸가짐이 산뜻하게 맺고 끊는 데가 있었고 풍모가 준엄하기 그지없었다. 그래서 사람들이 공에 대해 원례(元禮)나 맹박(孟博)과 같다는 인상을 가지면서, 꿋꿋한 절조(節操) 면에서는 더 말할 나위가 없지만 널리 포용하는 측면에서는 혹 부족한 점이 있지 않을까 하고 생각하였는데, 공이 하는 일을 보고 나서는 공이 얼마나 허심탄회(虛心坦懷)하게 자신을 따르는 사람이나 거역하는 사람이나 다를 바 없이 대하는가 하는 것을 알게 되었다.

(중략)

나아가 공은 연소할 때부터 학문을 좋아하고 예문(藝文)에 침잠한 결과 『주역(周易)』에서 '무엇을 생각하고 무엇을 근심할 것이 있겠는가.[何思何慮]'라고 한 것과 『시경(詩經)』에서 '소리도 없고 냄새도 없다.[無聲無臭]'라고 한 경지에 깊이 터득한 바가 있었다. 이와 함께 다른 책들도 널리 구하여 읽으면서 종합적으로 정리하였는데 그중에서도 주하(柱下 주하사(柱下史) 즉 주(周) 나라 장서각에서 일했던 노자(老子)를 말함)가 말한 현현(玄玄)의 뜻에 계합(契合)한 바가 있었기 때문에 이를 취하여 자신의 호(號)로 삼은 것이었다.

공이 일찍이 말하기를 '만물의 변화는 요명(窈冥)에 근본을 하고 온갖 행위는 환영(幻影)으로 귀결된다. 그런 까닭에 만나는 상황에 따라 이루어 지는 공업(功業)은 나의 참된 본성에 누(累)를 끼치기에 부족하고 주객(主 客) 간에 발생하는 시비(是非)는 나의 속마음을 어지럽히기에 부족하나니, 얻었다고 해서 기뻐하지도 않고 잃었다고 해서 슬퍼하지도 않으며 이롭다 고 해서 따라가지도 않고 해롭다고 해서 그만두지도 않는 것이다. 오직 그 일이 할 만한 가치가 없다고 여기기 때문에 그 일을 당해서 마음에 구애받 지 않는 관계로 재질을 구태여 발휘하려 하지 않아도 기막힌 재질이 발현 되는 것이며, 그 외물(外物)은 굳이 경쟁해야 할 가치가 없다고 여기기 때 문에 그 외물을 접할 적에 정신이 동요되지 않는 관계로 구태여 포용력을 발휘하려 하지 않아도 큰 도량이 발현되는 것이다.' 하였는데, 이것이 바 로 공이 도에 가까워지게 된 연유이고 공의 재질과 도량이 기초하고 있는 바라고 하겠다.

(중략)

공은 금년에 비로소 60세가 되었다. 비록 검은 머리가 조금 변하기는 했 으나 신명(神明)이 날래고 굳세며 걸음걸이도 나는 듯하니 혈기 왕성한 젊 은이에 비해 전혀 손색이 없다.

그런데 본조(本朝)로 말하면 이제 막 변고(變故)를 치르어 모든 일을 새로 시작하는 단계이다. 그런 까닭에 성상께서 온 정력을 기울여 소의간식(宵 衣旰食 새벽에 일어나 옷을 입고 저녁 늦게 식사를 하는 것으로 왕이 정사 에 부지런한 것을 말함)하시며 할 일을 미처 하지 못한 것처럼 부지런히 애 를 쓰고 계시는데, 이때 간절하게 의지하면서 중책을 맡길 인물을 고른다면 공을 빼놓고 다시 누가 있겠는가. 그렇다면 지족(止足)의 가르침과 총리(寵 利)의 경계에 대해서 공은 당연히 미처 생각할 겨를도 없이 해야 할 것이다.

그리하여 군신(君臣) 간에 뜻이 합치되고 위와 아래가 서로들 권면하는 분위기를 형성시키는 동시에 나라의 형세를 반석(磐石) 위에 올려놓고 백 성들이 안정된 생활을 영위하게 하는 가운데 육조(六曹)와 삼정승의 일이 합리적으로 이루어지게 함으로써 칭송하는 소리가 일어나게끔 한 뒤에야 공에게 부과된 책임을 조금이나마 메울 수 있게 될 것이다.

대저 수(壽)를 칭할 때는 나이 60부터 시작을 하는데, 지금 이후로 70세,

80세가 되고 1백 세에 이를 때까지 나이가 많아지면 많아질수록 덕의 경지
가 더욱 더 빛나고 공업(功業)이 갈수록 융성해지는 가운데 찬양하는 소리
가 한 몸에 모여들면서 나라도 함께 아름다운 운세를 열게 될 것이니, 사
람들이 공에게 기대하는 것이나 공을 축수(祝壽)하는 이유가 바로 여기에
있다고 해야 하지 않겠는가. 바로 여기에 있다고 해야 할 것이다.”
　　하니, 여러 사대부들이 모두 훌륭하다고 하면서 지금의 이 말을 기록하
여 공의 윤자(胤子)인 도위공(都尉公 신익성(申翊聖)임.)에게 보냄으로써
축수(祝壽)할 때 쓰도록 하자고 청하였다.

　　(26)의 글에는 생일을 맞이한 이와 쓰는 이와의 관계, 대상자의 축
하할 만한 생애 내력과 인품, 성격, 가정생활, 인생관, 태도, 업적 등
이 적혀 있었고, 만수무강을 기원하는 문구로 마지막 문장을 끝맺음
하고 있다. 수서의 양식은 살아 있는 사람을 평가하는 관계론적 문
화를 반영하고 있으며 전체적인 내용은 오늘날의 ‘잘 나이 들기’에
상응하는 것들로 채워졌다. 최기숙은 이러한 글쓰기의 양식을 분석
하면서 “물질보다 수양과 명예를 존중하는 조선시대 사대부 문화였
지만, 거기에는 수부강녕다남(壽－富－康寧－多男) 등 오복의 요건에
해당하는 세속적 욕망을 긍정하는 시선이 관통하고 있었다. 그러나
이러한 물질적 복록과 명예, 자손의 성공과 같은 세속적 욕망의 성
취가 ‘축하할 만한 것’으로 변용되기 위해서는, 대상자의 인격적 완
성과 인품에 대한 인정이 반드시 존재해야만 했다. 그리고 그 내용
은 오늘날의 상업주의와 외모지상주의의 문화 속에서 이미 ‘성찰의
대상’으로부터 밀려나 ‘달성’의 대상이 된 ‘안티에이징’과는 다른
항목들로 채워져 있었다”고 하였다. 최기숙은 17세기에서 20세기 초
까지 창작된 수서 약 200편 안팎의 자료를 분석한 결과 ‘수서(壽序)’
에는 나이 들면서 갖추어야 할 신체적·정신적·인성적 요소로 건

강, 산책, 정신의 왕성한 사용, 고요(靜), 느림/느긋함(遲), 여유(餘裕), 인자함(仁: 타인에 대한 관용, 배려, 인정, 공감 능력), 덕(德), 적절한 노동 등이라고 보았다.[22]

이상의 논의를 정리하면 '늙음'은 '낡음'이 아니라 새로운 시작임을 고대 철학자와 우리 선비정신에서 배울 수 있었다. 그들은 지혜롭게 나이 든다는 것은 내면적 여유가 더 많아짐을 이미 간파하고 있었으며, 노인이 된다는 것은 시간으로부터 자유로워진다는 것을 인지하고 있었다. 조선시대 수서의 글에서도 볼 수 있듯이 '늙음'은 타인에게 관대해지고 인자해지는 덕목을 가지게 되는 지혜임을 알고 있었던 것이다.

V. 노년을 위한 새로운 패러다임의 필요성

미국 텍사스 주립대학 심리학과 제임스 페너베이커 교수는 8살에서 85세의 3,280명의 일기와 같은 기록과 유명 작가 10명의 작품을 분석하여 흥미로운 결과를 발표했다. 그는 일반인이 사용한 3,800만 단어와 작가들의 900만 단어를 나이에 따라 분류하고 사람들은 나이가 들수록 긍정적 정서 표현이 많고 분노, 좌절, 슬픔 등의 언어는 젊은이들이 더 많이 사용했으며, 나이가 들수록 '나, 나의, 나에게' 등의 단어는 줄었으며, 동사 시제에서도 과거형은 젊은이가 더 많이 사용했으며, 중년은 현재형, 노년은 미래형을 사용한다고 했다. 그는 젊은이가 미래를 더 많이 이해하고, 노인들이 옛날이야기를 할

---

22) 최기숙, 『죽음의 무도, 또는 나이 들기를 응시하기』, 2011.
　　http://blog.aladin.co.kr/ppul/5256403.

것 같은데 정반대의 현상이 나타나는 것에 대해 '지혜'라는 말로 설명하고자 했다.[23)

평균 수명이 연장되면서 연령에 따른 교육과 노동, 여가의 배분은 시간의 흐름이 아니라 인간의 생애 전체에 걸쳐 동시적으로 존재하게 되었다. 이것은 생애과정의 분절적 구조에서 연령 통합적 구조로의 변화가 진행되고 있음을 의미한다. 김수영 등은 이러한 연령 통합적 생애구조에는 두 가지 의미가 있다고 하였다.[24) 노동과 교육에서 연령의 장벽이 무너지고 그러한 역할을 수행할 기회가 모든 연령의 사람들에게 개방되는 것을 말하고 모든 연령의 사람이 함께 어울려 교육받고 여가를 즐기는 것을 의미한다고 하였다. 그러므로 노년기도 노동을 종결한 무위의 시간이 아니라 교육과 노동, 여가가 공존하는 시기로 변화하여야 한다. 노인의 재교육을 통해 노인들이 새로운 사회의 흐름에 적응하고 이를 통해 취업과 재취업 등의 다양한 활동에 종사하는 것이 후기 산업 사회이다. 노인이 교육과 노동의 주체가 될 수 있다면 노인의 사회적 역할과 지위또한 개선될 것이다. 노인과 젊은 세대가 함께 교육받고 노동하고 여가를 즐김으로써 상호교류가 촉진되고 세대간 접촉기회가 확대되어야만 한다.

윌리엄 새들러(William Sadler)는 유럽은 생애주기를 네 단계로 나누고 있다고 했다.[25) 제1연령기(First Age)는 '배움'을 위한 단계로, 태어나 학창시절까지의 시기를 포함하는데 이때는 학습을 통해 기

---

23) 김정은 컬럼, 『한국일보』, 2011년 8월 8일.
24) 김수영 외, 『노년사회학』, 학지사, 2009, 267면.
25) William Sadler, 김경숙 역, 『서드에이지, 마흔 이후 30년』, 사이, 2006, 22면.

본적인 1차 성장이 이루어지며 주로 10대에서 20대 초반까지가 이에 해당한다. 제2연령기(Second Age)는 '일과 가정'을 위한 단계로, 1차 성장을 바탕으로 자신만의 생산성(직업을 갖게 되고 경제 활동을 하는 등)을 발휘하고 사회적으로 정착 생활(결혼하여 가정을 이루고 조직체 생활을 하고 지역 사회를 위해 봉사하는 등)을 하는 시기로 규정된다. 2, 30대의 시기가 이 연령대에 해당한다. 제3연령기(Third Age)는 '생활'을 위한 단계로 청년기인 제1연령기 때 학습을 통해 이루어지는 1차 성장과는 다른 2차 성장을 통한 일종의 자기실현을 추구하는 시기다. 장수 혁명으로 새롭게 생겨난 우리 생애 중간쯤의 시기로 40대에서 70대 중후반의 시기가 이 단계에 해당된다. 마지막으로 우리가 전통적으로 노쇠의 징후가 늘기 시작하는 하강기로 보아왔던 제4연령기(Fourth Age)는 '노화'의 단계로 이때는 성공적인 노화를 의미하는 또 하나의 곡선이 나타날 수도 있다. 제4연령기의 목표는 나이 들수록 젊게 사는 것, 최대한 오래 살다가 젊게 죽는 것이다. 사람이 오래 살게 되면서 일하지 않고 사는 기간이 길어지게 됨에 따라 30년을 무위로 지내는 것보다는 일과 인생의 균형을 이룰 수 있도록 해야 하며, 국가는 일을 전체 인구에 분포시키는 방법을 강구해야 할 것이다.

한국 사회는 '효' 규범의 지배하에 가족이 노인 보호와 부양을 책임지고 있었고 국가는 공식적이고 제도적인 복지체계를 마련하는 데 미흡했다. 그래서 사회전반에 노년기는 불행하고 절망스러운 시기라고 여기게 되고 삶의 질이나 행복에 관한 인식은 젊은 층만의 문제인 것으로 생각해 왔다. 연령이 증가하면 주관적 안녕(subjective well-being)이 낮아지는데 그 요인으로 빈곤과 질병 및 건강 악화, 경제적 빈곤 및 쇠퇴, 사회적으로 역할 상실, 소외, 고독 등이 있다.

로소우(Rosow)(1976)는 특정 연령대에서의 주요한 역할과 활동을 설명하면서 성인이 되면서 제도적 역할(institutional role) - 대인관계, 직업, 가족 관련 등 - 은 급속도록 증가하고, 나이가 들면 감소하게 되는 비공식 역할(informal role) - 친구, 소모임의 리더 등 - 은 전 생애 과정에서 커다란 변화가 없는 것으로 설명하고 있다.

이제 노년기에 경제력만 필요한 것이 아니다. 삶이란 다양한 영역으로 채워지게 되어있으며 삶의 마디마다 우리 삶에 새겨지는 무늬는 가족, 친구, 여가, 문화, 종교 등 여러 가지가 엮어져야 한다. 우리는 앞으로 노년기에 대한 긍정적 태도를 함양하고 노년기 생활에 대한 적응력을 향상하여 바람직한 노후를 준비할 수 있도록 의식의 전환과 준비가 필요하다. 영어의 은퇴를 뜻하는 retire를 타이어를 새로 갈아 끼운다는 뜻으로 이해한 적이 있다. 은퇴는 사회생활의 끝이 아니라 새로운 생활을 할 수 있는 기회로 퇴직에 대한 새로운 규정이 필요하다. 즉 퇴직은 이전까지 해오던 일에서 물러서는 것(retire from)이 아니라 지금까지 하고 싶었던 다른 활동을 위해 물러서는 것(retire to)의 의미를 가질 수 있어야 한다.[26] 이제 우리는 긍정적이고 의미 있는 새로운 노년을 위한 패러다임이 필요한 때가 되었다. 테드 피쉬맨(Ted Fishman)의 『회색쇼크』, 고령화는 쇼크인가 축복인가?[27]는 현재 우리 사회를 위한 경종이 될 것이다.

---

26) 조성남, 『에이지 붐시대: 고령화 사회의 미래와 도전』, 이화여대 출판부, 2004, 59면.
27) Ted. C. Fishman, 안세민 역, 『회색 쇼크』, 출판사 반비, 2010, 49면.

(27) 세계는 점점 회색이 되어간다. 그냥 나이를 먹는다는 뜻이 아니라 '늙는다' 는 뜻이다. 60세가 넘어서부터 삶을 뒤바꾸는 일이 줄을 잇는다. 가령 가족이라는 울타리가 텅비기도 하고 직장생활이 끝나기도 하고 배우자 친구들 친척들이 아프거나 죽는다. 몸과 마음이 쇠락한다. 가정이나 사회에서의 지위가 바뀌고 돈이 떨어지며 남은 날이 적어지고, 시간과 영원의 관계가 된다. 하지만 새로운 세계가 열릴 수도 있다. 시간이 확장되고 사회가 더 커지고 새로운 욕망이 뿌리내린다. 가정과 직장의 가혹한 책임들에서 해방되어, 노년에 달콤한 청춘의 재림을 경험할 수도 있는 것이다.

오늘의 노동자들에게 내일의 복지비용을 부담하도록 하는 고령화 사회에서 젊은이들은 노동시장에서 설자리를 잃을 것이다. 통상 다른 나라에서는 젊은이들을 위한 사업장들이 고령화 사회를 위한 공공지출을 당장의 급여에서 충당시키지 않기 때문이다. 젊은이와 노인들의 건강과 복지는 현재의 재정적, 사회적, 윤리적 범주를 간단히 뛰어 넘어 서로 뒤섞이게 될 것이다. 우리는 얼마 전까지 젊은이들이 노인들보다 훨씬 더 많이 죽어나가는 세계에 살고 있었다. 하지만 이제는 훨씬 더 많은 노인들이 젊은이들에게 재정적, 정서적, 지적, 물리적 도움을 필요로 하는 사회로 바뀌고 있다. 동시에 젊은이들은 노년층에 의해 좌우되는 자원들을 나눠가지려고 경쟁할 것이다. 부, 권력, 지위, 그리고 땅까지도. 고령화 사회는 가족적인 충효의 논리에 의해 이끌어질 것인가? 혹은 기민한 상업주의에 의해서 이끌어질 것인가? 그것도 아니면 정부의 통제에 의해서 이끌어질 것인가? 이에 대한 답은 우리가 가족 직장 그리고 사회에서 내리는 수많은 결정에 따라 달라질 것이다. 아직은 아무도 그 답을 모른다.

시간의 흐름에 따라 모든 유기체는 점진적으로 변화하고 노화를 겪게 된다. 이것은 거부할 수 없는 진실이고 정상적인 발달과 변화이다. 그런데 우리 사회는 노화에 대해 부정적인 시각이 만연해 있다. 의료기술은 노화를 늦추는 데 상업화되어 있으며 미디어는 늘

137

가난하고 무기력한 노년의 이미지를 생산해내고 있다. 현재 사회는 경제적, 정치적으로 권한을 행사하는 노인 집단의 등장과 고령화 정책에 대한 새로운 패러다임의 필요성을 절감하고 있다. 긍정적인 새로운 노년 연구는 '상실과 저하'에 맞추어져 있던 기존의 의존적 시기로서의 노년에 대한 부정적 고정관념을 반성하면서 노년담론을 '채움과 비움'이라는 긍정적 의미로 전환하여 노년의 잠재력 개발과 문제 예방에 대한 사회적 함의를 마련해야 한다. 은퇴 후 길어진 노년을 어떻게 보낼 것인가에 대한 역할 모델과 지침을 마련하여 생활양식과 사회참여를 통한 성공적인 노화를 준비하도록 도와야 할 것이다.

의료와 미디어 산업의 노년담론 비판

젊음의 연장이 아닌 노년의 복원

한 혜 경

의료와 미디어 산업의 노년담론 비판

젊음의 연장이 아닌 노년의 복원

Ⅰ. 문제 제기

누구나 나이 먹는 일을 피할 수 없다. 또한 어느 누구든 한 해에 딱 한 살씩만 먹는다. 따라서 나이를 먹는 일이야말로 인간 세상에서 가장 공평한 일이라 할 수 있다. 그러나 오늘날 대부분의 사회에서는 나이듦이 지니는 의미가 공평하지 않은데, 무엇보다도 인생의 어느 기간에 나이를 먹느냐에 따라 그것이 지니는 의미가 사뭇 차별적이다. 태어나 청소년기를 거쳐 성년이 되는 기간 동안의 나이듦은 개인적 차원에서 지적, 신체적, 정서적으로 성숙해가는 과정으로, 중년을 보내는 기간 동안에는 사회적 관계가 성숙해가는 과정으로, 인생의 전반기에 해당하는 이 시기들은 모두 인생의 절정을 향해 나아가는 과정이라는 의미를 부여받는다. 그러나 일단 노년에 접어들면, 이때부터의 나이듦은 성숙해진다는 의미가 사라지고 그냥 늙어가는 것 또는 '노화(aging)'라 명명되며, 쇠약, 상실, 배제 등 인생의 절정으로부터 점점 멀어짐을 의미한다.

이처럼 노화를 인생의 절정 이후 과정으로 바라보는 인식은 너무나 보편적이어서 현대 사회를 살고 있는 우리는 그와 다른 이미지의 노화를 생각하기 어렵다. 그래서 그 부정적인 의미들이 마치 노화 과정 자체에 내재되어 있는 본질적인 것들이라고 생각하는 경향이 강하다. 그러나 어떤 시대, 어떤 사회에서 노화에 부여되는 의미들은 그 과정의 생물학적 본질들이 그대로 투영된 결과가 아니라 사회문화적으로 구성되는 것이다. 이에 대해 시몬 드 보부아르(Simone de Beauvoir)는 생물의 숙명으로서 노화가 초역사적인 현실이기는 하나, 그래도 그 운명은 사회적 상황에 따라 다양한 방법으로 체험된다고 지적하면서 원시 사회부터 현대 사회에 이르기까지 서구 사회를 중심으로 노년의 체험이 어떻게 달라졌는지, 특히 근대와 현대에 들어서 노년이 사회적으로 어떤 부정적인 의미를 부여받았는지를 문화인류학적 관점에서 기술하고 있다.[1] 루스토노와 소호(Laustaunau & Soho)도 미국 사회에서 노화에 대한 부정적인 의미는 근대화로 인해 생겨났다고 설명한다. 미국 혁명 이전에는 적당한 사회계층의 나이가 많고 자유로운 백인 노인들이, 재산을 소유하고 가족을 다스리고 따라서 지역 사회를 통제할 수 있었으며, 무역, 정치, 종교 등에서 항상 유리한 입장에 서 있었다. 그때는 노인의 수가 적었으며 노년기는 신의 축복에 의해서 누리는 것으로 존경받았다. 근대화는 노인들의 이러한 역할을 상실하도록 만드는 계기였다.[2]

---

1) Simone de Beauvor, 홍상희 · 박혜영 역, 『노년』 개정판, 책세상, 2002.

2) Martha Oehmke Loustaunau & Elisa Janine Soho, 김정선 역, 『건강질병의료의 문화분석』, 한울, 2002, 114~115면.

노년의 의미는 근대화가 늦게 시작된 동양 사회에서 더 급격한 변화를 겪었다. 전통적인 동양 사회 가치관에 근간을 제공한 가장 대표적인 학자인 공자는 "나이 예순에 이순(耳順)하고 나이 일흔에 마음먹은 대로 해도 구(矩)를 넘지 않는다"고 말했다. 김열규는 이 문구를 "나이 예순이 되어서야 남들이 말하는 이치가 고분고분 들어오고, 그래서 세상이며 인생, 그리고 사물의 이치가 순하게 받아들여지며, 나이 칠십이 되어야 제 마음대로 행동해도 법도나 법칙에 맞게, 즉 구에 맞게 행동할 수 있게 된다"고 해석하면서, 노년을 완벽과 성숙이 표현되는 인생의 완성기라고 주장한다. 그는 여기서 한 걸음 더 나아가 동서양을 막론하고 근래에 들어서까지 위인의 초상은 모두 노안의 모습을 담고 있음을 지적한다. 지상지고(至上至高), 주어진 분야에서 더 오르고자 해도 더 오를 데가 없는 인간 성숙의 지상에 다다른 어른들, 그것이 바로 노년들의 얼굴이기 때문이다. 이처럼 노년의 초상이어야만 비로소 완벽과 성숙이 표현될 수 있었던 것이며, 청년이 그리고 중장년이 까마득하게 못 미칠, 지성과 정신, 혹은 영혼이 다다를 최절정의 경지가 노년의 초상이어야만 비로소 깃들 수 있는 것이라고 그는 주장한다. 뿐만 아니라 이들 노년의 초상에는 하나같이 부드러움과 우아함이 말갛게 어려있다고 주장한다. 더 이를 데 없이 엄숙한 그 지엄, 더 바랄 데 없는 그 숙연함, 바로 그 속에 단아함이, 다소곳함이 은은한 여운을 피워내고 있는 것이다.[3]

그런데 이처럼 긍정적이었던 노년의 의미는 서구의 근대화를 거

---

3) 김열규, 『노년의 즐거움』, 비아북, 2009, 12~14면.

쳐 산업 사회에 접어들면서 부정적인 방향으로 변화하기 시작했으며, 정보 사회로 접어든 오늘날에는 그 부정적인 인식이 한층 더 강화되고 있는 듯이 보인다. 과학과 기술의 발달이 가져온 지식의 보편화는 전통 사회에서 노인들이 존중받을 수 있었던 중요한 근거인 오랜 삶의 경험에서 우러나오는 체험적 지혜를 비과학적 혹은 미신적이라고 낙인찍고 배척해버렸다. 또한 정보 사회에서 진행되고 있는 너무나 빠른 속도의 변화들은, 여유로움과 신중, 그리고 안정처럼 오랜 경륜을 지닌 노인들에게서 발견할 수 있는 수많은 장점들을 오히려 사회와 시대변화에 적응하기 어렵게 만드는 장애물들로 만들어버렸다. 더욱 흥미로운 사실은 현대 의학의 획기적인 발달이 오히려 노년을 부정적으로 인식하게 만드는 데 기여하고 있다는 점이다. 물론 현대 의학은 역사상 그 어느 때보다 오랫동안 인간의 젊고 아름다운 신체를 유지할 수 있도록 만들었음에 분명하다. 그러나 동시에 젊음을 연장시키고 노화를 지연시키는 이 눈부시게 발전된 의학기술들은 노년을 질병과 장애와 동일시하고 적극적인 의료적 개입이 필요한 시기로 규정하는 데도 활용되고 있다.[4] 이제 노년은 자연스러운 생애의 한 과정으로 자신을 있는 그대로 드러내서는 안 되는 시기가 된 것이다. 의료의 도움과 통제를 받으며 가능한 한 오랫동안 젊음에게 자리를 내주어야 하는 노년은 가능한 한 늦추거나 감추어야 할 대상이 된 것이다. 경제적 이유에서든지 아니면 개인적 이유에서든지 노인이 이러한 노력을 소홀히 할 경우, 그는 사회가

---

4) 일상의 다양한 현상에 대한 의료화에 관해서는 Sarah Nettleton, 조효제 역, 『건강과 질병의 사회학』, 한울, 1997, 56~57면 참조.

원하는 성공적 노화(successful aging)의 의무를 제대로 수행하지 못하는 게으르거나 무책임한 사람이 되는 것이다.

사회적으로 노년을 감추어야 할 대상으로 설정하는 데에는 의료계 못지않게 텔레비전과 인터넷으로 대표되는 미디어 역시 중요한 역할을 수행해왔다. 현대 사회에서 현실을 재현하는 대표적인 제도인 미디어는 그 사회를 구성하는 다양한 집단들을 사회적으로 어떻게 바라보고 다루어야 하는지를 결정하는 데 강력한 영향력을 미친다. 그런데 기존 연구들5)에 의하면, 미디어 세계에는 노인들이 거의 거주하지 않을 뿐만 아니라 거주하는 곳도 주로 주변부에 그친다. 그나마 미디어가 묘사하는 노인의 모습은 젊음과 대비되거나 아니면 젊음을 모방하거나 둘 중 하나로 제한된다. 한마디로 미디어의 세계에서 노년은 생애의 한 단계로서 자신의 고유한 의미를 지니는 시기로서 인정받지 못하며, 그 시기를 살아가는 노인들은 저마다의 다양하고 풍부한 삶을 있는 그대로 표현할 수 있는 주체가 되지 못한다. 그보다 젊음의 시선이 요구하는 삶을 일방적으로 수용해야 하는 대상으로 타자화되어 재현된다. 미디어가 재현하는 이와 같은 노년담론은 다른 연령대 사람들의 시선을 규정할 뿐만 아니라 노인들 스스로의 자화상을 형성하는 데에도 막대한 영향을 미친다.

물론 최근 들어 서구 사회뿐만 아니라 한국 사회의 미디어도 인생

---

5) 그 대표적인 연구들로는 이경숙, 「사회적 소수자로서 노인과 미디어담론」, 한국방송학회 편, 『한국 사회 미디어와 소수자 문화정치』, 커뮤니케이션북스, 2011, 이지영, 「노년담론에 대한 노인의 인식과 대응에 관한 질적 연구: 자아상과 노인상의 차이를 중심으로」, 『한국노년학』 29(3), 한국노년학회, 2009, 정진웅, 「노년의 꿈, 타자화된 노년과 공상적 노년담론을 넘어서」, 『당대비평』 22, 2003 등이 있다.

에 주체적으로 참여하는 새로운 유형의 노인들의 모습을 빈번하게 담아내고 있다. 흔히 '신노년(New Elderly)'이라 불리는 이 새로운 유형의 노인들은 기존의 부정적인 노인 이미지에서 크게 벗어나 적극적이고 활력적이며, 새로운 것에 도전하고, 지역 사회와 가족의 삶에 적극적으로 기여하는 모습으로 미디어에 등장한다.[6] 이러한 변화는 최근 건강하게 오랫동안 독자적인 삶을 유지하는 노인인구가 급증하고, 소비자집단으로서 이들이 지닌 능력이 커지고 있는 현실에 미디어 산업이 발 빠르게 대처하고 있음을 보여준다. 노인들이 무엇인가를 살 수 있는 능력을 지니는 한, 그리고 이 노인들에게 무엇인가를 팔고 싶어 하는 기업들이 존재하는 한, 광고를 통해 그 두 집단을 연결함으로써 생존해나가는 미디어 산업에서 노인은 매우 중요한 고객이 되기 때문이다. 그런데 문제는 미디어 세계에서 이 신노인들이 차지하는 비중이 여전히 적다는 것이다. 뿐만 아니라 이 신노인들은 젊음의 가치를 내면화한 모습으로 획일적으로 그려지고 있다. 그 결과 미디어 세계가 새로이 구성해낸 신노년담론 역시 노년에 대한 평가를 젊음에 근거하는 기존 담론에서 벗어나지 못하며, 구노년으로 표현되든 신노년으로 표현되든 미디어 세계에서 노년은 여전히 다양성도 고유성도 인정받지 못하는 대상일 뿐이다.

이처럼 최근 들어 노년은 의료 산업과 미디어 산업에서 매우 가치 있는 소비자 집단으로 자리매김하면서 기존의 부정적인 스테레오타입에서 벗어나 새로운 이미지를 구성하고 있는 듯이 보인다. 그러나

---

6) 한경혜·윤성은, 「대중매체에서의 신노년 담론 분석: 신문매체를 중심으로」, 『한국노년학』 27(2), 한국노년학회, 2007, 300면.

그 새로운 이미지는 노년을 다양한 주체적 삶들이 공존하는 모습으로 재구성하기보다 오히려 의료와 미디어 산업의 이윤 창출에 적합한 유형의 노년만을 사회적으로 인정하고 강요하는 데 더 크게 기여할 수 있다. 그렇다면 의료 산업과 미디어 산업은 왜 그리고 어떻게 노년을 특정한 방식으로 대상화하고 있는가? 그리고 이들 산업에 의해 대상화된 노년을 주체적 삶의 기간으로 재구성하기 위해 우리는 어떤 노력을 해야 하는가?

Ⅱ. 의료 산업의 관리대상으로서 노년

의학에서 광의의 노화는 생물체가 수태된 순간부터 사망에 이르기까지의 모든 변화를 얘기하지만, 통상 많이 사용되는 협의의 노화는 성숙한 다음부터를 지칭하며 시간이 갈수록 비가역적으로 나빠져 사망확률이 높아지는 과정을 말한다. 이중 전자를 시간에 따른 보편적인 변화를 의미하는 정상노화(normal aging) 혹은 일차적 노화(primary aging)로, 그리고 후자는 정상노화 과정에 노화관련 질환이 같이 있는 경우로서 일반노화(usual aging)[7], 병적 노화(pathological aging)

---

7) 'usual aging'은 일반 또는 보편적 노화로 해석된다. 칸과 로우는 보편적 노화란 현재 잘 기능하고 있지만 질병이나 장애에 걸릴 위험이 매우 큰 노인들을 의미한다고 설명한다. 여기에는 두 가지 위험이 존재하는데, 첫째, 신장, 심장, 폐와 같은 많은 신체 기관들이 나이가 들면서 서서히 쇠퇴해지고 면역체계 역시 쇠퇴해진다. 이러한 변화들로 인해 노인들은 큰 스트레스를 겪을 때에 질병에 걸리거나 역기능적이 될 위험에 놓인다. 두 번째 문제는 높은 수준의 혈지질과 혈당, 그리고 고혈압 등과 같은 많은 위험 특성들이 축적되는 것이다. 연구자들은 성공적 노화의 조건을 이 보편적 노화를 의료의 개입이나 생활양식의 변화를 통해 치료하거나 또는 되돌리는 것이라고 주장한다.(John Rowe & Robert Kahn, 최혜경·권유경 역, 『성공적인 노화』, 신정, 2001, 82~84면.)

혹은 이차 노화(secondary aging)로 명명한다. 그러나 정상(normal)과 일반(usual)이라는 용어들이 지닌 의미의 차별성을 이해하기 어렵듯이, 의학적으로 정상노화와 일반노화를 구분하는 것 역시 쉽지 않다.[8] 그런데 여기서 더욱 중요한 문제는 그것을 구분할 수 있는 사회적 권한이 의료계에 의해 독점되어 있다는 것이다. 노화과정을 삶 속에서 직접 체험하고 있는 노인들의 견해는 그 구분짓기에 참조될 수는 있어도 참여주체로서 공식적인 힘을 부여받지 못한다. 이처럼 의학적 시선에 사회구성원들의 정상여부 판단에 대한 공식적 권한을 부여하는 것은, 대부분 국가의 보건정책이 의료가 개인과 국민의 건강에 핵심적이라는 믿음을 토대로 하고 있기 때문이다.

그런데 역사적으로 의학에 이러한 막강한 권한을 부여한 것은 근대 이후다. 근대에 들어 의학은 질병의 원인을 규정하고 치료하는 새로운 방식을 만들어내기 시작했는데, 생물학에 기초한 의학인 생의학(biomedicine)이 그것이다. 18세기 말부터 서구의 공식적 의료를 지배해온 생의학적 모형에 대해 애트킨스(Atkinson)는 다음과 같이 소개하고 있다.[9]

생의학적 모형은 사회, 문화 및 인생역정(biographical)에 관한 설명을 배제하고 반드시 생물학적 구조와 과정에 발생하는 정체를 강조함으로써 환원주의의 형태를 띤다. 이와 같이 의학적 사고를 지배하는 생의학적 모형은 임상에 적용되었을 때 다음과 같은 의미를 지닌다. 즉 질환은 분명한 실체를 가지고 있다. 이러한 실체는 징후와 증상을 관찰해서 알아낼 수 있

---

8) 권인순, 「노화의 정의 및 분류」, 『대한의사협회지』 50(3), 대한의사협회, 2007, 208~209면.
9) Sarah Nettleton, 조효제 역, 앞의 책, 28면에서 재인용.

다. 따라서 개개 환자는 질환이 발현하는 수동적인 장소에 지나지 않는다. 그러므로 질환은 '정상상태'에서 벗어나 있거나 일탈된 것으로 이해된다.

이처럼 건강을 '생물학적 정상'으로 질병을 '생물학적 비정상'으로 단순화시키고, 그 치료를 개인적인 의료의 차원으로 축소시켜 버리는 생의학 모형은, 현대 의료에서 나타나는 두드러진 특성인 일상 생활의 의료화(medicalization)와 전문가지배(professional dominance)를 정당화하는 강력한 이데올로기적 도구를 제공한다.[10] 여기서 의료화란 정상적인 삶의 과정까지 의학의 문제로 만들어 재정의하는 경향을 말한다. 현대 의료는 성장, 출산, 폐경, 노화와 같은 자연스러운 인체의 변화 과정이나 어린이 행동, 음주 등과 같이 과거에는 의학적 문제로 여기지 않던 일상의 영역까지 의학전문기술의 적용을 확대시키고 있다. 의료화의 과정을 통해 의사들은 개인적이거나 사회적인 문제였을 것을 의학적인 용어로 정의하고 적절한 해결책으로 의학적 치료를 제시한다. 일단 질병으로 지칭되면 의료는 사회적 통제의 대행자가 된다.[11]

루스토노와 소호(Laustaunau & Soho)는 현재 미국문화가 이 의료화 과정을 상당히 긍정적으로 받아들이고 있다고 주장한다. 자본주의는 이윤이 가능한 새로운 시장을 형성하는 것을 허락하고 있으며, 의료화는 사회적이고 개인적인 문제들에 대한 규정을 확대함으로써 새로운 시장을 창출할 잠재성을 가지고 있기 때문이다. 따라서 미국

---

10) 김영치, 「우리 의료의 반성과 새로운 진로의 모색」, 『계간 과학사상』 여름호, 2000, 211면.

11) Sarah Nettleton, 조효제 역, 앞의 책, 56~57면.

사회에서 일탈에 대한 의학적 개입은 '지배적인 가치와 이를 증진시키려는 조직적인 기구들의 문화적 반향으로서 의료화를 위한 풍부한 환경을 창출하고 있다고 연구자들은 주장한다.[12]

이러한 경향은 우리 사회도 예외는 아니다. 특히 건강에 대한 생의학적 접근 이외의 대안적 담론들의 힘이 미약한 우리 사회는 의료 상업주의와 맞물려 의료화 영역의 확대가 더욱 전방위적으로 빠르게 진행되고 있으며, 무엇보다도 그에 대한 적절한 견제장치가 존재하지 않는 상황이다. 서양 사회에서는 근대 의학이 발전하던 시기에 생태학적 사고가 동시에 발전하여 공중보건운동을 벌였고 그것은 또 사회의학이라는 형태로 정립되었다. 근대 의학이 제도권에서 발전하여 대세를 장악했지만, 사회의학은 완전히 죽지 않고 그 명맥을 유지하였고 최근에는 스스로 돌보기(self-care)운동 같은 것으로 되살아나고 있다. 생태학적 사고에 기초하면, 국민건강을 위해서는 영양 개선, 주거환경 개선, 사회복지, 근로조건 개선 등 여러 프로그램이 의료와 함께 제공되어야 한다.[13] 세계보건기구(WHO)에서도 이미 오래 전에 건강을 생의학적으로 접근하는 것에서 벗어나 총체적으로 접근(holistic approach)할 것을 권장한다. 건강을 단순히 질병이 없는 상태가 아니라 '완전한 신체적, 정신적, 사회적 안녕'으로 정의하고 있으며, 질병-건강관에서는 이분법이 아니라 연속성으로, 병인론에서는 환경-행태 등 다양한 요인의 수용으로, 질병의 치료에서는 사회적 도움과 교육 등을 생물학적 방법에 추가하고, 의사의

---

12) Martha Oehmke Loustaunau & Elisa Janine Sobo, 김정선 역, 앞의 책, 213면.

13) 조병희, 『질병과 의료의 사회학』, 집문당, 2006, 431면.

역할에서도 건강의 주체를 개인과 공동체로 하여 보조적 위치로 변화하도록 요구하고 있다.[14]

우리나라의 보건의료는 서구 사회를 중심으로 확산되고 있는 이러한 추세를 함께 하지 못하고 있는데, 조병희에 의하면, 애당초 우리 사회의 의학은 기술학으로만 받아들여졌고, 그 대척적 위치에 있는 사회의학의 전통은 거의 단절된 상태로 존재했다.[15] 김영치도 우리 사회가 국민건강과 보건 증진을 위한 자원을 질병치료시스템 구축에만 집중 투자해왔다고 비판한다. 특히 그는 우리나라가 첨단장비를 갖춘 병원을 짓는 데 집중 투자하고, 의사, 전문의 수를 늘리기 위해 의과대학의 신설과 증설에 정책의 초점을 맞췄던 것에 대해 강력하게 비판한다. 그 결과 우리나라 의사의 8~90%가 전문의가 되고 있으며, 의료기관들은 점점 더 초대형화, 첨단화, 고급화가 되고 있는데, 이로 인해 의료기관들의 역할이 제대로 분담되지 못하고 서로 중복된 상태가 지속되고 있는 것이다.[16] 이러한 상태는 대부분의 의료기관이 공공의 영역이 아닌 민간의 영역에서 운영되고 있는 우리나라 의료의 특성[17]과 맞물려, 의료기관들 간 치열한 환자유치경쟁으로 이어지고 있으며, 일상의 거의 모든 영역을 의료서비스의 대상으로 포섭하려는 경쟁으로 이어지고 있다.

노화는 우리의 일상 영역 중에서도 의료 산업이 가장 빠르게 그리고 가장 성공적으로 의료화를 이루어낸 것 중 하나다. 갱년기증후

군, 골다공증, 발기부전, 탈모, 우울증 등의 증상은 과거에는 노화 등으로 인한 인체의 자연스런 현상이거나 적어도 병적인 상태는 아닌 것으로 인식되었지만, 요즘은 분명하게 진단명이 붙고 값비싼 치료제가 이용되고 있다.[18] 더욱이 의료계는 이 현상들 대부분을 의학적으로 완전한 치료가 불가능하지만 끝없이 의학적으로 관리하고 치료받아야 할 만성질환으로 규정한다. 만성질환은 그 시작과 끝을 알기 어렵고, 만성질환자의 삶 역시 환자로서의 삶과 정상인으로서의 삶이 수시로 교차한다. 따라서 만성질환의 경우, 의료전문가의 진단과 치료 못지않게, 그 질환을 경험하는 사람의 주관적 해석과 생활습관, 환경 등의 중요성이 커지게 된다.[19] 물론 현대의 의료는 이러한 다양한 요소들을 점점 더 많이 자신들의 영역으로 수용하고 있으며, 특히 환자들의 경험에 귀 기울이는 모습을 보인다. 그러나 이 다양한 요소들은 더 잘 치료되도록 돕는 보조적인 역할을 수행할 뿐, 의학적 치료가 모든 것에 우선한다는 원칙에는 변함이 없다. 이처럼 노화와 관련된 다양한 증상들이 일단 의료의 영역으로 포섭되면, 그와 관련된 다양한 질병명칭들과 치료제들이 등장한다. 따라서 노화는 더 이상 유한한 생명체인 인간이 저마다 자신의 고유한 방식에 따라 생애를 완성해가는 자연스러운 과정이 아니라, 의학의 시선이 규정한 매뉴얼에 맞춰 관리되고 통제되어야 할 대상이 되어 버린 것이다.

---

18) 김진목, 『위험한 의학, 현명한 치료』, 전나무숲, 2007. (http://w1.hompy.com/ hope888/ caa012.htm에서 재인용).

19) 조병희, 앞의 책, 2006, 169~170면.

그런데 의료계가 제시하는 매뉴얼은 노화와 관련된 개별 증상을 완화할 수 있어도 노화의 전 과정을 총체적으로 관리 할 수 없다. 최종덕은 현대 의학에서도 건강한 늙음에는 유전적 요소의 작용이 필요하지만 환경 혹은 사회적 요소들의 개선된 작용도 필요하며, 그 중에서도 생활습관의 태도가 가장 중요한 요소라는 것을 인정한다고 지적한다. 또한 장수와 노화방지에 관한 절대적 정답은 없으며, 그나마 발표된 이론적 성과물도 실제로 인체에 확증된 것은 거의 없다는 것 역시 널리 알려진 사실이라는 것이다. 그럼에도 불구하고 의료계에서 장수와 노화에 관한 상업적 행위들이 만연한데, 이는 젊음과 장수에 대한 인간의 욕망과 현대 자본권력의 만남을 통해서 오늘날의 많은 과학이론들이 획기적이고 혁명적인 해결책을 제시하는 것으로 오해되는 경우가 많기 때문이다. 최종덕은 이러한 과학이론들을 일종의 우상이론(idol theory)으로 간주한다.[20]

이처럼 의학의 개입을 통해 노화를 인위적으로 막거나 또는 지연시키려는 시도들은 또한 대부분 예기치 못했던 부작용의 위험을 겪는다. 예를 들면, 갱년기증후군을 치료하기 위해 여성호르몬 보충치료를 받은 사람들의 경우 자궁근종이나 유방암, 심장질환 등의 위험이 높아진다. 문제는 이와 같은 부작용이 새로운 치료법이 도입된 이후 한참이 지나서야 제대로 알려지는 것[21]이 흔한 일이라는 점이

---

20) 최종덕, 「노화의 과학: 우상이론에서 상식이론으로」, 『의철학연구』11, 한국의철학학회, 2011.

21) 합성여성호르몬제가 대표적이다. 1960년대 로버트 윌슨(Rober Wilson)은 『여성이여 영원하라』라는 책을 통해 에스트로겐을 영원한 젊음을 약속해주는 기적의 약으로 묘사했다. 이 책이 베스트셀러가 되면서 갱년기증후군에 속하는 다양한 증상들에 여성호르몬

다. 이러한 위험을 감수하면서까지 그리고 그 효과에 대해 여전히 이론(異論)이 제기되는 온갖 치료들을 받는 것으로 노년의 시간 대부분을 사용해야 하는 것 바로 이것이 우리가 노년을 의료 산업의 서비스 대상으로 맡겨버린 것에 대한 대가라 할 수 있다.

앞서 인용한 최종덕[22]은 노자의 『도덕경』을 인용함으로써 이를 비판한다.

> 만물은 그 기운을 억지로 내면 쉽게 늙어지니
> 이를 도라고 할 수 없다
> 도가 아니면 일찍 죽게 된다(노자, 『도덕경』 30, 55장)

그 대신 노화에 대한 총체적 접근과 상식 이론을 제안한다. 신체적 노화조차도 섭생, 자연 조건, 사회적 조건, 그리고 의료 조건 등의 다양한 요소들의 상호작용의 결과라는 점을 분명하게 인식해야 하며 그 어떤 이론 또는 치료법으로도 '한방'에 노화를 해결할 수 없음 역시 분명하게 인식해야 한다고 주장한다. 질병이나 노화현상에 특정 해답을 줄 수 없지만, 해답에 이르는 실천적 지름길을 제시하는 것이 바로 그가 제시하는 상식의 이론이다. 상식의 이론은, 노화를 죽음 프로그램이 시작되는 과정으로 부르는 우상의 이론과 달리,

---

제가 처방되기 시작했다. 그러나 이 책은 당시 가장 큰 규모의 호르몬 제조사였던 제약회사 와이어스 에이어스트의 재정적 후원을 받아 집필되었음이 2000년 들어서야 뒤늦게 알려졌다. 뿐만 아니라 다양한 부작용들이 속속 보고되었으며, 2003년에는 '호르몬제 복용이 건강상태나 활력, 정신적 상태, 우울증 징후 또는 성적 만족 등에 어떤 영향도 미치지 않는다'는 연구결과가 발표되기도 했다. 김진목, 앞의 책(http://w1.hompy.com/hope888/caa012.htm에서 재인용).

22) 최종덕, 앞의 글, 57면.

생명의 존속, 삶의 전개가 작동되는 피드백 과정이라고 부른다. 그리고 무리하고 과도하지 않은 생활습관을 통해 평소 일상적으로 건강을 유지하는 것이야말로 장수와 노화방지에 가장 자연스럽고 효과적임을 과학적으로 밝히고자 한다. 이러한 입장을 받아들일 때, 우리는 비로소 우리 몸이 노화되건, 죽음에 이르렀건, 혹은 건강하건 관계없이 주인이 될 수 있다고 그는 주장한다. 내 몸의 주인인 나의 삶과 죽음 그리고 노화 모든 것은 나의 생명의 실천이며 나의 행동이며 나의 주체이며 나아가 나의 실존이기 때문이라는 것이다.

Ⅲ. 미디어 세계 속의 노년

노년을 주체적 삶의 기간에서 제외시키고 젊음의 긍정성과 대비되는 부정적인 대상으로 규정하는 데 있어 의료 산업 못지않게 사회적으로 막강한 영향력을 행사하는 또 하나의 제도가 현대 사회의 미디어다. 현대 사회에서 우리가 날마다 경험하는 세상의 모습은 더 이상 직접 체험을 통하여 알게 되는 '자연 그대로의 모습'이 아니다. 우리가 경험하고 반응하는 것은 미디어에 의해 매개된(mediated) 현실이다. 우리는 날마다 미디어에 의해 매개된 수많은 현실을 차곡차곡 머릿속에 축적하며, 또한 그렇게 축적된 이미지들에 기초하여 순간순간 맞닥뜨리는 환경들에 대처한다. 이처럼 미디어의 사회문화적 기능은 더 이상 우리의 삶을 반영하는 데만 그치는 것이 아니라 오히려 적극적으로 우리의 경험을 구축해나간다고 할 수 있다. 그런데 여기서 문제는 미디어를 통해 매개된 재현(representation) 체계가 사실은 주어진 사회의 시대적 가치관에 따라 부분적으로 선택된 이미지들이 결합되어 구성된 결과라는 점이다. 이러한 이미지들은 우리의 이미지 창고 속에 끊임없이 축적되어 우리 자신을 포함한 다양한 사회 집단에 대한 우리의 시각을 규정하는 데 중대한 영향력을 행사한다.[23]

이와 같이 현대 사회의 지배적 담론을 생산하고 유통시키는 데 커다란 영향을 미치는 미디어에서 노년은 '타자화(他者化)'되어 재현되는 집단들 중 하나다. 어떤 집단이 미디어에 의해 타자화된다는 것은, 그 집단이 미디어에서 자신의 주체적인 목소리를 내지 못하고 타인, 특히 사회의 지배계층에 의해 규정된 획일적인 전형성만을 담보한 대상으로 묘사되는 것을 의미한다. 이경숙은 이러한 타자화가 미디어가 사회적 소수자 집단들을 재현하는 가장 공통된 방식이라고 지적한다. 사회적 소수자의 공통적 특징은 이들이 사회 주류 구성원에 의해서 명시적, 혹은 암묵적으로 사회적 차별을 받고 있다고 느낀다는 것이며, 집단 내 구성원들의 다양성은 무시된 채 어떤 특정한 호칭으로만 불린다는 것이다. 이경숙은 이러한 정의로 볼 때 우리 사회에서 노인은 사회적 소수자라 할 수 있다고 주장한다. 노인들에 대한 사회적 차별은 엄연한 현실이고, 이들은 나이가 들었다는 이유로 노인으로 불리며 단지 하나의 집단으로 식별되고 있기 때문이다. 이 과정에서 노인은 여타 소수자들처럼 사회에서 자신의 부분적 정체성으로 자신의 전체 정체성을 규정당하는 경우를 경험하게 된다. 점차 힘없고 주름진 몸을 가진 신체적 정체성을 통해 노인

23) 황인성, 「텔레비전 영상저널리즘 재현정치와 소외집단」, 원용진 편저, 『텔레비전 문화연구』, 한나래, 1999, 114~115면.

의 전체 정체성을 규정당하고 주변화되며, 이들의 주변성과 타자성이 극대화되는 과정을 거친다. 이를 통해 노인은 주체가 아닌 타자로 인식되며 동정과 시혜의 대상으로 여겨지는 것이다.[24]

구체적으로 미디어 세계에서 노인들은 실제 인구에서 차지하는 비중보다 훨씬 적은 비중을 차지할 뿐만 아니라, 설사 등장한다 하더라도 자신의 이야기를 자신의 관점에서 보여주는 주인공이 되기 어렵다. 비주얼 이미지(visual image)가 강조되는 다양한 영상 미디어의 발달과 광고주들이 선호하는 소비계층의 특성 등이 맞물려, 미디어 세계는 젊고 아름답고 무엇보다도 끊임없이 무엇인가를 소비할 수 있는 능력을 갖춘 사람들로 넘쳐난다. 이를 반영하듯이 현실세계에서는 학교에 매여 있는 10대가 미디어 세계에서는 아이돌 스타라는 이름으로 거의 모든 엔터테인먼트 장르에서 가장 빛나고 능력 있는 존재로 대접받는 반면, 대다수의 노년은 구색 맞추기 정도로 존재한다. 예를 들어 텔레비전 드라마에서 젊은이는 가족도 있고 친구도 있고 일도 있고 자신만의 이야기도 있지만, 대부분의 노인은 가족을 제외한 대인관계나 사회적 관계가 존재하지 않으며, 무엇보다도 자신만의 이야기가 없다. 노인은 그저 젊은이의 이야기에 개입하여 불필요한 문제를 일으키거나 아니면 사소한 도움을 제공할 뿐이다. 여기서 문제나 곤경은 주로 노인이 자신의 생각이나 행위를 고집하기 때문에 발생하며, 사소하나마 도움은 젊은이들의 시각을 인정하고 받아들였기 때문에 가능한 것으로 묘사된다.

텔레비전 드라마 이외에도 미디어에 등장하는 노인들은 대체로

---

24) 이경숙, 앞의 글, 104~106면.

궁핍하거나 어려운 처지에 놓여있다. 물론 여전히 '잘나가는' 노인들도 등장하는데, 이들은 '노인'으로 불리기보다는 '회장님', '사모님' 등의 별도의 호칭으로 불린다. 이에 대해 정진웅은 '노년=소외된 노년'이라는 등식이 점차 자리를 잡아가면서 노인이라는 사회적 범주는 점차 (서구적인) '풍요와 세련'의 강박에 시달리는 우리 사회가 일종의 '초라함'이나 '촌스러움'을 투사하는 대상, 곧 타자가 되어 가고 있으며 영상 미디어는 이 과정에서 선도적 역할을 하고 있다고 지적한다. 그 대표적인 사례로 연구자는 농촌 노인들이 출연하는 퀴즈 프로그램을 들고 있다. 퀴즈 문제 중에는 정답이 영어로 된 상품명이거나 혹은 외래어같이 매우 쉬운 영어단어인 경우가 자주 등장하는데, 농촌 노인들의 엉뚱한 답이나 어색한 영어발음은 거의 예외 없이 자막으로 강조되어 시청자의 웃음을 증폭시킴으로써 우리 사회가 자신을 규정함에 있어 거리를 두고 싶은 대표적인 속성 중 하나인 '촌스러움'을 드러내도록 기획되어 있다는 것이다. 그 외에도 대부분의 문제가 제도교육을 받고 근대적 부문에서 생활하는 사람들에게는 익숙한, 하지만 농촌 노인들에게는 생소하기 쉬운 단편적인 지식들에 관한 것들인데, 초등학교 저학년도 쉽게 답할 수 있을 만한 문제에 출연 노인들이 엉뚱한 답을 하는 경우 과장된 몸짓으로 반응하는 진행자들의 몸짓도 농촌 노인들의 비하를 부추긴다. 시청자들 역시 이런 기획이 빚어내는 웃음에 동참함으로써 의식하지 못하는 가운데 노년을 우리 사회의 촌스러움을 투사하는 대상으로 타자화하는 과정의 '공범'이 되는 것이다.[25]

---

25) 정진웅, 앞의 글, 323면.

거의 십년 전의 연구에서 지적된 이러한 경향은 현재에도 여전히 우리 사회의 미디어 세계를 지배하고 있다. 텔레비전에서 수년 동안 꾸준히 높은 시청률을 기록하고 있는 예능 프로그램 〈1박 2일〉의 경우가 대표적인데, 2~30대 젊은 연예인들이 진행하는 이 프로그램에서 농촌 노인들은 주로 '촌스러움'으로 웃음을 주는 존재로 등장한다. 물론 그 '촌스러움'은 그 자체로만 제시되는 것이 아니라 '순박함', '잃어버렸던 정', '희생', '헌신' 등의 이미지들로 포장되어 제시된다. 그러나 일견 농촌 노인들의 긍정적인 면들을 부각시키는 것처럼 보이는 이러한 모습 역시 시청자에게 현재를 사는 세련된 '나'와의 차별성을 확인시켜주는 대상으로 작용한다. 노인들에 부여되는 이와 같은 긍정적인 표현들의 범위는 도시 생활에서 잃어버린 것들에 대한 향수로 한정되는데, 이는 정진웅이 지적한 것처럼 노인들을 '과거에 묶어 놓고 칭송하는 것'이기 때문이다.[26]

한편 미디어 세계에서는 농촌 노인들 못지않게 도시 노인들도 주변화되기는 마찬가지다. 신문기사나 텔레비전의 뉴스 및 시사 프로그램에 등장하는 도시 노인들은, 그나마 농촌 노인들을 대표하는 긍정적 이미지인 '일하면서 자식들에게 의존하지 않고 독립적으로 생활하는 모습'을 갖추지 못하고, 주로 병들고 소외되어 가족이나 사회에 의존하거나 또는 각종 사회범죄에 노출된 무기력한 피해자로서 등장한다. 드라마에 등장하는 도시 노인들 역시 크게 다르지 않은데, 다만 앞서 제시한 것처럼, 한국 드라마에는 현실에서 만나기 어려운 재벌회장님 또는 사모님의 모습도 빈번하게 등장한다. 그런

---

26) 정진웅, 위의 글, 325면.

데 후자는 드라마 세계에서 노년이 아니라 소위 상류층을 대표하는 모습으로 분류된다. 일단 상류층에 속하게 되면, 노인이라도 자신의 것을 지키고자 하는 욕망을 그대로 당당하게 드러내도 어색하지 않게 그려진다. 반면 상류층도 아니면서 자신의 욕망을 있는 그대로 드러낼 경우, 그 노인은 우습거나 추한 사람으로 그려진다.

수년 전 노년의 욕망을 그대로 드러냄으로써 큰 인기를 얻었던 〈거침없이 하이킥〉이라는 시트콤이 대표적이다. 젊은이들을 주 시청자 층으로 삼는 초저녁 시트콤에서 MBC의 이 프로그램처럼 노인들이 중요한 배역을 맡은 경우는 흔치 않다. 특히 한의사로 출연한 노인 이순재는 한동안 '야동순재'라고 널리 불릴 정도로 젊은이 못지않게 자신의 욕망을 솔직하고 적극적으로 드러내는 배역이었다. 3대가 함께 모여 사는 대가족에서 그는 거의 왕처럼 독선적으로 군림한다. 사실 그가 이렇게 당당할 수 있는 것은 여전히 가족의 생계를 책임질 수 있기 때문이다. 비록 자신보다 유능한 한의사 며느리에 밀려 직업인으로서 자주 낭패를 보는 것처럼 묘사되고 있지만, 여하튼 가족이 사는 집과 일터인 병원 모두 그의 재산이다. 그래서 전성희[27]가 묘사한 것처럼, 우리가 이상적으로 생각하는 현명하고 지혜로운 노인, 또는 젊은이의 말을 잘 수용하는 노인과 거리가 매우 먼 인물임에도 불구하고, 구체적으로 세상의 변화를 자기방식대로 해석하고 행동하는, 그래서 변화된 세상이나 가족을 이해하기보다는 대상을 윽박지르거나 화를 내는 인물임에도 불구하고, 그는 전혀 무

---

27) 전성희, 「TV 드라마에 나타난 노인 이미지와 노년에 대한 인식―시트콤 〈거침없이 하이킥〉을 중심으로」, 『드라마연구』 35, 한국드라마학회, 2011, 55~86면.

시당하거나 비난받지 않는다. 오히려 시청자들은 그가 젊은이처럼 행동하고 세상과 거침없이 충돌하는, 그래서 기존의 수동적인 노년 이미지에서 벗어나는 바로 그 부분에 주목하며 웃는다.

반면 이 시트콤에서도 그의 아내이자 할머니로 출연하는 나문희는 여전히 자신의 삶보다 가족의 삶을 우선으로 하는 배역이다. 그녀는 일하는 며느리 대신 3대가 살고 있는 집안의 온갖 일을 다 할 뿐만 아니라 이혼한 작은아들의 아이도 맡아 기른다. 아이를 업고 혼자서 집안일을 하는 것이 그녀가 프로그램에서 가장 자주 보여주는 모습이다. 그녀 역시 남편과 같이 3대가 살고 있는 집안의 어른이지만, 그녀의 의견은 의사결정 과정에서 중요하게 고려되지 않는다. 간혹 자신의 의견을 강하게 주장하기도 하는데, 그 대부분은 어떤 식으로든 문제로 이어지며, 다른 가족의 힘을 빌려 해결하는 것으로 마무리된다. 그래서 그녀의 목소리는 의견이나 주장, 조언이 아니라 주로 투정과 불평의 형태로 나타난다. 반면 그녀를 제외한 모든 여성배역들은 직업여성으로 등장한다. 이들은 선생님, 한의사, 예술인 등 다양한 직업에 종사하며 사랑과 성공에 관한 자신의 이야기를 전개한다. 다른 여성배역들과 달리 오직 노인인 그녀만이 과거의 어머니 모습으로 현재를 살아가고 있는 것이다.

이처럼 미디어의 재현체계에서는 같은 노인이라도 남성이냐 여성이냐에 따라 주체성과 욕망을 표현하는 정도에 차별성을 부여하는 것이 전형적이다. 이에 못지않게 노년의 재현방식에 차이를 가져오는 또 다른 요인은 경제력이다. 노년임에도 여전히 경제력을 유지할 경우, 그래서 미디어에 등장하는 그 수많은 상품과 서비스에 대한 고객의 지위를 유지할 경우, 그 노인은 '야동순재'처럼 기존의 노인 이미지에서 벗어난 새로운 유형의 노인으로 등장하는 것이 허용된다. 그런데 그 허용은 조건부다. 노년을 있는 그대로 보여주는 것이 아니라 젊음을 모방하거나 연장함으로써 가능한 한 노년을 감추어야 한다는 조건을 충족시킬 때 비로소 긍정성이 부여되기 때문이다. '성공적 노화(successful aging)'를 거친 '신노년' 집단이 바로 그들이다.

성공적 노화는 그냥 늙는 것이 아니라 잘 늙는 것(well-aging)을 의미한다. 이미 미국에서는 꽤 오래 전부터 '성공적 노화'로 집약되는 긍정적 노화모델이 새로운 노년학(New Gerontology)의 패러다임으로 자리 잡고, 대중매체에서도 적극적으로 노년의 긍정적 측면에 초점을 맞춘 신노년담론을 유포해오고 있다. 칸과 로우(Kahn & Rowe)는 노년담론의 이러한 변화가 당연한 것이라고 지적한다. 지난 수십 년 동안 미국에서 행해진 연구들은 사람이 나이가 들면 병들고 허약해진다는 편견을 깨뜨리고 있기 때문이다. 특히 노인이 사회에서 비생산적인 사람이라는 편견은 잘못된 척도와 공평하지 않은 기회가 결합되어 나타나는 매우 부당한 것이라고 연구자들은 지적한다. 편견과 달리 수많은 노인들은 보수를 받든 자원봉사이든 자신의 생산성을 증가시킬 준비가 되어 있고 기꺼이 그러고 싶어 하며, 실제로 그럴 능력이 있다는 것이다. 한마디로 미국노인들은 실제로 건강하다는 것이다. 신체적으로나 인지적으로 건강하고 무능하지 않으며, 인생에 적극적으로 참여하는 노인 인구가 미국의 노년세대를 주도하고 있기 때문이다.[28]

후기 산업 사회에 일찍 진입했던 서구 사회에 비해 비록 그 시작

---

28) Robert Kahn & John Rowe, 최혜경 · 권유경 역, 앞의 책, 53면.

은 늦었지만, 최근 한국 사회에서도 노년담론에 상당한 변화가 진행되고 있다. 이는 경제적 발전과 의학의 발달로 인해 건강하고 경제적으로 능력 있는 노년인구가 급증하면서, 이들을 대상으로 한 '안티에이징(anti-aging)' 상품시장의 잠재력 역시 급속하게 커지는 현상과 무관하지 않다. 미디어 산업은 의료 산업과 함께 그 잠재력을 재빨리 현실화하면서 우리 사회의 신노년담론을 주도하고 있다.

미디어 산업이 주도하는 신노년담론의 주요 특징은 한마디로 '젊음의 연장' 또는 '젊은 노인'이다. 이는 미디어의 유형과 무관하게 나타나는 공통적인 현상인데, 먼저 한국 사회의 지배적 담론의 주요 생산자로 일컬어지는 주류신문들의 경우, 늙음을 거부하고 왕성하게 활동하며 지속적으로 사회에 참여하는 것을 신노년의 공통적인 특징으로 제시한다.[29] 비주얼이 중시되는 텔레비전이나 영화에서는 이처럼 노년의 가치를 젊음 연장의 성공여부로 판단하는 경향이 더욱 강해진다. 그 결과 한국 사회의 영상 미디어 세계에서는 더더욱 삶의 한 과정으로서 노년을 자연스럽게 표현하는 노역들을 발견하기가 어렵다. 노인 배역을 연기하는 배우들의 얼굴과 몸의 나이가 거의 대부분 중년, 그것도 지나치게 젊은 중년에 멈춰있기 때문이다. 사실 이러한 경향은 비단 노년뿐만 아니라 중년 배우들에서도 나타난다. 중년이라도 주름살 하나 없는 팽팽한 외모를 유지하는 것이 배우의 의무라는 듯, 많은 배우들이 자신의 나이듦을 감추기 위해 의학의 힘을 빌렸다고 공개적으로 당당히 발언한다. 역으로 자신의 나이만큼 주름짐이나 쇠퇴함을 자연스럽게 표현하는 배우들은

---

29) 한경혜·윤성은, 앞의 글, 310면.

배우로서 가장 중요한 의무인 자기관리를 소홀히 한 것으로 비난받기도 한다. 그러나 어떤 배역인지와 무관하게 모든 남자배우들이 잘 다듬어진 식스팩 복근을 자랑하는 것이 미디어 세계를 매우 부자연스럽게 만드는 것처럼, 배역의 연령과 무관하게 모든 출연자가 젊고 팽팽한 외모를 유지하는 것 역시 매우 부자연스럽다. 더욱이 그 팽팽한 외모를 유지하기 위해 섬세한 감정표현에 필요한 얼굴근육의 움직임을 희생하는 것을 아무렇지 않게 여기는 풍토는, 배우의 기본이 무엇인지를 다시 생각하게 만든다. 이런 의미에서 비록 34살의 젊은 여배우지만, 스크린 위에 그대로 드러난 자신의 주름살을 '여자가 나이가 되면서 얼굴이나 몸이 변하는 것은 당연한 일이며, 관객들이 내가 나이 드는 것을 자연스럽게 볼 수 있는 기회'[30]라고 대답한 리즈 위더스푼(Reese Witherspoon)과 같은 배우들의 존재가 우리 사회의 미디어 세계에서도 절실해진다.

정진웅은 우리 사회의 주류미디어가 보여주는 이러한 '젊음 늘이기'는 사실상 늙어가는 과정을 '은폐'함으로써 기존의 부정적인 노년담론을 부정하는 것이 아니라 단지 회피하는 것이라고 주장한다. 그 결과 새로이 대두하고 있는 '영원한 젊음'의 신화는 기력이 약해지고, 병들고, 또 죽음에 근접해가는 등의 노년 고유의 경험에 대해 긍정적이든 부정적이든 간에 아무런 언급을 하지 않는, 곧 노년담론의 증발이라는 것이다. 나이듦에 필연적으로 부수되는 육체적 쇠퇴, 의존, 죽음 등의 과정에 아무런 도덕적, 영적인 의미를 부여하지 못하는 후기 산업 사회의 문화는 이제 육체적 쇠락이나 죽음과의 대면

---

30) 조선일보, 「첫 내한 리즈 위더스푼, "주름살보다는 내면이 중요" 일문일답」, 2012.2.23.

자체를 회피한다. 그 결과 문화가 의미부여를 포기한 늙음과 죽음의 과정은 혼란스러운 개인들이 사적으로 맞이해야 하는 삶의 과정이 된다.[31]

이처럼 노년의 성공을 젊음의 연장으로 간주하고 그 책임을 개인에게 돌리는 신노년담론은 표면상 노년에 대한 낙관론을 확산시키는 긍정적인 방향으로 작용하는 듯이 보이지만, 더 근본적으로는 노년을 신노년과 구노년으로 분리시켜, 서로 다른 방식으로 타자화시키는 결과를 낳는다. 젊음 연장에 성공하여 신노년이라 불리는 노인들은 노년만의 고유한 무엇인가를 만들어 내거나 표현하지 못한다는 점에서, 비록 사회적으로 인정받지만 여전히 자신이 아닌 타인의 삶을 살아야 한다. 반면 외견상 젊음 연장에 성공하지 못한 구노인들은 그들이 지닌 내면의 가치와 무관하게 자신의 인생을 소홀히 살아온 것으로 평가되며, 따라서 사회적 차별이 당연시되는 더욱 주변화되는 삶을 살아야 한다. 이에 대해 한경혜와 윤성은[32]은 주류 신문에 의해 구성되는 신노년담론이 지닌 의미를 크게 세 가지로 해석한다. 첫째, 신노년에 속하는 노인들은 대체로 '바쁜 노인들'인데, 이는 활동적으로 참여하는 삶에 대해 가치를 부여하는 일 중심 윤리가 지배하는 현대 사회에서, 노인들에게 삶의 어떤 연속성을 부여한다는 긍정적 의미를 지니지만, 그와 동시에 살아온 생애와 상관없이 현재의 활동성 또는 생산성으로만 노인의 가치가 평가됨을 의미하는 것이기도 하다. 이럴 경우 개인적 또는 구조적 이유로 인해 현재

---

31) 정진웅, 앞의 글, 319~329면.
32) 한경혜·윤성은, 앞의 글, 314~317면.

활동에 참여하지 못하는 노인들을 더욱 주변화시키는 결과를 가져
올 수 있다. 둘째, 자기계발과 자기관리에 힘쓰며 자립적으로 살아
가는 노인들을 신노인으로 지칭하며 이를 위해 젊었을 때부터 철저
한 계획과 준비가 필요하다는 논리 전개는, 성공적 노년의 책임을
전적으로 개인에게 귀속시키는 것이다. 이는 노년기에 증가하는 필
요들을 노인들 스스로 해결해야 할 책임으로 사사화(私事化)하며, 국
가의 공적 지원의 축소를 정당화하는 기제로 작용할 뿐만 아니라 결
과적으로는 노년기의 구조적 불평등을 더욱 악화시킬 수 있다. 셋
째, 신노인에 대한 이와 같은 긍정적 의미부여가 주로 구노인과의
대비장치를 통해 이루어진다는 점은, 신노인에 속하기 어려운 저소
득층 노인이나 장애노인, 초고령노인처럼 이미 주변화된 노인들을
더욱 주변화하는 결과를 가져올 수 있다.

Ⅳ. 결론 : 주체적 삶의 과정으로서 노년의 재구성

현대 사회에서 노년은 인생의 고유한 한 과정으로서 간주되지 않
는다. 칸과 로우(Kahn & Rowe)가 지적했듯이 현대 사회는 소위 사회
학자들이 말하는 '연령 계층적인 사회'인데, 관습, 법과 제도는 주로
연령에 기초하여 사람들이 할 수 있는 것과 할 수 없는 것을 구분하
기 때문이다. 아동의 취학 및 졸업연령, 음주가 허용되는 연령, 투표
할 수 있는 연령, 입대연령, 은퇴정년, 사회보장 혜택을 받을 수 있
는 연령 등이 순차적으로 정해져 있지만, 그러나 연령에 의한 계층
화는 여기까지다. 은퇴 후의 시간에 대해서는 백지 상태며, 따라서
노년은 역할이 없는 역할이며 인생에서 아무것도 기대되지 않는 시

기다. 연구자들은 이렇게 구조화되지 않은 것은 사회적으로 축복이
자 부담이라고 주장한다.[33]

그러나 연구자들의 주장과 달리 현대 사회가 노년에 아무런 요구
를 하지 않는 것은 아니다. 현대 사회는 노년을, 인생을 완성시켜나
가는 과정이 멈춘 그 이후의 기간으로 설정한다. 이미 인생을 완성
했기에 노년에 접어든 사람들은 더 이상 아무것도 꿈꾸지 않고 기대
하지 않는 것을, 그리고 자신의 쇠락과 쇠퇴에 따른 차별을 당연하
게 받아들일 것을 요구받는다. 만약 차별받지 않으려면, 노년이 아
닌 젊음을 유지할 것을, 구체적으로 젊은 외모와 신체를 유지하고,
경제적으로 독립된 삶을 유지하고, 적극적으로 인생에 참여할 것을
요구받는다. 그런데 이러한 삶 역시 노년이 인생의 내리막길이라는
대전제에서 크게 벗어나지 않는다. 젊음의 연장을 통해 인생의 내리
막길의 길이를 가능한 한 줄여보려는 것이기 때문이다.

우리 사회에는 이 지배적인 노년담론에 대한 대안담론들이 거의
존재하지 않는다. 물론 성공적 노화를 통해 젊음을 연장해서 '노년
도 할 수 있다'는 것을 부각시키는 낙관적 담론이 기존의 부정적 인
식 일색이었던 노년담론에 커다란 변화를 가져온 것은 분명하다. 그
러나 이 낙관적 담론 역시 노년이 아닌 젊음의 시각과 척도로 노년
을 재단한다는 점에서 기존의 부정적 담론과 크게 다르지 않다. 오
히려 낙관적 담론은 의료와 미디어 산업의 상업주의와 맞물려 자칫
노년을 우리 사회와 인생에서 아예 불필요한 시기로 낙인찍는 데 기
여할 수도 있다. 뿐만 아니라 낙관적 담론에서 유포하는 젊은 노인

---

33) Robert Kahn, & John Rowe, 최혜경 · 권유경 역, 앞의 책, 249면.

의 이미지들을 충족시키지 못하는 소위 구노인들을 더욱 소외시키고 차별하는 기제로 작용할 수도 있다. 따라서 이제 젊음의 연장이 아닌, 노년의 삶 그 자체가 주체가 되는 대안적 담론들을 적극적으로 모색할 때다.

그것은 우선 노년의 삶 그 자체를 우리 인생을 완성시켜가는 한 과정으로서 복원시켜야 함을 의미한다. 그리고 노년의 삶이 지닌 다양성을 인정해야 한다. 무엇보다도 과거처럼 노년의 존중을 위해 또 다른 인생의 과정들을 차별하는 방식이 되어서는 안 된다. 따라서 노년의 주체적 삶을 위한 대안 담론들의 출발은, 우리 인생을 누군가 정해놓은 똑같은 정상을 향해 올라가는 과정으로 설정하고, 행복은 정상에 오른 순간에 찾아온다는 사고에서 벗어나는 데서 시작해야 한다. 인생에서 정상은 저마다 다를 수 있으며, 한 사람의 인생에서 정상도 그것이 신체적인 차원이냐, 정서적 차원이냐, 지적 차원이냐, 경제적 차원이냐, 관계적 차원이냐 등에 따라 사뭇 달라질 수 있다. 무엇보다도 행복은 꼭 정상의 순간에 찾아오는 것이 아니다. 그럼에도 불구하고 우리 사회는 모두에게 동일한 정상을, 그것도 남보다 빨리 오를 것을 요구한다. 그러다 보니 행복은 항상 유예되거나 아니면 지나가버린다. 그러나 많은 현자들이 지적하듯이 행복은 항상 지금 여기(here and now)를 소중히 여길 때 얻어지는 것이다.

따라서 노년은 인생 절정 이후의 쇠락과 쇠퇴의 시기가 아니라 행복이 머무는 지금 여기가 여전히 지속되는 시기다. 다만 그 행복이 다가오는 방식이 젊은 시대와 차이가 있을 뿐이다. 우리는 이 차이를 인정해야 한다. 그렇다고 그 차이를 무조건 예찬할 이유도 없다. 노년이 무조건 가치 있다고 역설할 것이 아니라, 노년이기 때문에 지닐 수 있는 다양한 아름다움과 가치들을 찾아내어 젊은 세대의 그 것들과 조화를 이룰 수 있는 방안을 모색해야 한다. 또한 그 방안 모색이 전적으로 노인 개개인의 책임이 되어서는 안 된다. 노년의 아름다움과 가치를 찾는 일은 죽음과 늙음이 이미 인생의 한 과정으로 프로그래밍 되어 있는 모든 인간들에게 매우 중요한 의미를 지니기 때문이다. 따라서 김기봉이 제안한 노년의 인문학, 구체적으로 인생의 마지막 장을 어떻게 장식할 것인가를 진지하게 성찰하는 것[34]은 비단 노인만이 아니라 우리 모두에게 절실하게 필요한, 그래서 공동체가 적극적으로 지원해야 할 영역이다.

공동체의 지원에 있어 우리 사회는 서구 사회에서 찾아보기 힘든 영역이 존재한다. 그것은 가족과 농촌과 같은 전통의 영역에 남겨진 것들이다. 서구 사회는 일반적으로 독립적인 삶과 생산적인 삶, 적극적인 삶에 가치를 부여해왔고 공동체 또는 관계보다 개인을 중시해왔다. '성공적 노화'나 '신노인' 등은 사실 서구의 이러한 가치관이 충실히 반영되어 있는 담론이며, 노인들만 거주하는 매우 다양한 유형의 주거형태의 발달은 그 가치관이 현실화된 대표적인 사례다. 따라서 비록 서구화의 급속한 진전으로 그 흔적이 많이 사라지긴 했지만, 그럼에도 불구하고 여전히 '관계'와 '상호의존성'을 중시하고 '세대가 함께 어우러지는 공동체'의 전통이 남아 있는 우리 사회에 서구의 '신노인'을 그대로 접목시키는 것은 바람직하지 않다. 바로 이러한 점에서 우리 사회의 가족과 농촌은 서구의 신노인을 우리 방식으로 새롭

---

34) 김기봉, 「인생 연극 종막으로서 노년 – 노년의 인문학을 위하여」, 『드라마연구』 35, 한국드라마학회, 2011, 27면.

게 구성해낼 수 있는 무대가 된다. 그 무대 위에 우리는 세대 간 독립과 의존이 적절히 조화를 이루는 다양한 삶의 모습들을 담아내야 한다.

우리는 SBS에서 방송되었던 드라마 〈인생은 아름다워〉에서 그 가능성을 발견할 수 있다. 아름다운 제주도에서 펜션을 운영하는 주인공 가족은 3대가 한 곳에 모여 살지만, 저마다의 생활공간과 생활방식을 독자적으로 유지한다. 사실 이처럼 한곳에 모여 살지만 서로 독립적인 공간과 일상을 유지하는 것은 제주도의 오래된 전통이기도 하다. 물론 이곳에서도 세대간 갈등은 끊임없이 발생한다. 하지만 그 갈등들은 어느 한 세대의 일방적 고집이나 양보에 의해서가 아니라 서로의 가치관을 인정하고 이해하려는 노력들에 의해 해결된다. 이곳에서 노년은 존중받지만 군림하지 않으며, 경제적 · 사회적 주도권을 젊은 세대에게 넘겨주지만 젊은 세대에 의존하지 않으며, 자신의 가치관을 고집하지 않지만 가족들의 문제를 해결하는 데 깊은 조언의 대상자가 된다. 여기서 중요한 것은 이와 같이 노년과 젊은 세대들이 함께 어우러지는 삶의 무대가 가족을 넘어서 다양한 무대들로 확산되어야 한다는 것이다. 최근 귀농과 농촌 초등학교 활성화가 가져온 농촌 마을의 복원도 그 한 예가 될 수 있으며, 농촌의 두레를 도시생활에 접목시키고 있는 도시 마을들의 형성도 그 한 예가 될 수 있다.

젊음의 연장이 아닌 노년 그 자체를 인생의 한 과정으로 인정하고 풍요롭게 만드는 것, 그리고 노년이 그 과정에 주체가 될 수 있도록 우리 사회가 함께 지원하는 것, 바로 이것이 우리 사회의 노년인문학이 되어야 할 것이다.

노년담론의 **역사 · 철학**적 성찰

노인, 인류의 진화를 인도하다 **강인욱**
『대학공의(大學公議)』를 통해 본 다산 정약용의 노년담론 **신명호**
인간 도리의 근원, 공자의 효사상 **장세호**

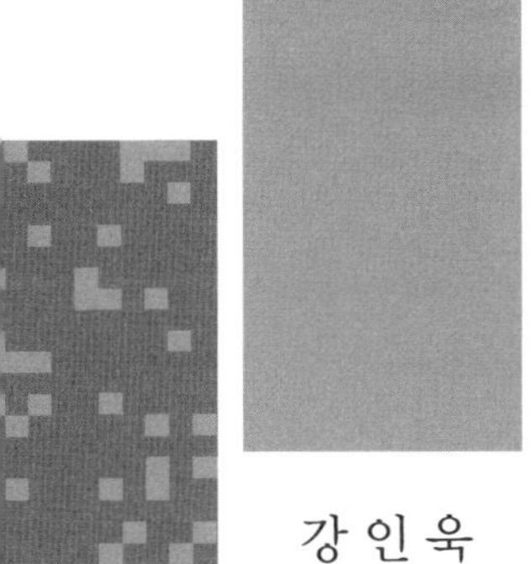

노인, 인류의 진화를 인도하다

강인욱

노인, 인류의 진화를 인도하다

I. Lucy in the sky with diamonds

1972년 에티오피아의 계곡에서 인류의 기원연구에 획기적인 자료로 평가받는 화석이 발견되었다. '루시'라는 닉네임으로 더 친숙한 이 230만 년 전에 살았던 여성의 인골은 전체 골격에서 약 40%가 발견되었다. 전체 인골의 40%가 발견되었다는 것은 일반인들에게는 잘 다가오지 않겠지만, 고고학계에서 본다면 사실상 가능성이 거의 0%에 가까운 기적이다. 만약 아프리카의 사바나 벌판에서 누군가가 죽어서 버려졌다고 상상해보자. 먼저 표범이나 사자 같은 육식동물이 먼저 뜯어먹고 나중에는 하이에나, 독수리가 나머지를 마저 뜯어먹을 것이다. 그렇게 뼈만 버려지고 사계절이 바뀌기를 수십 년 반복된다면 과연 그 뼈들이 남아있기나 할까? 그렇게 죽어서 버려진 230만 년 전에 버려진 인류 조상의 뼈가 거의 반 가까이 남아있었던 것은 차라리 기적에 가까운 놀라운 성과이다.

루시의 발견으로 인간은 어떻게 진화해왔는가에 대한 많은 정보를 찾을 수 있었고, 지금도 새로운 발견들이 계속되고 있다. 매년 '인류의 기원 규명'이라는 기사가 포털에서 몇 번씩 올라오는 것을 봐도 알 수 있다. 사람들은 흔히들 '인간의 진화'라고 하면 네 발로 기다가 구부정한 자세, 그리고는 마지막에는 똑바로 걷는 인간의 진화도를 떠올린다. 또, 고고학이나 인류학에 관심이 있는 사람들이라면 뇌의 용적이 어떻게 커왔는가를 떠올리기도 한다. 어디 인류의 진화라는 이야기가 한두 마디로 끝날 것인가. 타임머신이 발명되지 않는 한 인류의 진화는 인간에게는 영원한 화두일 것이다.

'루시'라는 이름이 이 유인원에게 붙여진 경위는 당시 발굴단이 숙소에서 인골 발견을 축하하면서 틀어놓은 음악이 비틀즈의 'Lucy in the sky with diamonds'이기 때문이라고 한다. 저 하늘에서 다이아몬드와 함께 떠다니는 루시처럼 뜬구름을 잡고 있었던 인류의 진화에 대한 연구는 이 인골로 구체화되었고, 또 현재도 진행 중이다.

Ⅱ. 유인원에게 노인이란 의미는?

그런데 우리가 인류 진화를 이야기할 때에 쉽게 지나치는 하나의 사실이 있다. 바로 수없이 발견되는 고인류 화석의 나이를 보면 호모 에렉투스의 경우 나이가 11~12세 정도였고, 오스트랄로피테쿠스의 단계에서는 8~9세에 불과했다고 한다. 초기 유인원의 가임시기가 5~6세에서 시작한다고 보면, 평생 여자가 낳을 수 있는 자식의 수는 많아야 5~6명 정도가 된다. 유인원들은 육식동물의 단골 사냥감이었고, 야생이라는 환경을 감안한다면 자식들 중에서 가임기까지 도달할 수 있는 수는 2~3명 정도면 다행이었을 것이다. 그런데 평균 연령이 8~9세라면 조금 늦게 낳은 아이들이 1~2세일 때 이미 어머니는 사망한 상태가 되었다는 계산이 나온다. 본능으로만 사는 동물과 달리 사회적인 생활을 하며 지식들을 후천적으로 습득해야 하는 유인원들은 다른 식으로 사회적인 교육을 받아야 한다. 하지만 유인원의 평균연령만 보면 도저히 이들은 사회적인 체제를 꾸릴 수 없다는 결론이 나온다. 그래서 유인원들이 사회를 만들어서 진화를 계속할 수 있는 데에는 노인의 존재가 필수적이었다. 어미가 없는 아이들은 자기 집단에 속한 다른 연장자가 키우지 않으면 안 되기 때문이다. 초기 유인원이 소가족이 아니라 대가족 체제로 무리를 지어서 살았으며, 운 좋게 생을 오래 연장할 수 있었던 노인은 생존의 노하우를 후속 세대에 전달해야만 했다. 즉 노인은 생존에 위협을 느끼며 하루하루 살아가야 했던 유인원들이 인류로서의 지혜를 전달하기 위한 지식의 저장고였던 동시에 후대에게 전달하는 매개체였다.

Ⅲ. 두 발로 걷는 업보

일반인들이 생각하기에 우리의 선조들은 슬기롭게 다양한 도구를 사용하며 거대한 동물들을 사냥하는 사바나 초원의 강자였을 것으로 생각하지만, 실상은 전혀 그렇지 않았다. 유인원들에게 직립보행이라는 선택은, 사실 목숨을 거는 진화는 발달된 두뇌와 지혜를 얻는 대신에 너무나 많은 동물적인 장점을 포기해야 하기 때문에 어쩌면 집단의 생존을 위협하는 위험한 진화였다. 나무 위에서 살던 유인원은 초원으로 내려오면서 두 손을 자유롭게 쓰면서 두 발로만 보행을 하게 되었다. 원래 힘도 약한 데다가 두 발로만 걷게 되니 그 보행속도는 더더욱 느려지게 되었다. 그러니 하이에나나 표범과 같은 육식동물의 단골 사냥감으로 전락할 수밖에 없었다. 또한 직립보행을 하면서 피가 하체로 쏠리고 허리에 엄청난 압력이 가해진 탓에 허리 디스크, 치질, 탈장과 같은 동물에게는 없는 병들이 생겨났고, 지금도 현대인들의 고질병으로 여전히 남아있다. 한편, 직립보행에 따라 인간의 지혜는 비약적으로 증가하게 되면서 두뇌가 커진 탓에 인간의 진화는 또 다른 복병을 만나게 되었다. 바로 머리가 지나치게 커진 탓에 출산은 사선을 넘나드는 고행의 과정으로 바뀐 것이다. 인간의 두뇌는 빠른 속도로 커져갔지만, 여성의 골반과 산도(産道)까지도 그에 맞추어 넓어질 수는 없었다. 그러니 아이가 출산과정에서 좁은 어미의 산도를 통과하는 과정은 차라리 기적에 가까운 일이었다. 아이의 여린 두뇌 뼈는 제대로 붙어있지 않은 채로 산도를 통과하며 길쭉하게 늘어나서 그 두께를 최소화해서 통과해야 했다. 좁은 산도를 통과하는 몇 초간에 아이는 질식 상태가 되기 때문에 산도에서 제대로 빠져나올 수 없을 경우 목숨을 잃을 것이다. 또한 아이의 머리가 조금이라도 커서 어미의 골반보다 크거나 산도를 지나갈 수 없을 정도라면 곧바로 어미의 출혈로 이어지고, 그는 곧 산모와 아기 모두의 죽음을 뜻했다. 현대 의학이 발달하기 전까지 출산은 곧 어미나 아이에게 목숨을 건 큰 생사의 갈림길이었던 것은 당연한 일이었고, 그것은 직립보행의 업보라고도 할 수 있었다.

인간의 두뇌발달이라는 진화는 인간 신체구조와는 정반대의 방향으로 진행되었기 때문에 출산과정은 인류 생존의 커다란 걸림돌이 되었다. 인간이 계속 두뇌발달을 할 경우에 출산과정에서 죽음에 이르는 비율이 높아져 결국은 멸종을 할 것이고, 두뇌발달을 멈추어 출산에 이롭게 할 경우 나약하기만 한 인간은 곧 다른 육식동물들에 의해서 씨가 말랐을 것이다.

이러한 인간의 직립보행이라는 '업보'는 자칫하면 인류의 생존 자체를 위협할 수밖에 없는 수준이었다. 이러한 모순된 진화의 스트레스를 해소하는 것이 바로 노인의 존재였다. 인간이 어머니의 복중에서 인간에게 필요한 모든 지혜를 머릿속에 담았다가는 제대로 태어날 수 없다. 그러니 인간의 몸이 출산을 견딜 수 있을 정도로만 두뇌와 머리 크기를 발달시킨 후에 출산을 하게 되었다. 대신에 덜 발달된 두뇌는 태어난 이후에 사회적으로 양육되어서 인간에게 필요한 나머지 지식을 습득하게 하는 절충적인 방법이 태동한 것이다.

말이나 소 같은 포유류 동물들은 태어나자마자 잠시 후면 어미 곁에서 걸어 다니며 금방 세상에 적응을 한다. 하지만 인간은 태어난 당시의 상태는 거의 인간으로서의 구실을 못하며, 제대로 보행을 하는 데에도 2~3년이 족히 소요된다. 두뇌 역시 두개골이 서로 붙고 하나의 인격체로 성장하는 데에는 수년의 시간이 걸린다. 앞에서 본 것처럼 초기 유인원은 자신들의 평균 연령이 높지 않은 상태에서도 이와 같은 사회적인 진화과정을 선택했다. 그리고 그러한 선택에는 그 유인원의 집단에서 가장 나이가 많은 구성원, 즉 노인의 역할이 전제되어야 했었다. 직립보행이라는 위험한 인간의 선택 뒤에는 바로 노인의 역할이 숨어 있었으며 만약 노인이 없었다면 인간의 진화는 현재와 같이 이루어지지 않았을 것이라 해도 지나친 과언은 아닐 것이다.

Ⅳ. 고려장, 그 검증되지 않은 신화

인간이 자연과 맞서며 직립보행을 시작하던 시절이 지난 후에 문명을 이루어 살던 시절에 노인들은 어떻게 대접받았을까? 노인들을 생산력이 없다는 이유로 푸대접했을까? 노인의 역할을 과소평가하는 입장에서 생각한다면 얼른 '고려장'이라는 단어가 떠오른다. 하지만 이것은 이야기일 뿐 실제 역사기록에서는 찾아볼 수 없는 이야기일 따름이다.

사실 노인을 내다버리는 이야기는 한국뿐 아니라 불교설화에도 있고, 몽골, 중국, 일본 등에도 널리 퍼져있다. 원래 고려장은 실제 풍습을 말하는 것이 아니라 효를 권장하기 위해서 일종의 경고하는 의미로 널리 퍼져있었던 얘기다. 비단 한국뿐 아니라 중국, 일본 등에 널리 퍼져있었던 이 이야기는 크게 두 가지로 그 내용이 전개가 된다. 첫 번째는 불경인 『잡보장경(雜寶藏經)』 제1권에 기록된 기로국(棄老國) 설화가 대표적으로, 노인을 내다버리라는 국법을 어기고 몰래 집에서 아버지를 모시고 있다가 왕이 내는 어려운 문제를 못 풀어서 벌을 받기 직전에 숨겨놓은 아버지가 해결해서 반대로 상을 받는다는 내용이다. 두 번째는 우리가 알고 있는 고려장 이야기로 할아버지를 갖다버리는 아버지를 책하는 손자의 이야기로 구성되어 있다. 고려장 이야기가 한국에서 널리 퍼지던 시기는 일제강점기 때로 여러 이야기책을 통해서 효를 강조하던 시점이었다. 실제로 고려장이라는 풍습은 『고려사』나 『조선실록』 같은 정사(正史)는 물론, 다른 기록을 보아도 실제 있었다는 증거를 찾아볼 수 없다. 만약 그러한 설화대로 실제로 노인들을 동굴이나 토굴에 놓아두었다는 고고학적인 조사도 전혀 제출된 바가 없다. 그렇다면 왜 하필 '고려장' 이라는 이름을 붙여서 마치 한국사람들의 풍습인 양 오해하게 되었을까. 두 가지로 그 설명이 가능하다. 첫 번째로는 막연히 '옛날 옛적에' 라는 뜻으로 쓰던 '고릿(高麗)적' 이라는 말과 관련되었을 수 있다. 즉 막연하게 옛날 고릿적 시절의 장례풍습이라는 뜻으로 '고릿장' 또는 '고려장' 이라는 말을 썼을 수 있다. 두 번째로 '고려장' 이라는 용어가 널리 확산된 시점은 일제강점기였다. 식민지 치하 한국에서 '고려공사삼일', '엽전' 등 자기비하적 용어가 널리 쓰이던 시절이었다. 그러니 '고릿적 옛날에…' 라는 뜻으로 만들어진 '고려장' 이 '우리가 원래 그런 놈이지…' 라는 자학적인 의미로 별 거부감 없이 통용되었을 가능성이 크다. 전통적인 효를 권하기 위해 만들어진 설화에 자기비하적 표현이 더해져 사실처럼 받아들여지게 된 것은 어찌 보면 식민지와 한국동란을 거치면서 변화하던 한국인의 자화상이었다. 어쨌든, '고려장' 이라는 말의 뉘앙스를 오해해서 마치 노인을 경시하는 것이 우리의 '진짜' 전통문화 풍습이고, 효사상은 이후에 유교사상이 전래된 뒤에 후천적으로 만들어진 풍습이라고 오해하는 것은 옳지 않다.

그렇다면 '고려장' 이라는 이야기는 갑자기 나온 것일까. 옛 역사 기록을 보면 사람이 죽으면 장사를 곧바로 지내지 않고 몇 달, 심하면 몇 년을 임시로 두는 '빈(殯)' 이라는 풍습이 있다. 예컨대, 백제의 무령왕은 523년 5월에 세상을 뜬 것으로 되어 있지만, 장례일은 525년 8월로 2년 넘게 빈(殯)을 했었다. 또 최근까지도 전라도에 남아있었던 초분(草墳)도 결국은 이러한 빈이라는 풍습의 일종이다. 빈이라는 풍습이 생기게 된 데에는 여러 가지가 있다. 추운 지방의 경우 땅이 얼어붙은 겨울에는 장사를 지낼 수 없으니 무덤을 만드는 시간까지 임시로 시신을 안치해야 했다. 심지어는 시베리아의 원주민인 에벤키족의 경우처럼 아예 무덤을 만들지 않고 나무로 관을 만들어서 숲속의 나무 위에 걸어놓는 경우도 있다. 또, 우리나라의 삼국시대처럼 부부를 합장하는 풍습이 있다면 부부를 모두 합장하려면 몇 년씩 기다려야 할 경우가 비일비재했을 테니 무덤을 제대로 완성시키는 동안 임시로 거처를 마련해서 시신을 보관해야 했었다. 한편, 왕이나 귀족의 경우 무덤을 만들고 장례를 준비하는 데에 수년의 시간이 걸렸을 것이다. 이런 저런 이유로 시신을 모셔두는 풍습은 옛날에 일반적이었다. 그리고 빈이라 함은 사자(死者)를 완전히 저승으로 떠나보내지 않은 채 이승에서 우리와 같이하는 기간이기 때문에 시신의 거처를 따로 마련해서 마치 살아있는 사람처럼 공양을 했을 것이다. 이렇게 빈이라는 풍습이 와전되어서 마치 산사람을 다른 거처로 옮겨놓는 것으로 비추어질 수도 있겠고, 아마 그러한 과정에서 고려장이라는 엉뚱한 이야기가 된 것 같다.

V. 늙은 말에 길을 물어라

'효(孝)' 라고 하면 마치 성리학을 수용한 영향으로 조선시대에 형성된 옛 풍습 정도로 경시하는 사람도 있다. 하지만 인간 사회에서 노인의 존재는 인간이 인격을 가진 고등생명체로 살아가고 진화하는 데에 필수적이었다. 인간은 진화하면서 뇌의 용량이 커져갔다. 하지만 사회를 만들고 비약적으로 증가하는 정보의 홍수는 단순히 뇌의 용량 확대만으로 해결할 수는 없었을 것이다. 생물학적 인간의 한계와 인격체로서의 인간 지능의 진화라는 모순적인 상황은 바로 사회 집단 속의 노인이라는 존재로 해결될 수 있었다. 인간이 영장류에서 인류로 진화를 시작하는 그 순간부터 노인은 자신들이 진화해온 그 과정들을 고스란히 담은 저장고요, 또 그것을 후손들에게 전달하는 매개체였다. 그래서 늙을 수 있다는 것은 인간에겐 행복이자 특권이며, 또 인간만이 가지고 있는 생존의 특성이다. 노년이 있다는 것은 다른 동물에서는 찾아보기 어려운 상황이다. 생활능력이 없다면 대부분 집단에서 도태가 되어 굶어죽거나 다른 짐승의 먹이가 되기 때문이다. 하지만 인간에게 노년은 그 집단이 생존에 필요한 여러 가지 지혜를 담은 창고였고 또 그러한 생활의 지혜는 인류의 진화를 성공적으로 진행시킨 원동력이 되기도 했었다. 통찰력과 앞날에 대한 대비는 바로 늙은 자들의 몫이었고, 신은 인간에게 진화를 허락하면서 늙을 수 있는 권리를 준 것이 아닐까?

늙은 말에 길을 묻는 고사는 기원전 7세기에 중원을 제패했던 제나라의 환공(桓公)과 관련된 기록에 나온다. 당시 제 환공은 관중의 도움을 받아 중원의 여러 나라를 침략하던 산융족을 토벌했었다. 산융이라는 민족은 현재의 북경에서 동북쪽으로 한참 가면 나오는 초원지역에서 살던 무시무시한 집단이었다. 머나먼 삭막한 유목민족의 땅에 원정을 와서 고생하던 중에 결국 혹독한 겨울이 찾아오고, 제나라의 군사는 길을 잃어서 꼼짝없이 얼어 죽게 되었다. 추운 초원의 유목민들이 흔히 쓰는 전술이었다. 나폴레옹의 군대가 모스크바를 침공했을 때에도, 또 히틀러의 나치군대가 러시아를 침공했을 때에도 추운 겨울을 지나면서 자멸했던 것을 봐도 알 수 있다. 그러자 관중은 늙은 말의 고삐를 풀었고 그 늙은 말은 앞길을 인도해서 모두 무사히 빠져나올 수 있었다고 한다. 사실, 늙은 말이 길을 잘 인도한다는 것은 실제로 검증되지 않은 우화이다. 아마도 늙은이들의 지혜를 거두어서 활용했던 제 환공과 관중에 대한 비유적 이야기일지도 모른다. 늙은 말에 길을 묻는 지혜는 지금도 필요하다. 최근 미디어 매체의 다양화와 인터넷의 발달로 세상을 둘러싼 정보의 양은 개인이 감당할 수 없을 정도로 팽창되었다. 즉 정보의 바다에서 허우적대지 않고 우리에게 필요한 정보를 골라내고 방향을 제시하는 통찰력이 필요할 수밖에 없다. 인간 사회와 기술의 진화는 계속되고 있지만, 지난 수백만 년간 그래왔듯이 인간에게 노인의 지혜는 여전히 필요하다.

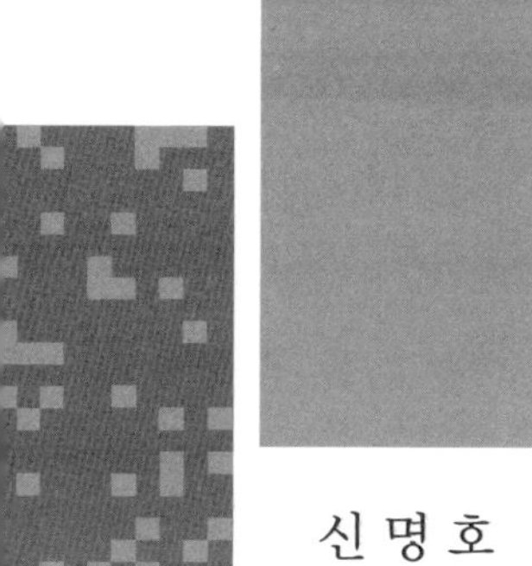

『대학공의(大學公議)』를 통해 본 다산 정약용의 노년담론

신 명 호

『대학공의(大學公議)』를 통해 본 다산 정약용의 노년담론

Ⅰ. 머리말

다산 정약용은 20대에 정조의 지우를 받았다. 다산이 남인임에도 불구하고 중앙정계에 진출할 수 있었던 것은 정조의 탕평정책 때문이었다. 이때 다산은 채제공, 이가환, 이승훈 등 남인계 그 중에서도 성호 이익의 제자들과 밀접한 관련을 맺었다. 따라서 다산의 경학은 성호학파의 흐름을 잇고 있었다고 할 수 있다.

다산은 20대에 정조의 지우를 받은 이래 왕의 내밀한 측근으로서 정조의 왕권강화에 적극적으로 참여하였다. 정조 당시 가장 민감한 정치 사안이었던 임오화변(壬午禍變)에 대하여도 다산은 정조의 입장에 서 있었다.

정조는 즉위 후 영조 대에 형성된 외척세력을 제거하고 자신의 왕권을 확립시키기 위하여 홍국영과 연결된 노론청류(老論淸流) 그리고 남인들을 대거 등용하였다.[1] 이 같은 정치적 배경 속에서 다산 역시 정조의 측근으로 중용되었던 것이다.

그러나 1800년 정조가 죽자 상황은 급변하였다. 정조의 뒤를 이은 순조는 즉위 당시 11세에 불과한 어린이였다. 이에 당시까지 생존해 있던 영조의 둘째 왕비 정순왕후 김씨가 수렴청정을 실시했다. 정순왕후 김씨가 수렴청정을 실시하면서 왕후의 친정인 경주 김씨 일파가 일시에 정국을 주도하였다. 이후 순조의 생모 친정집인 반남 박씨, 순조의 처 집안인 안동 김씨 그리고 순조의 사돈집인 풍양 조씨 등 몇몇 노론 외척가문이 정치를 좌우하는 세도정치가 시작되었다.

세도정치는 정조대의 탕평책을 부정하는 것에서 시작되었다. 외척 세도가문은 비변사의 고위직을 독점하여 정치를 좌우하였다. 이에 따라 왕과 국가 관료기구, 과거제 등은 급격히 약화되었다. 또한 정조대의 탕평정국을 주도했던 노론청류와 남인들이 쫓겨났다. 이 와중에서 다산 정약용도 천주교 신자로 몰려 유배에 처해졌다.

다산 정약용에 대한 연구는 너무나 많아 일일이 열거할 수도 없을 정도이다. 이처럼 다산 정약용에게 관심이 집중된 이유는 실학에 대한 관심이 중요한 배경이었다. 실학이 식민사관, 특히 정체성론을

---

1) 영조와 정조대의 정치사에 대하여는

　　박광용, 「탕평론과 정국의 변화」, 『한국사론』 10, 서울대 국사학과, 1985.

　　유봉학, 「18, 19세기 노론학계와 산림」, 『한신대논문집』 3, 한신대, 1986.

　　최봉영, 「임오화변과 영조말 정조초의 정치세력」, 『조선후기 당쟁의 종합적 검토』, 한국정신문화연구원, 1992.

　　박광용, 「19세기 전반의 정치사상」, 『국사관논총』 40, 국사편찬위원회, 1992.

　　홍순민, 「19세기 왕위의 승계과정과 정통성」, 『국사관논총』 40, 국사편찬위원회, 1992 등 참조.

극복할 수 있는 유력한 분야로 인식되면서, 다산 정약용에 대한 연구는 폭발적으로 늘어났다. 따라서 정약용을 보는 시각도 근대적인 면을 강조하는 측과 복고적인 면을 강조하는 측으로 나누고 있다.

개인의 사상은 그가 선천적으로 타고난 기질, 능력과 함께 그가 처한 가정적, 사회적, 정치적 요인 등 다방면에 의해 영향을 받는다. 필자는 다산 정약용이 조선후기의 유력한 정치인이자 유학자로서 파악한 사회인식과 사회문제 그 중에서도 노년문제에 대한 인식과 대안에 대하여 주목하였다.

다산 정약용의 사상에서 발견되는 강한 실천 요구는 관념적 주자학의 극복 또는 원시유학으로의 회귀라는 측면에서 논의되곤 했다. 즉 주자학에 대한 비판을 근대적 사상으로의 발전으로 보거나 또는 원시유학으로의 회귀로 파악하는 것이었다. 그러나 다산 정약용의 사상을 파악할 때 그가 처한 정치적 입장을 너무 무시한 채 사상 자체로서만 접근하면 현실적 요인을 무시하는 결과를 초래할 수 있다.

주지하듯이 조선왕조는 왕과 양반관료에 의해 운영되었다. 그리고 이 체제를 움직인 이념은 문치주의였다. 그러므로 조선시대 권력투쟁은 관념적이고 의례적인 이론투쟁을 수반하는 것이 보통이었다. 이와 함께 조선시대 지식인들은 학파와 당파에 따라 그들의 이론을 전개하기 일쑤였다.

다산 정약용은 주로 성호학파 인물들과 교류하며 그들의 영향을 받았다. 그러므로 다산 정약용의 경학도 이들과의 관계 속에서 파악하는 것이 합리적일 것이다.

다산 정약용은 정조 15년에 실시된 『대학(大學)』 월과(月課)에서 『대학』의 궁극적 지향점과 실용성을 효(孝), 제(悌), 자(慈) 세 가지에 있다고 답하였다. 이 논리에 정조는 크게 공감하여 정약용을 장원으로 뽑았다. 이때 다산 정약용이 주장한 효, 제, 자의 논리는 그대로『대학공의(大學公議)』까지 이어진다.

『대학공의』는 다산 정약용이 주희의『대학장구(大學章句)』를 비판적으로 검토한 저작물이다.

다산 정약용이『대학공의』에서 주장한 효(孝), 제(悌), 자(慈) 논리는 근본적으로 가정의 윤리이다. 즉 효는 부모과 자식간에, 제는 형제간에 그리고 자는 부모과 자식간에 윤리이다. 그런데 이중에서 가장 중요한 효(孝)를 사회적으로 확장하면 노년의 문제로까지 확대된다. 본 글에서는『대학공의』에 나타난 효(孝)의 논리를 통해 다산의 노년 담론을 이해해 보고자 하였다.

Ⅱ. 고려 말『대학장구』의 수용과 노년담론

『대학장구(大學章句)』는『예기』의 한 편인『대학(大學)』을 주자가 장별로 종합적으로 해설하여 만든 책이었다.『대학장구』서문에 의하면 주자는 '국가가 백성을 교화하고 풍속을 이루는 뜻과 배우는 자가 몸을 수신하고 치인하는 방법에 다소의 도움이 있을 것 같아 참람함을 무릅쓰고'『대학장구』를 만들었다고 하였다. 서문은 순희(淳熙) 기유(己酉)로 되어 있는데, 이때는 남송의 효종(孝宗) 때로서 서기 1189년이었다. 그 때는『주자가례』가 작성된 1169년으로부터 20년 뒤였고 주자의 나이 60살이었다.

본래『예기』의『대학』은 '대인지학(大人之學)'이란 말인데 그 뜻은

'대인의 학문' 즉 '지도자의 학문'이었다. 『대학』은 이른바 '수기치인(修己治人)'의 논리를 간결하게 요약하였다는 점과 북송의 사마광이 『예기』에서 『대학』을 분리하여 『대학광의(大學廣義)』를 지었다는 점이 높이 평가되면서 송나라 유학자들에게 중요시되었다. 결정적으로 조선시대의 양반들이 존경해 마지않았던 주자가 『대학장구』를 지어 『논어』, 『맹자』, 『중용』과 함께 사서(四書)의 하나로 정립함으로써 『대학』은 주자학에서 빼놓을 수 없는 경전으로 존중되었다. 이런 배경에서 제2의 주자로 칭송되는 진덕수(眞德秀)가 대학을 해설한 『대학연의(大學衍義)』를 편찬하였고 그 후 명나라 때에 구준(丘濬)의 『대학연의보(大學衍義補)』도 등장하게 되었다.[2]

그런데 『대학장구』가 작성된 12세기 이후로 고려는 송나라와 외교적으로 단절상태에 있었다. 1127년에 송나라가 북쪽의 여진족이 세운 금나라에 밀려 강남지역으로 후퇴하자, 고려는 금나라와 외교관계를 맺고 송나라와는 외교를 단절했던 것이다. 따라서 주자가 세상을 떠난 직후에는 고려와 송나라 사이에 직접적인 외교교류나 문물교류가 불가능했다. 이런 상황에서 『대학장구』 같은 주자의 저작이 곧바로 고려에 수용되기는 어려웠다. 주자의 저작이 고려에 수용된 것은 송나라가 멸망하고 원나라(1271~1368)가 들어선 이후였다. 이

---

2) 유명종, 「조선의 건국이념과 『대학연의』」, 『퇴계와 橫說 竪說』, 동아대 출판부, 1990.

　　윤정분, 『大學衍義補硏究』, 연세대 대학원 박사학위논문, 1992.

　　지두환, 「조선전기 『대학연의』이해과정」, 『태동고전연구』 10집, 1993.

　　송정숙, 「조선조에 있어서 四書의 수용과 전개」, 연세대 대학원 석사학위논문, 1994.

　　송정숙, 「『大學衍義』가 조선조 통치이념서 편찬에 미친 영향」, 『서지학연구』 12, 1996.

　　조남욱, 「세종의 정치이념과 『대학연의』」, 『유교사상연구』 23, 2005.

와 관련하여 다음과 같은 역사기록이 있다.

> 고려 충렬왕 16년인 경인년(1290)에 〈그때 안향 선생은(1243~1306) 나이 48이었다.〉 선생은 원나라의 수도에 머무르며 주자의 저서를 손수 베꼈다. 또 공자와 주자의 초상화를 본떠 그렸다.〈그때는 주자의 저서가 아직 세상에 널리 유행하지 않았는데, 안향 선생이 처음으로 그 책들을 보고 마음에 스스로 몹시 좋아하게 되었다. 안향 선생은 주자의 저서가 공자 학파의 정통임을 알고 마침내 그 저서들을 손수 베끼고 또 공자와 주자의 초상화를 본떠 그려 가지고 고려로 돌아왔다. 이때부터 주자의 저서를 연구하여 넓고도 정밀한 공부의 경지에 깊이 도달하였다. 3월에는 왕을 호종하여 원나라에서 돌아왔다.[3]

이 기록에 의하면 안향은 48살에 중국의 북경에서 주자의 저서를 처음보고 그 내용에 크게 감명 받아 직접 베꼈을 뿐만 아니라 그것을 고려로 가지고 들어와 연구했다. 그 때가 1290년 3월이므로 공식적으로 주자의 저서가 고려에 들어온 시점은 13세기 말이 된다. 『대학장구』가 작성된 지 백여 년 지난 후였다.

안향이 주자의 저서를 보고 첫눈에 감명 받은 이유는 그가 평상시 고려의 불교에 비판적인 반면 유학에 호의적이었기 때문이다. 안향은 36살에 국자감의 국자사업(國子司業)에 제수되었는데, 그때 「학궁(學宮)에서」라는 시를 지은 적이 있었다. 그 시에서 안향은 불교가 횡횡하는 현실을 이렇게 개탄하였다.

---

3) "十六年庚寅〈先生四十八歲〉 留燕京 手抄朱子書 摹寫孔子朱子眞像〈時 朱子書未及盛行於世 先生始得見之 心自篤好 知爲孔門正脈 手錄其書 摹寫孔朱眞像而歸 自是講究朱書 深致博約之功〉 三月丁未 從王還自元"(『회헌선생실기(晦軒先生實紀)』, 연보).

곳곳에 향불 밝혀 부처에게 기도하고, 집집마다 피리 소리 귀신을 섬기네.
외로운 두어 칸 공자의 사당에는 봄풀만 뜰에 가득 찾아오는 이 없구나.[4]

　안향은 불교를 억누르고 유학을 진흥시킬 방도를 고민하던 중 주자의 저서를 보았던 것이다. 하지만 안향에게 그토록 큰 감명을 주었던 주자의 저서가 무엇인지는 알려지지 않았다. 안향이 『대학장구』를 보았는지의 여부도 알 수 없다. 다만 안향은 주자의 핵심사상이 들어있는 저서들을 두루 보았던 것은 분명하다.

　주자의 저서를 처음 보았던 때로부터 8년 후인 1298년에 안향은 다시 원나라 수도에 갈 기회가 있었는데, 그 기회에 문묘(文廟)를 방문하고 학관들과 주자의 성리학을 토론하였다. 그때 안향이 주자의 성리학을 완벽하게 설명하여 학관들이 안향을 ‘동방의 주자’라고 불렀다고 한다.[5] 이로 본다면 지난 8년간 안향은 주자의 성리학에 관련된 저서들을 두루 학습했다고 생각된다. 따라서 안향이 원나라 수도에서 베껴서 들여온 주자의 저서는 상당한 종류에 달했을 것으로 보인다.

　게다가 안향은 1303년에 원나라의 강남에 사람을 보내 주자신서(朱子新書) 등 많은 자료들을 구입해 왔다. 당시 안향은 “고려에 경적(經籍)이 구비되지 못한 것을 근심하던 차 강남에는 아직도 송나라 왕실의 예물이 남아있고 또한 주자신서가 많다는 말을 듣고 특별히 박

---

4) “香燈處處皆祈佛　簫管家家盡祀神　獨有數間夫子廟　滿庭春草寂無人”(『晦軒先生實紀』, 詩, 題學宮).

5) “二十四年戊戌〈先生五十六歲〉(중략) 留燕京 謁文廟〈(중략) 仍辯論性理 合於朱子說 學官等大加敬歎왈 此東方朱晦菴也〉”(『회헌선생실기(晦軒先生實紀)』, 연보).

인문학자, 노년을 성찰하다

사 김문정 등을 강남에 보내 널리 구입해 오게"[6] 했다고 한다. 만약 안향이 1290년에 『주자가례』와 『대학장구』를 베껴서 들여오지 않았 다면 1303년에 구입해 왔을 가능성이 높다. 따라서 『대학장구』는 빠 르면 1290년 아니면 늦어도 1303년에는 고려에 유입되었을 가능성 이 있다.

안향은 62살이던 1304년에 국자감에 섬학전(贍學田)이라는 장학재 단을 마련하고 대성전이라고 하는 공자사당도 마련하였다. 수많은 자료와 넉넉한 장학금이 마련되자 '경적(經籍)을 옆에 끼고 수업하는 사람이 문득 수백 명에 달하여 교실이 비좁아 다 수용할 수 없을 정 도였다. 모두 경서에 통하고 옛 것을 배우는 것으로 일삼았다.'[7]고 할 정도로 국자감은 발전했다. 당시 국자감에서는 『대학장구』 같은 주자의 저작이 공식적이든 비공식적이든 학습되었을 가능성이 매우 높다.

국자감을 발전시킨 안향은 학생들에게 절대적인 영향력을 행사했 다. 안향은 조회가 끝나면 곧바로 국자감으로 가서 학생들과 종일 토론했다고 하는데,[8] 대부분 주자의 저서를 이용한 성리학 토론이었 을 것이다. 안향은 55살이던 1297년부터 주자를 사모하여 집에다가 주자의 초상화를 모시고 아침저녁으로 참배하였을 뿐만 아니라 자

---

6) "二十九年癸卯〈先生六十歲〉(중략) 先生又東方經籍不備 聞江南猶存宋室禮物 又多朱子 新書 特送博士等于江南廣購"(『회헌선생실기(晦軒先生實紀)』, 연보).

7) "橫經授業者 動以數百計 齋舍殆不能容 皆以通經學古爲事"(『회헌선생실기(晦軒先生實 紀)』, 연보).

8) "三十年甲辰〈先生六十二歲〉(중략) 先生每朝退入館門 諸生隨教官後 分庭序立 行禮升堂 請學 竟日討論"(『회헌선생실기(晦軒先生實紀)』, 연보).

신의 호까지도 주자를 따라 회헌(晦軒)이라고 하였다.[9] 안향은 자신
이 공부하여 터득한 주자 성리학을 열성적으로 학생들과 토론했을
것이다.

그런데 안향이 토론한 주자 성리학은 형이상학적이기보다는 일상
생활과 직결된 생활예절 중심이었던 듯하다. 예컨대 안향은 1304년
에 국자감의 학생들에게 이런 훈시를 했다.

성인의 도는 일상생활의 윤리에 지나지 않는다. 아들이 되어서는 효도
해야 하고 신하가 되어서는 충성해야 한다. 가정은 예(禮)로 다스리고 벗
과는 신(信)으로써 사귀며 자기 자신은 경(敬)으로 수양해야 한다. 또한 일
을 실천하는 것은 반드시 성(誠)으로써 해야 한다. 그런데 저 불교도들은
부모를 버리고 출가하여 윤리를 업신여기고 의리를 어그러뜨리니 곧 오랑
캐의 무리이다. 근래에 병화로 인하여 학교가 피폐됨으로써 선비는 학문
을 할 줄 모르고 배우는 이들은 불경을 탐독하여 어둡고 허황된 교리를 신
봉하니 나는 이를 매우 슬퍼한다. 내가 일찍이 중국에서 주자의 저술을 보
니 성인의 도를 밝히고 선불(仙佛)을 배척하여 그의 공이 공자와 짝할 만
하였다. 그러니 공자의 도를 배우려고 하면 먼저 주자를 배우는 것보다 좋
은 것이 없다. 여러 학생은 신서(新書)를 돌려가며 읽고 학문에 힘써서 소
홀하지 말라.[10]

---

9) "二十三年丁酉〈先生五十五歲〉(중략) 遂精構一堂於居第後 奉孔朱眞像 朝夕瞻謁 以寓敬
慕 仍號晦軒"(『회헌선생실기(晦軒先生實紀)』, 연보).

10) "聖人之道 不過日用倫理 爲子當孝 爲臣當忠 禮以齊家 信以交朋 修己必敬 立事必誠而
已 彼佛者 棄親出家 蔑倫悖義 卽一夷狄之類 近因兵戈之餘 學校頹壞 士不知學 其學者
喜讀佛書 崇信其杳冥空寂之旨 吾甚痛之 吾嘗於中國 得見朱晦菴著述 發明聖人之道 攘
斥仙佛之學 功足以配仲尼 欲學仲尼之道 莫如先學晦菴 諸生行讀新書 當勉學無忽"(『회
헌선생실기(晦軒先生實紀)』, 유국자제생(諭國子諸生)).

안향의 이런 가르침은 그가 공부한 주자의 저작에 기초했을 것이다. 예컨대 안향이 언급한 "성인의 도는 일용윤리에 지나지 않는다."는 것은 『소학』의 첫머리에 언급되어 있는 내용 즉 "옛날 소학에서는 마당 쓸고, 응대하고, 나가고 물러나는 절도를 가르쳤으며 부모를 사랑하고 어른을 공경하며 스승을 높이고 벗을 친해하는 도리를 가르쳤으니, 이는 모두 수신제가치국평천하의 근본이다."라는[11] 것과 유사하다. 또한 『근사록』의 "대체(大體)에 관계되는 것과 일용에 절실한 것을 함께 뽑아서 이 책을 만들었다."[12]는 주자의 언급이나, 『주자가례』의 사당(祠堂) 편에서 "이 편에 저술된 것은 모두 이른바 집에서 일용할 상례(常禮)이니 하루라도 닦지 않을 수 없다."[13]고 한 내용과도 유사하다. 이로 본다면 안향은 국자감의 학생들과 함께 『대학장구』를 토론했을 가능성이 매우 높다.

하지만 이것은 어디까지나 가능성일 뿐 역사기록으로 확인되지는 않는다. 역사기록을 통해 주자의 저작이 분명하게 고려로 수용되었다는 것은 백이정(1247~1323)을 통해 확인된다. 안향의 제자였던 백이정은 원나라 수도 북경에 들어가 주자의 저작을 공부한 후 귀국할 때 많은 저작들을 가지고 왔다.[14] 그 해는 1314년으로 안향이 세상을 떠난 1306년으로부터 8년 후였다. 백이정이 원나라에서 들여온 주자의 저작은 사서장구집주(四書章句集註) 즉 『논어』, 『맹자』, 『중

---

11) "古者小學 敎人以灑掃應對進退之節 愛親敬長隆師親友之道 皆所以爲修身齊家治國平天下之本"(『소학』, 서제(書題)).

12) "共撥取其關於大體而切於日用者 以爲此編"(『근사록』).

13) "此篇所箸 皆所謂有家日用之常禮 不可一日而不修自"(『주자가례』, 사당).

14) 『담암일집(淡庵逸集)』, 백문보.

용』, 『대학』에 대한 주자의 집주였다. 『대학』에 대한 주자의 집주가 바로 『대학장구』였으므로, 1314년에 『대학장구』가 고려에 들어왔다는 사실은 역사기록으로 확인된다. 백이정이 가져온 사서집주를 권부가 국가에 건의하여 대량 간행함으로써 주자의 성리학은 고려사회에 더욱 널리 퍼졌다.[15]

안향의 제자인 백이정에게서 이제현(1287~1367), 박충좌(1287~1349) 등이 공부하였다. 이들 안향, 백이정, 이제현, 박충좌 등이 주자의 저작을 통해 주자사상을 공부한 초기세대 고려인들이었다.[16] 이후 이들의 교육활동 또는 교유활동을 통해 주자학을 공부하는 사람들은 점점 늘어났다. 이와 함께 주자의 저작들도 점점 더 많이 고려로 유입되었다.

『대학장구』는 고려의 초창기 주자학자들 사이에 널리 퍼졌다. 뿐만 아니라 국왕의 경연 교재로까지 이용되었다. 이제현은 충목왕 때 주자의 사서집주를 경연 교재로 사용하자고 주장하였는데, 이때의 사서는 물론 주자의 사서장구집주였다. 당시 충목왕이 『대학장구』를 비롯한 사서장구집주로 경연을 했는지 확인되지는 않는다. 하지만 『고려사』에 의하면 공민왕(1330~1374) 때 윤택이 경연에서 『대학연의』를 강의했다는 내용이 있으므로, 늦어도 공민왕 때에는 사서장구집주를 비롯하여 『대학연의』가 경연에서 이용된 것은 확실하다고 하겠다. 이는 공민왕 때에 고려의 초창기 주자학들의 영향력이 크게 증대하였기에 가능했다.

---

15) 『고려사』 열전, 권부(權溥).
16) 고혜령, 『고려후기 士大夫와 性理學 受容』, 일조각, 2001, 57~94쪽.

공민왕에 의해 등용된 신진사대부들은 무장 이성계와 손잡고 정치권력을 장악하면서 국가정책을 좌우하게 되었다. 그들은 『대학장구』를 위시한 주자 성리학을 근거로 국가와 사회를 재편하고자 했다. 그런 상황 속에서 『대학장구』에 제시된 친족윤리, 사회윤리가 사회 전반으로 확산되었다.

『대학장구』 중의 친족윤리, 사회윤리를 대표하는 것은 '급인(及人)' 윤리였다. 『대학장구』의 '급인(及人)' 윤리를 가장 명확하게 보여주는 내용은 '노노(老老)', '장장(長長)' 그리고 '휼고(恤孤)'에 관한 것이다. '노노'는 남의 집 노인을 나의 집 노인처럼 여긴다는 뜻이고, '장장'은 남의 집 어른을 나의 집 어른처럼 여긴다는 뜻이며, '휼고'는 남의 집 홀어미의 아이를 나의 집 아이처럼 여긴다는 뜻이다. 이 중에서 노노에 언급된 대상은 바로 노인이고 이에 대한 담론이 바로 노년담론이라 할 수 있다. 주자는 '치국, 평천하' 부분에서 '노노', '장장' 그리고 '휼고'를 이렇게 이야기한다.

> 이른바 평천하가 치국에 있다고 하는 것은 윗사람이 '노노' 하면 백성들에게서 효도하는 기풍이 일어나고, 윗사람이 '장장' 하면 백성들에게서 공손한 기풍이 일어나며, 윗사람이 '휼고' 하면 백성들이 배반하지 않게 되는 것을 뜻한다. 그러므로 군자에게는 평천하에 적합한 수단이 있다.

위에 언급된 윗사람이란 일차적으로는 최고 권력자 임금을 의미한다. 최고 권력자 임금이 가난한 집의 노인을 자기 집 노인처럼 섬기고 가난한 집 어른을 자기 집 어른처럼 모시며 또 가난한 집 홀어미의 아이를 자기 집 아이처럼 돌본다면 백성들이 모두 그것을 본받을 것이라는 뜻이다. 그렇게 된다면 온 나라의 가정문제는 물론 사회문제도 해결될 것이다. 그것이 바로 치국이고 그것이 바로 평천하라는 것이다.

그러나 『대학장구』의 윗사람이 꼭 최고 권력자 임금이기만 한 것은 아니었다. 위에서 언급된 대로 윗사람은 곧 군자이기도 했다. 군자는 유교지식인에 다름 아니었다. 최고 권력자 임금이 노노, 장장, 휼고를 솔선하고 또 유교지식인들이 노노, 장장, 휼고를 실천한다면 천하의 모든 가난하고 어려운 이웃들이 사라질 것이라는 것이 주자를 비롯한 유교지식인들의 믿음이었다. 이 같은 생각은 다산 정약용역시 마찬가지였다. 다만 세부적인 측면에서 다산은 『대학장구』에 비판적인 시각을 갖고 있었다.

Ⅲ. 다산의 『대학공의』 저술과 노년담론

『대학장구』에 대한 다산 정약용의 견해는 『대학강의(大學講議)』와 『대학공의(大學公議)』를 통해 살펴볼 수 있다. 이 중 『대학강의』는 정조 13년(1789) 봄에 신료들이 정조 앞에서 『대학』을 강론한 것을 기록한 것이다. 『대학공의』는 정약용이 유배지에서 저술하여 완성한 것이다. 따라서 『대학장구』에 대한 다산 정약용의 견해는 『대학공의』에 집성되었다고 할 수 있다.

다산과 정조의 관계에서 『대학』은 주목을 요하는 책이다. 정조 15년 내각(內閣)의 월과(月課)에서 정조는 『대학』을 시험과목으로 하였다. 이때 다산은 『대학』의 궁극적인 지향점과 실용성은 효(孝), 제(悌), 자(慈) 세 가지에 있다고 답하였다. 다산이 이와 같은 주장을 한 이유는 『대학』의 핵심 개념인 '명명덕(明明德)'을 평천하(平天下)의 구체적인 인륜으로 파악했기 때문이었다. 이에 대하여 정조는 크게 만족하여 다산을 장원으로 발탁하려고 하였다. 그러나 당시 시험관인 채제공이 다산의 명덕(明德) 해석이 주희의 『대학장구』와 어긋난다고 하여 2등으로 강등되었다. 여기에서 알 수 있는 사실은 『대학』의 명덕(明德)에 대한 다산과 정조의 견해가 유사하면서 동시에 주희의 명덕(明德) 견해와 달랐다는 점이었다. 명덕(明德)에 대한 견해 차이는 『대학』 전반에 대한 견해 차이로 이어졌다.

주희는 『대학』의 8조목 중에서 격물(格物), 치지(致知), 성의(誠意), 정심(正心), 수신(修身)까지를 명덕(明德)을 밝히는 일로 보았다.[17] 따라서 치인(治人)을 하기 위해서는 먼저 명덕(明德)에 해당하는 위의 조목들을 실행하여야 한다. 그렇다면 명덕(明德)은 무엇인가? 이에 대하여 주희는 다음과 같은 언급을 하였다.

명덕(明德)이란 사람이 하늘로부터 얻은 것이다. 이는 허령불매(虛靈不昧)하여 여러 이치를 갖추고 있으며 모든 일에 응답한다. 다만 기품(氣稟)에 구속되고 인욕(人欲)에 막히게 되면 때때로 어두워진다. 그러나 그 본체의 밝음은 그침이 없다. 그러므로 학자는 마땅히 그 발(發)하는 것을 밝혀서 근본을 회복해야 한다.

위의 이론은 바로 주자학의 심(心), 성(性), 천(리)론(天(理)論)의 요체이다. 즉 천리(天理)의 이(理)가 인간에게 들어와 성(性)이 된다고 하는 입장에서 사람은 이 성(性)을 회복, 유지해야 한다는 것이다. 따라서 주희는 수신(修身)의 중심을 자기 자신 속의 성(性)을 회복하고 유지하

---

17) 주희, 『대학장구』.

는 데 있다고 하였다.

반면 다산은 주희와는 전혀 다른 견해를 제시하였다. 즉 다산은 명덕(明德)을 효(孝), 제(悌), 자(慈)라고 간단명료하게 파악했던 것이다. 이것은 명덕(明德)을 관념적으로 해석한 것이 아니라 실천윤리로 파악한 것이라 할 수 있다. 이에 따라 다산은 주희가 명덕(明德)을 허령불매(虛靈不昧)라고 관념적으로 해석한 것에 대하여 다음과 같은 비판을 가하였다.

> 허령불매(虛靈不昧)와 심통성정(心統性情)을 이(理)라 하기도 하고 기(氣)라 하기도 하고 명(明)이라 하기도 하고 혼(昏)이라 하기도 한다. 이와 같은 설에 대하여는 비록 군자들이 이에 뜻을 두고 있기는 하지만 이는 결코 옛날 태학에서 사람을 교육하던 제목은 아니었다.

다산은 선왕시대 대학의 교육에는 아예 허령불매(虛靈不昧) 자체가 없었다고 하였다. 이에서 나아가 다산은 허령불매(虛靈不昧)를 불교의 주장으로 이해하기도 하였다. 이는 다음의 인용문에서 찾아볼 수 있다.

> 허령불매(虛靈不昧)한 본체를 잡아가지고 뱃속에 넣어둔 채 그것의 진실 되고 망령됨이 없는 이치를 돌이켜 살펴보려고 하는데, 이는 모름지기 평생토록 가만히 앉아서 말없이 자기 뱃속을 관찰한다면 바야흐로 아름다운 경지에 이를지도 모르지만 그렇게 되면 이것은 좌선(坐禪)이 아니고 무엇이겠는가?

다산은 명덕(明德)을 효(孝), 제(悌), 자(慈)라고 하는 인륜으로 파악함으로써 격물(格物), 치지(致知), 성의(誠意), 정심(正心), 수신(修身) 등 『대학』의 8조목을 삶 속에서의 앎과 실천으로 구체화할 수 있었다.

이는 다음의 인용문에서 확인할 수 있다.

> 평생토록 공부를 한다고 해도 안다는 일이 부족하다. 그러니 언제 실천
> 할 수 있단 말인가? 장중성(張仲誠)은 '안다는 것은 곧 수신(修身)을 실천
> 하는 것이다. 이는 즉 지행(知行) 일치이다. 만일 하나의 외물(外物)로서
> 수신(修身)을 행한다면 이는 수신(修身)이라는 그 위에 오히려 하나의 지
> (知) 자가 부족하다.'고 하였다. 이는 매우 정확한 말이다. 근세의 선비라
> 해서 그를 가볍게 생각해서는 안 될 것이다. 치지(致知)는 곧 지(知)이며
> 성의(誠意)는 곧 행(行)이니 그 나머지 것을 굳이 알아야 할 필요가 없다.

한편 행(行) 즉 실천과 관련된 성의(誠意)에 대하여 다산은 다음과
같이 언급하였다.

> 다만 닭 울 무렵에 일어나 성의(誠意)를 다하여 부모님 잠자리의 문안을
> 드린다면 부모에게 효도하는 사람이 될 것이다. 먼동이 터 오는 이른 아침
> 에 조정에 나가 성의(誠意)를 다해 군왕의 잘못을 바로 잡는다면 군왕에게
> 충성하는 자가 될 것이다. 머리 흰 늙은이의 뒤를 따라 길을 갈 때 그의 부
> 담을 나누어진다면 어른에게 공경하는 자가 될 것이다. 죽은 사람의 외로
> 운 자손들을 달래주며 성의(誠意)로써 불쌍히 여겨 준다면 어린 고아에게
> 자애로운 자가 될 것이다.

다산은 주자학의 핵심개념인 명덕(明德)을 효(孝), 제(悌), 자(慈)라고
하는 인륜으로 파악하였을 뿐만 아니라 유교의 핵심개념인 인(仁) 역
시 효(孝), 제(悌), 자(慈)라고 하는 인륜으로 파악하였다. 즉 다산은
"어질 인(仁) 자는 두 사람을 뜻한다."고 하였으며, "효(孝), 제(悌)가
바로 인(仁)이다. 인(仁)이란 총괄해서 말하는 것이고 효, 제란 분할해
서 말하는 것이다."라고 하였다.

그런데 효(孝), 제(悌), 자(慈)라고 하는 인륜은 근본적으로 가족 구성원 간의 인간관계에서 나타나는 인륜이었다. 즉 효(孝)와 자(慈)는 부모와 자식 간에, 제(悌)는 형제간에 적용되는 인륜이었던 것이다. 다산 역시 효(孝), 제(悌), 자(慈)를 가족 구성원 간의 인륜으로 보았는데, 그것은 다음의 인용문에서 명확하게 드러난다.

> 인(仁)이란 두 사람인 것이다. 아버지를 효(孝)로써 섬기면 인(仁)이라 하는데 아들과 아버지 두 사람인 것이다. 형을 제(悌)로써 섬기면 인(仁)이라고 하는데 형과 아우 두 사람인 것이다. 아들을 자(慈)로써 기르면 인(仁)이라 하는데 아버지와 아들 두 사람인 것이다.[18]

이처럼 가족 구성원 간의 인간관계를 중심으로 파악된 인간관계는 곧바로 사회와 국가 내의 인간관계로 확장된다. 다산 정약용이 가족과 사회 그리고 국가 내의 인간관계를 상호 연속적으로 파악한 것은, "효로 아버지를 섬기면 인이다. 형을 공손하게 섬기면 인이다. 충으로 임금을 섬기면 인이다. 벗과 믿음으로 사귀면 인이다. 자애로 백성을 다스리면 인이다."는 언급에서 명확해진다. 특히 노년담론과 관련되는 효(孝)의 사회적, 국가적 확산에 대하여 다산 정약용은 이렇게 설명하고 있다.

> 『대대례(大戴禮)』에서는 천자가 춘추로 태학에 들어가서 국로(國老)들을 앉혀 놓고 간장을 들고 친히 그들을 대접하니, 효도를 밝히려는 것이라고 했다. 내가 생각하건대 이것은 태학에서 천자가 노노하는 예법이다. 여기에서 국로라 한 것은 공, 경, 대부로서 70이 되면 벼슬을 그만두고 고향

---

18) 정약용, 『대학공의』.

으로 돌아가 노년을 보내는 사람들이다.

『예기』문왕세자(文王世子)에서 이르기를, ‘한 가지 일을 행하고 세 가지 좋은 것을 다 얻게 되는 사람은 오직 세자뿐이다.’ 하였다. 이는 문왕세자가 학궁에서 나이로 따지게 됨을 말한 것이다. 세 가지 좋은 것 중에서 첫째는, 문왕세자가 학궁에서 나이로 따지니 나라 사람들은 이것을 보고, ‘장차 우리들의 임금이 될 것인데 나와 더불어 나이로 사양하는 것은 왜입니까?’ 하고 물으면, ‘부모가 계시면 마땅히 예절이 그런 것입니다.’ 라고 대답한다. 그러면 뭇 사람들은 부자 사이의 도리를 알 것이다. 둘째는 ‘장차 우리들의 임금이 될 것인데 나와 더불어 나이로 사양하는 것은 왜입니까?’ 하고 물으면, ‘임금이 계시면 마땅히 예절이 그런 것입니다.’ 라고 대답한다. 그러면 뭇 사람들에게 군신 사이의 의리가 나타나게 될 것이다. 셋째는 ‘장차 우리들의 임금이 될 것인데 나와 더불어 나이로 사양하는 것은 왜입니까?’ 하고 물으면, ‘장장 하는 것입니다.’ 라고 대답한다. 그러면 뭇 사람들은 장유의 예절을 알게 될 것이다. 부자, 군신, 장유의 도를 얻으면 나라가 다스려질 것이다. 내가 생각하건대 이는 태학에서 천자가 거행하는 장장의 예법이다.

『예기』월령(月令)에 의하면 중춘에는 유아들을 부양하고 여러 고아들을 살리며, 중추에는 쇠약한 노년들을 부양하며 안석과 지팡이를 준다고 하였다. 내가 생각하건대 이는 태학에서 천자가 거행하는 휼고의 예법이다.[19]

위에서 보듯이 다산 정약용은 왕이 효, 제, 자를 솔선하기 위해 태학에서 노노, 장장, 휼고의 의례를 거행할 것을 주장하였다. 이 같은 방법을 통해 다산 정약용은 가정의 노년문제를 사회적으로 그리고 국가적으로 중요한 의제로 삼아 해결하고자 했다고 할 수 있다.

---

19) 정약용, 『대학공의(大學公議)』.

장 세 호

인간 도리의 근원, 공자의 효사상

인간 도리의 근원, 공자의 효사상

Ⅰ. 서언

사실 종법을 바탕으로 한 서주의 예는 시간이 지나면서 차츰 붕괴되어 갔다. 예가 붕괴되어 가고 있는 가운데 공자는 유교의 종교적 의범(儀範)인 제사 재(齋) 기도에 관계되는 것을 건립하였다.[1] 그리고 예의 이론화 작업을 처음으로 공자가 시도하였다. 공자는 바로 인간 사회의 도덕적 행위를 위한 이론적 근거를 제시한 최초의 인물이라 하여도 과언이 아니다. 그 점은 유학이 지니고 있는 인문주의의 특색에서 바로 나타난다고 할 수 있을 것이다.

사실 당시의 유학은 주대에서부터 시행되어 온 종법사회체제가 춘추시대를 맞이하여 상당히 변질되었으며, 또한 종법사회를 유지

---

1) 湯恩佳,「孔子對東亞文明的貢獻」(代序), 劉學智 主編, 『關學南冥學與東亞文明』, 社會科學文獻出版社, 2007, 3면 : 孔子建立了儒敎的宗敎儀範 祭祀 齋 祈禱.

하여 온 예가 제대로 적용되지 않았다. 원래 주공(周公)이 제정한 예가 비록 많지만 그 주요점을 크게 두 계통으로 나누면, 그 친한 바를 친하는 것인 친친과 마땅히 존경해야 할 바를 존경하는 존존(尊尊)인데[2] 이러한 친친 존존을 위시한 예의식이 사회가 혼란하면서 인식의 변화가 일어난 것이다. 그것은 봉건체제의 기본적인 골간인 종법사회가 혼란하여짐으로써 부차적으로 일어나게 된 결과이다. 이러한 무렵 공자는 혼란한 사회의 질서를 바로잡기 위하여서는 무엇보다 예에 대한 새로운 인식이 필요하다고 보고 예에 대한 새로운 의미를 부과하였다고 할 수 있다. 그것은 종법사회를 유지하여 온 예가 그 기능을 제대로 발휘하지 못하여, 예의 기능을 상실함과 동시에 예가 변질되는 것에 기인하는 것이다. 뿐만 아니라 시대가 바뀜에 따라 기존의 예만 고집할 수는 없으며 변천하는 시대에 맞는 새로운 예가 필요하였던 것이다. 바로 예에 대한 새로운 의미의 전개를 위하여 공자는 인(仁)이라는 개념을 창안하게 된 것이다. 인을 통하여 예의 의미를 새롭게 정립할 뿐만 아니라 단순한 실천적인 예를 학문적인 영역으로 끌어 들이는 계기가 된 것이다. 이전에 상례자로서만 활동하던 유자들이 공자를 위시로 하여 소위 오늘날 원시유학이라고 하는 하나의 학파를 형성하게 되는 계기를 마련하게 된 것이다.

---

2) 牟宗三, 정인재, 정병석 공역, 『中國哲學特講』, 형설출판사, 1985, 67면.

Ⅱ. 종법

1. 형성배경

상(은)나라까지만 하더라도 왕위 계승이나 가통의 계승자는 적장자가 아닌 형제 계승, 숙질 계승 혹은 숙부가 조카의 뒤를 잇거나, 연장자 계승 등 여러 가지의 형태로 유지되었다. 그것은 오랜 관습과 전통으로 이어져 오던 것이기에 특별히 문제가 된 것은 아니었다고 본다. 바로 은나라에서 시행되어 온 예가 주로 종교적인 의례를 바탕으로 한 것이다. 은나라의 문화는 상제의 숭배가 대표적이다. 상제를 숭배하는 것 외에 조상신이나 자연신도 숭배하였는데 그러한 숭배의 표현으로 주로 제사를 지내게 된다. 각 숭배의 대상에 대한 제사는 주로 왕의 고유한 임무로 주어지게 된다. 왕의 역할은 정치적인 것과 종교적인 것으로 나누어 볼 수 있는데, 제정이 미분화된 상태에서의 주된 임무는 제사를 통한 권력의 중앙집권화와 권력의 통제를 위한 주술적인 측면도 없지 않은 것이다.

반면에 주나라가 집권하고 나서는 종교적인 상제는 천으로 대체되면서 왕의 역할도 은나라와는 달리 바뀌게 된다. 이전의 종교적 임무를 수행하던 것은 전문적인 예에 종사하는 사람을 따로 두고 행하고 왕은 덕으로써 정치를 하는 제도를 마련한 것이다. 소위 덕치, 예치를 내세우게 된다.

종교적인 측면에서 시행되던 것을 제도화하여 종묘와 사직을 설치하게 되었다. 조상신과 자연신에게 행하던 제사를 종묘와 사직에서 하게 되면서 거기에 해당되는 의례가 제정이 된 것이다. 나아가 국가

의 중대한 일뿐만 아니라 정치, 사회, 문화를 위시한 국민들의 삶에
도 새로운 예가 적용이 된 것이다. 소위 관혼상제를 위시한 오례, 육
례 그리고 왕가에서 실시되는 제반 행사 등이 의례로서 제정이 된 것
이다.

이러한 전반적인 제도의 변화에 가장 기본적으로 적용되는 것이
바로 종법이다. 혈연을 바탕으로 한 인간관계를 단적으로 표현한 것
이 종법이다. 혈연관계를 통하여 제사를 지내는 가운데 나타나는 종
(宗)의 개념이 가장 중심적이라 할 수 있다. 이러한 혈연을 전제로 한
제사는 씨족사회에서부터 유래된 것이다.

원래 씨족사회에 있어서 각 종족마다 종이 있었으며, 그 종을 계
승하는 법도 생겨나게 되었다. 더군다나 사회조직의 기본단위가 씨
족에서 가족제로 변화하게 되고 특히 부권적 가족제도가 점점 발달
해짐에 따라 승계법이 나타나게 된 것이다. 종법은 이러한 사회적
변화에 따라 재산과 신분 그리고 지위의 계승을 위하여 생겨나게 되
었는데 적장자를 위주로 하였다. 적장자에게 승계하는 것은 조상에
대한 제사의 임무를 주된 것으로 보기 때문이다. 씨족의 유대는 어
디까지나 혈계(血系)에 있었으며, 동일의 혈계 혹은 소급하면 모두
하나의 시조에 근원을 두고 있다. 시조로부터 그 아래로 근간이 되
는 것은 대종이 되고 지족은 소종이 되며, 대종과 소종 모두가 동일
한 본족인 것이다. 또한 합족(合族)의 방법은 조상에게 제사를 지낼
때로서 가장 엄격하고 정연하게 된다. 이렇게 제를 지낼 때 동일한
족이지만 각각 그 종계에 따라서 존비의 순서대로 하였다. 바로 제
사를 지내기 위해서 여러 족인이 오게 되며, 거기에서 각각의 명이
정해지는 것이다. 즉 부·모·자·부(婦) 등으로 명(名)이 정해지는

것이다.[3] 즉 명이라는 것은 종법사회에서는 어디까지나 혈연을 바탕으로 하기 때문에 출생과 더불어 이미 정해지는 것이다. 바로 출생과 더불어 자기 자신의 역할이 정해지는 것과 마찬가지다. 여기서 말하는 역할이란 어디까지나 혈연사회인 종법사회에서의 자기에게 주어진 명에 따라 행위하는 것을 말한다.

이러한 종법을 정치적으로 제도화한 것이 바로 종법제도[4]이다. 종법의 이러한 내용을 정치에 적용하여 국가를 안정적으로 통치하고자 마련한 제도가 봉건제도이다. 봉건제도는 혈연을 바탕으로 적장자 계승을 통하여 국가를 보존하고자 하는 것으로 주나라 정치제도의 특색이다. 이러한 봉건제도는 종법을 전제로 한 유가의 이상적인 정치제도이다. 또한 수기치인으로 표현되는 유가의 통치방법도 인격수양을 전제로 한 것이지만 한편으로는 혈연을 바탕으로 한 것임을 알 수 있다. 자기와 혈연적으로 가까운 사람을 우선적으로 친한 것은 당연하다. 그렇게 때문에 자기와 가까운 사람에게 잘하지 못하는 사람은 상대적으로 소원한 관계에 있는 사람을 잘 대한다는 보장이 없다는 것이 유가의 논리이다. 이것을 달리 수신제가치국평천하라고 표현할 수 있다고 본다.

2. 종법의 내용

대가족 제도의 토대 위에서 건립된 은주사회에서 발달된 종족 조

---

3) 陶希聖, 『中國政治思想史』第1册 , 食貨出版社印行, 1972, 45~47면 참조.
4) 李健民, 『中國遠古曁三代政治史』, 人民出版社, 1994, 160면 : 西周時期的宗法制度是由原始社會末期氏族組織演變而來的以血緣關系爲基礎的家族系統.

직이 있었는데 종은 조상에게 제사를 지내는 곳이다. 종족이란 같은 조상의 후대들이 조상에게 제사를 지내기 위해 한데 모여 이루어진 것이다.[5] 종족과 종법은 두 가지 개념이다, 종족은 객관적으로 존재하는 사회조직이고 종법은 종족제도를 법전화(法典化)를 거쳐서 형성된 종족 활동이 장정이다.[6] 그래서 종법에는 대소종법이 있다. 예기에 나오는 것을 살펴보면 다음과 같다.

> 별자(別子)가 조(祖)가 되고 별자를 잇는 자가 종이 되며 녜(禰)를 계승하는 자가 소종이 된다. 백세불천의 종이 있고 오세가 되면 옮기는 종도 있다. 백세가 되어도 옮기지 않는 것은 별자의 후손이다. 고조를 계승한 종은 오세가 되면 옮긴다.[7]

종법은 종족을 거두고 풍속을 두터이 하며 사람으로 하여금 근본을 잊지 않게 하는 기본정신[8]으로 하고 있는데 동일조상을 중심으로 종족간의 유대와 집단의 안정을 위하여 것이다. 동일한 선조에 연결된다는 것은 곧 동일혈통에 연결된다는 것의 상징이 됨으로, 공동의 선조로부터 함께 출생되었다고 의식하는 사람들은 그들의 선조와의

---

5) 趙吉惠, 『中國儒學史』, 中州古籍出版社, 1993, 14면 : 建築在大家族公社之上的殷周社會有着發達的宗族組織 宗是祭祀祖先的地方 宗族指一共同祖先的後代 因祭祀祖先而聚集在一起 是爲宗族.

6) 위의 책, 15면 : 宗族與宗法是兩个槪念 宗族是客觀存在的社會組織 宗法是宗族制度的法典化 是經疏理后形成的宗族活動章程.

7) 『禮記』, 藝文印書館印行, 1976, 〈大傳〉 : 別子爲祖 繼別者宗 繼禰者爲小宗 有百世不遷之宗 有五世則遷之宗 百世不遷者 別子之後也 －－宗其繼高祖者 五世則遷者也.

8) 王雲五 主編, 『「張橫渠集」』, 臺灣商務印書館, 1965, 〈經學理窟〉 "宗法"(臺灣商務印書館, 中華民國 五十四年) : 收宗族 厚風俗 使人不忘本.

사이에서는 물론 그들 상호간에도 다소간 본질적인 생명의 동일성
이 있다는 것을 자각하게 된다. 따라서 한 사람의 선조에 공속(共屬)
한다는 의식은 그 공속에 의해서 서로 간에 상속(相屬)한다는 의식을
낳게 되고, 족인 상호간의 결합은 이러한 상속의 자각에 의해서 비
로소 발생하기 때문에 가능하다는 것이다.

종법은 부계혈통주의와 장자 상속제 및 가장권, 그리고 족외혼 등
을 그 특징적 내용으로 삼고 있다.[9] 즉 가계는 남계자손에 의하여 계
승되며 친족도 부계혈통만으로 계산된다. 또한 존존의 원리에 기한
적장자 상속 제도를 취하고 있으며, 동일한 원리에 의하여 가부장은
가족을 통제하는 강력한 가장권을 가지게 된다. 그리고 이러한 종법
의 원칙을 확대, 유지하기 위하여 종법 사회는 혼인에 있어서 족외
혼제도를 취하며, 그 범위는 동성불혼은 물론 종처불혼(宗妻不婚)까지
를 포함하는 광범위한 것이다.

종법은 주대로부터 춘추시대에 이르기까지 행하여졌으나 춘추 이
후 봉건제도가 붕괴되어 감에 따라 변화하기 시작하였다. 즉 세작(世
爵)이나 세록제도가 폐지됨으로써 대종의 신분적 경제적 지위에 동
요를 일으키게 되었고 따라서 수족(收族)의 범위로서의 종법의 한정
점(限定點)인 종이 없어지게 되었다. 그러나 그 대신 진한 이후에 군
현제가 확립됨에 따라 막연한 족의 집단으로서의 족집단(族集團)이
발생 존속하게 되었다. 이에 따라 족통제기능(族統制機能)이 족장에게

---

9) 韋政通, 『中國思想史』(上册), 大林出版社, 1982, 33면에서 宗法에 대하여 다음과 같이
   말한다. "종법은 가족제, 가장제, 세습제를 포괄하고 있는 적장자 계승제이다."(宗法包
   括三點 家族制 家長制 世襲制 就是嫡系長子繼承制)

부여되고 대종제(大宗制)로부터 족장제(族長制)로 족통제 조직이 변화하게 되었다. 그러나 종법의 붕괴 후에도 그 조직 원리는 족조직법(族組織法)의 중요한 기준으로 존속되었을 뿐만 아닐라 종법원리에 기하여 족의 통제자인 족장을 두고 있었다.[10] 또한 생활공동체로서의 가를 통할하는 자는 가장이며 공법상 관계에 있어서 호주가 된다. 가장[11]은 '일가무이주(一家無二主)'[12]라 하여 일가에 한 사람이며 남자[13]를 원칙으로 한다.

종법상 가장권에도 친권(親權)과 부권(夫權)이 내포되어 있다. 따라서 처첩은 가장인 부(夫)의 부모에게 그리고 부(夫)에게, 자(子)는 부조(父祖)에게 절대적으로 복종하여야 한다. 또한 자녀에 대한 권한 중 두 규범 모두 초기에는 생살여탈권(生殺與奪權)이 가장에게 주어졌으나 후기에는 어느 정도 제한되었다는 점도 유사하다. 그러므로 당

---

10) 김성숙, 『舊約 家族法』, 숭실대 출판부, 1989, 17면.

11) 김성숙, 위의 책, 42면에서 家長의 조건에 대하여 "종법에서는 농가경영의 지휘, 통솔 등을 위하여 尊長 중에서도 가장 능력 있는 자가 가장이 된다는 점은 舊約과 다르다. 다시 말하면 반드시 最年長子를 가장으로 하는 것은 필요조건은 아닌 것이다."라고 한다.

12) 이와 같은 표현으로 다음과 같은 것이 있다.
"天無二日 土無二王 國無二君 家無二尊·土無二王 以一治之也"(『禮記』〈喪服四制〉),
"曾子問曰 喪有二孤 廟有二主 禮與 孔子曰 天無二日 土無二王 嘗禘郊社 尊無二上"(『禮記』〈曾子問〉),
"子云 天無二日 土無二王 家無二主 尊無二上"(『禮記』〈坊記〉),
"天無二日 民無二王"(『孟子』〈萬章章句〉上)

13) 그러나 남자가 없는 경우 여자도 가장이 되어 戶籍上 호주가 되고 一戶를 대표하여 公法上 의무와 책임을 부담하는 점은 舊約과 다르다. 즉 唐律에 의하면 〈若戶內並無男夫 直以女人爲戶 而脫者又減三等〉이라 하여 戶內에 남자가 없으면 여자도 가장이 되고 호주가 된다. 여자 중에서는 과부가, 과부가 없으면 在室未婚女가 호주가 된다. 그러나 宋代法에 의하면 남자가 있어도 15세 이하이면 과부가 호주가 된다.

율(唐律) 이후에는 징계를 위한 살해는 물론 이유 없는 살해의 경우 어느 정도 처벌을 가하였다. 그러나 가장이 교령(敎令)으로 징계하고 징계를 위하여 상해하는 것은 죄가 되지 아니하였다.

또한 가장권은 가족 구성원에게 절대적인 권력을 요구하고 있다. 가장의 이러한 통제자로서의 지위를 확보하기 위해서는 가족원의 절대적 복종이 요구되었으며 가족원은 그에게 존경과 사랑을 표시하여야 한다.[14] 즉 종법상 가장권은 무위의 지배력이며 효의 도덕구조는 아래로부터 위로의 종속을 의미한다. 뿐만 아니라 가장은 가족 생활을 유지하기 위한 실천적 규범으로서 가훈이나 가규(家規)를 제정한다. 따라서 가족단체 내의 분쟁은 가장인 존장(尊長)에 의하여 가규 등에 따라 해결되며 연령 여하를 불문하고 가장에 의한 제재를 받게 된다.

이와 같이 가장은 가족단체의 통솔자로서 가족 위에 우월적 지위을 가지며 가족생활 일반이 가장의 통솔아래 규율된다는 점이다.[15] 바로 가장은 한 가정에서 최고의 절대적 지위에 놓여 있으면서 동시에 가장으로서의 행하여야할 도리도 주어져 있는 것이다.

Ⅲ. 인학(仁學)

인학은 공자 학설의 핵심이다. 모종삼은 '유가가 인류에 대한 공헌은 바로 하상주(夏商周) 삼대의 문화에 대해서 반성을 하기 시작했

---

14) 김성숙, 「舊約婚姻法과 宗法規範의 比較硏究」, 『大學院論文集』, 高麗大學校 大學院, 1981, 35면.

15) 김성숙, 『舊約 家族法』, 43면.

다는 데 있다. 그리하여 인의 관념을 제출해 낸 것이다'[16]고 하였다. 공자는 서주시대의 여러 방면에서 통용되던 예가 사회가 혼란해지면서 제대로 적용이 되지 않고 윤리도덕규범 또한 타락하는 것에 대한 해결책으로 인이라는 개념을 도입하게 된다. 그것은 기존의 예의 문제를 인의 개념 속에 포함시켜 해석하고 인을 통하여 예의 형식을 설명하려고 한 것이다.

1. 인

공자는 인성에 대해서는 거의 언급을 하지 않았다. 다음의 말에서 알 수 있다.

> 부자의 말에서 성과 천도를 말하는 것을 듣지 못했다.[17]

공자가 인성론과 천도에 관하여서는 거의 언급을 하지 않은 것은 인성에 관한 문제가 그렇게 논의가 되지 않았기 때문이다. 대신에 인을 가지고 인간의 특성에 대하여 말하였는데 그것도 여러 가지로 표현하여 설명하였다. 인에 대한 제자의 물음에 대하여 서로 다르게 해석한 것이다. 이러한 인에 대한 해석 중에서 가장 기본적인 의미를 지니는 것은 다음의 표현이라 할 수 있다.

---

16) 정인재 · 정병석 공역. 『중국철학특강』, 형설출판사, 1996, 72면.
17) 『論語』, 藝文印書館印行, 1976, 公冶長 : 夫子之言性與天道 不可得而聞也.

> 번지가 인에 대하여 물었다. 공자가 말하기를, 사람을 사랑하는 것이라
> 고 말하였다.[18)]

라고 하였다. 공자가 인에 대한 해석으로 사람을 사랑하는 것이라고 하는 것은 시대적 상황을 반영한 것으로 이해할 수 있다. 당시 사회가 혼란하고 인간의 존엄성이 무시되며 인간의 삶이 타락하고 힘들어질 때 그것을 타개하기 위한 방안으로 제시된 것으로 볼 수 있다. 사람을 사랑하는 것이야말로 혼란한 사회를 바로잡고 인간성을 회복하는 지름길로 파악한 것이다. 공자와 맹자는 인을 최고의 도덕준칙으로 여긴 것[19)]이다. 인간과 인간간의 관계에 있어서 행하여야 할 것이 인이라고 주장한 것이다.

이러한 인은 도리이며 생명적 진리이고 원리이다. 원리이므로 그것은 보편성을 가지고 있다. 또한 인은 결코 추상적이지 않다.[20)] 인은 진실생명이 소재하고 생명의 대종이다.[21)]인은 우리의 진실생명 속에서 구체적으로 드러나는 것이다. 그러므로 공자는 곧장 생활 속에서 인을 지적하였다.[22)] 인이나 성은 보편성을 가지고 있다. 왜냐하면 보편성이 있어야 비로소 공통점이 있을 수 있기 때문이다. 보편성이 있어야 비로소 문화는 서로 교류될 수 있는 것이다.[23)] 보편성을 달리 표현한다면 모든 사람들이 갖고 있는 사랑하는 마음이라고도

---

18) 위의 책, 顔淵 : 樊遲問仁 子曰愛人.

19) 沈善洪, 『中國倫理學說史』(上), 浙江人民出版社, 1985, 18면 : 以仁爲最高道德準則的
　　是孔子孟子一派.

20) 牟宗三. 정인재·정병석 공역, 앞의 책, 43면.

21) 牟宗三. 『心體與性體』, 正中書局印行, 245면 : 仁是其眞實生命之所在 亦是其生命之大宗.

22) 牟宗三. 정인재·정병석 공역, 앞의 책, 44면.

할 수 있다. 뿐만 아니라 누구나 가지고 있는 것이기에 추상적이지 않고 생활 속에서 구체적으로 나타나는 것으로 보는 것이다. 사람을 사랑하는 마음을 누구나 가지고 있기 때문에 그것을 실행할 경우에 혼란한 사회가 안정될 것으로 보고 그러한 것을 인의 특성으로 제시한 것이다.

인은 전덕(全德)이며 진실생명이다.[24] 바로 사람을 사랑하는 것으로서의 인은 사람이면 누구나 사람으로서 마땅히 실행해야 할 도덕법칙인 것이다. 아울러 도덕적인 행위를 하는 인간의 도덕주체로 이해할 수 있다. 또한 인간에게 주어진 변하지 않는 도리이기에 그것을 실행하고 완성하는 것이야말로 삶의 목표에 해당하는 것이다. 이렇게 하기 위하여서는 반드시 인간 스스로 깨달음이 필요한 것이다. 도덕주체이기 때문에 누구의 강요나 강제에 의하여 행하여지는 것이 아니라 개인의 자각이 없이는 실천할 수 없는 것이다. 뿐만 아니라 삶 속에서 한시도 떠나서는 이루어질 수 없는 것이다. 그리하여 공자는 다음과 같이 말한다.

> 군자는 밥 먹는 사이에도 인을 떠나지 않으며 아무리 급한 경우에도 인을 떠나지 않으며 아무리 어려운 때에도 인을 떠나지 않는다.[25]

인을 실천하는 생활은 결국 아침에 도를 들으면 저녁에 죽어도 좋다[26]

---

23) 위의 책, 50면.
24) 牟宗三, 『心體與性體』, 246면 : 仁是全德 是眞實生命.
25) 『論語』里仁 : 君子無終食之間違仁 造次必於是 顚沛必於是.
26) 『論語』里仁 : 子曰 朝聞道 夕死可矣.

는 공자의 말에서 실감할 수 있다. 인간으로서 살아가는 길이 결국은 인간으로서 지켜야 할 도리를 다할 경우를 말하는 것이다.

2. 충서(忠恕)

공자는 이와 같이 인간으로서 지켜야 할 도리를 실천하기 위하여 안으로는 자신을 수양할 것을 주장하며 밖으로는 다른 사람을 사랑할 것을 내세운다. 그것이 바로 충서이다. 충서는 공자가 자신의 도를 실현하기 위한 방법으로서 제시한 것이다. 그래서 공자는 다음과 같이 말한다.

> 공자는 '나의 도는 하나로 꿰뚫었다.'고 말하였다. 증자는 '공자의 도는 충서뿐이다.'고 말하였다.[27]

충서는 공자가 제출한 새로운 개념으로 춘추시대 이후 인이라는 사상적 발전을 반영한 것이다.[28] 충서에 대한 표현으로 공자는 다음과 같이 말한다.

> 대체로 어진 사람은 자신이 서고자 할 때 남도 서게 해주며, 자신이 목적을 이루고자 할 때 남도 이루게 해준다.[29]

---

27) 『論語』里仁 : 子曰 參乎 吾道一以貫之 曾子曰 夫子之道 忠恕而已矣.

28) 朱贈庭 主編. 『中國傳統倫理思想史』, 華東師範大學出版社, 1989, 42면 : 忠恕是孔子提出的新概念 反映了孔子對春秋以來的仁這一思想的發展.

29) 『論語』雍也 : 夫仁者 己欲立而立人 己欲達而達人.

자기 자신이 하고 싶은 것은 다른 사람도 당연히 하고 싶은 것이니 만큼 다른 사람을 생각해서 베풀어야 한다는 것이다. 그러나 우리가 일반적으로 생활에 있어서는 이것을 실천하기가 그렇게 쉬운 것은 아니다. 마땅히 그렇게 해야 할 것이고 할 수 있을 것 같아도 쉬운 것은 아니다. 자기 자신이 하고 싶은 만큼 타인을 배려하는 생각이 바로 인을 실행하는 방법인 것이다. 공자는 충서에 대하여 또한 다음과 같이 말한다.

> 중궁이 인에 대하여 물었다. 공자가 말하기를, '자기가 원하지 않는 것을 다른 사람에게 베풀지 마라.' 고 하였다.[30]

이와 같이 본다면 공자는 인을 실현하는 방법으로 제시한 충서를 타인과 관련지어 설명하고 있는 것을 알 수 있다. 자기 자신의 행동이 결국 다른 사람과 관련이 있을 경우를 생각하여 행동할 것을 주장한 것이다. 자신의 행위가 자신의 문제로 국한되는 것이 아니고 다른 사람과의 관련 속에서 이해되어져야 한다는 것이다. 이러한 표현을 공자의 손자인 자사는 『중용』에서 충서를 다음과 같이 설명하고 있다.

> 충서는 도를 떠나지 않으면 요원한 것이 아니다. 자기에게 베풀어지는 것을 원하지 않으면 또한 다른 사람에게 베풀지 말라.[31]

---

30) 『論語』顔淵 : 仲弓問仁 子曰 己所不欲 勿施於人.
31) 『中庸』藝文印書館印行, 1976, 〈第13章〉 : 忠恕違道不遠 施諸己而不願 亦勿施於人.

라고 하였다. 사람으로서 지켜야 할 도를 떠나지 않을 것 같으면 충서라는 것은 사람이 실행하기에 멀리 떨어져 있는 것이 아니니 인간으로써 하여야 할 일만 하면 누구나 실천할 수 있는 것으로 보아야 한다. 주자는 여기서 충서를 다음과 같이 주석하여 말한다.

> 자기 자신의 최선을 다하는 마음이 충이다. 자기 자신의 마음을 미루어 다른 사람에게 미치는 것이 서이다.[32]

주자가 자신의 마음을 극진히 하는 것과 자신의 마음을 미루어 다른 사람을 헤아리는 것으로 충서를 해석한 것은 구체적 설명이라 할 수 있다. 다른 사람을 나와 같이 여기고 개인의 사사로운 감정을 앞세우지 않는 것이 요구되는 것이다.

공자가 충에 대해서는 구체적으로 설명한 것은 없지만 서에 관해서는 앞서 표현한 것처럼 자기가 하고 싶지 않은 것을 다른 사람에게 베풀지 말라[33]고 하였다. 반면에 충서에 대한 해석을 할 경우에 공자가 직접적으로 해석한 것은 없기에 송유(宋儒)들이 해석한 것에 근거하여 말할 수 있다. 예를 들면 "자기 자신의 최선을 다하는 것을 일컫기를 충이라 한다.(진기지위충(盡己之謂忠))"[34]는 것과 같은 말에서 그 뜻을 살필 수 있다.

---

32) 朱熹 註 : 盡己之心爲忠 推己及人爲恕.

33) 『論語』 衛靈公 : 其恕乎 己所不欲 勿施於人.

34) 朱贈庭 主編, 앞의 책, 42 면 : 關于忠 孔子沒有直接作解 根據宋儒的解釋(盡己之謂忠).

3. 극기복례

장자가 공자의 학문을 내성외왕지도[35]에 비유하여 말하였다. 공자가 추구하는 학문의 성격이 안으로는 성인이 되고 밖으로는 왕이 되려고 하는 성격을 지닌 것으로 파악한 것이다. 실로 공자는 인의 실현을 위하여 극기복례[36]할 것을 내세운다. 인간에게 내재한 도덕 주체의 실행을 통하여 자신의 덕성을 완성시키는 것이 목표인 것이다. 인의 실천을 통하여 성인, 군자가 되고자 하는 것이다.

여기서 극기복례하는 것은 사람들로 하여금 이기심이나 사사로운 욕심을 극복함으로써 천리(天理)의 절문(節文)인 예로 돌아가는 것을 말한다. 인간이면 누구에게나 주어져 있는 사랑하는 마음을 가지고 행동할 것 같으면 누구나 인을 실현시킬 수가 있는 것이다. 그래서 공자는 사물(四勿)을 통하여 일체의 사사로운 욕망이 일어나는 것을 통제하기를 바라고 있다.

> 예가 아니면 보지 말고, 예가 아니면 듣지 말고, 예가 아니면 말하지 말고, 예가 아니면 움직이지 말라![37]

바로 인을 실현하기 위한 방편으로 예를 그 기준으로 삼아서 말하고 있는데 이것은 서주시대에 통용되던 종법에 있어서의 예가 인의 내용을 얻게 되어 단순히 인간이 지켜야할 형식적인 성격은 벗어나

---

35) 『莊子』 天下 : 內聖外王之道.
36) 『論語』 顏淵 : 顏淵問仁 子曰 克己復禮爲仁.
37) 『論語』 顏淵 : 非禮勿視 非禮勿聽 非禮勿言 非禮勿動.

게 된다. 바로 인은 내재적 도덕 감정과 사상이고 예는 외재적 윤리 행위와 예법이다. 인은 내재적인 기초이고 예는 외재적 표현이다. 인이 예를 결정하고 예는 인을 반영하며, 인은 더욱 근본이고 더욱 내재적 범주이니 공자사상체계에서 수위를 차지한다. 인과 예는 표리관계이다.[38]

이와 같이 봉건사회에서 행하여진 예는 공자에 오면 도덕규범으로서 수양을 통하여 지켜 나가야 하는 행위의 준칙이 되는 것이다. 예는 단순히 형식적인 것에 머무는 것이 아니라 인을 실현하기 위한 방도로서 주어지게 된다.

Ⅳ. 효

유가가 이상시하는 봉건사회는 종법을 정치적으로 체계화한 종법제도에 기초를 두고 있다. 종법은 종족제도를 법전화한 것으로 종족의 활동을 규정한 것이다. 종법제도와 서로 적응하여 일련의 윤리도덕관념으로 생긴 것이 소위 친친(親親), 존존(尊尊), 장장(長長), 남녀유별, 효, 경(敬) 등이다. 효는 종법도덕범주의 주된 부분인데 주인(周人)들이 제창한 도덕규범으로 가장 기본적인 것이 부자자효(父慈子孝) 형우제공(兄友弟恭)이다.[39] 즉 혈연을 근저로 하여 생긴 종법도덕규범의 핵심은 효이다. 효의 내용으로는 부모를 봉양하고 공경하며 선조에

---

38) 趙吉惠 主編, 『中國儒學史』, 中州古籍出版社, 1993, 60면 : 仁是內在的道德感情與思想 禮是外在的倫理行爲與禮法 仁是內在的基礎 禮是外在的表現 仁決定禮 禮反映仁 仁是更根本 更內在的範疇 在孔子思想體系中居首位 二者爲表裏關係.

39) 朱贈庭 主編. 앞의 책, 7면 : 周人所提倡的道德規範 最基本的是父慈子孝兄友弟恭.

게 제사를 지내는 것이다.[40] 조상에게 제사 지내는 것은 조상에 대한 존경의 마음을 표시하는 것과 종족을 규합하는 단합의 면모도 지니고 있다. 자손이 번영을 누리면 누릴수록 더 먼 세대의 조상을 시조로 하며, 보다 광범위한 자손들을 규합하여 일족으로서의 결합을 강화하고 또한 그 이상의 조상에 대해서도 사당이라든가 기타 제사와 관련된 시설을 설치한다.[41]

공자의 인사상의 출발점도 효에서 시작하는 것이다. 부모가 자식에 대하여 조건 없이 베푸는 은혜가 너무 크기 때문에 인의 실천은 부모에 대한 효로 시작하는 것이다. 즉 효는 부모가 자녀에 대한 사랑으로 말미암아 자녀가 부모에 대한 사랑이 우러나오는 것을 말한다.[42] 공자가 인의 실현을 위하여 가장 기본적으로 먼저 해야 할 것이 부모에 대한 효라고 한 것도 차등제에 의한 순서 때문이다. 공자는 효를 효제와 관련하여 말하는데 다음과 같다.

효제가 인을 행하는 근본이 아니겠는가?[43]

공자가 인의 실현을 위한 가장 기초적 기본적인 요소로 효를 내세운 것은 바로 그가 주장하는 애인이 차등적 사랑을 뜻하기 때문이다. 차등적 사랑은 사람을 사랑하는 데 있어서 차별을 하는 것이 아

---

40) 위의 책, 9면 : 周人對孝的規定 大致有兩个方面的內容 第一奉養恭敬父母ーー第二祭祀先祖.

41) 김석근 역, 『中國思想文化事典』, 민족문화문고, 2003, 545면.

42) 匡亞明, 『孔子評傳』, 南京大學出版社, 1995, 218면 : 認爲孝是由父母對子女的愛引起的子女對父母的愛.

43) 『論語』 學而 : 孝悌也者 其爲仁之本與.

니라 사랑하는 순서가 부모형제로부터 시작하는 것을 말한다. 부모형제로부터 사랑을 시작하는 것은 부모가 자기에게 무한한 은혜를 베풀어 주는 것에 대한 보본반사(報本返始)의 뜻을 지니고 있다. 세상에서 자기 자신에게 무한한 사랑을 아무 조건 없이 베풀어 주는 부모의 사랑과 은혜에 대한 보답으로서의 효를 실천하지 못하는 사람이 과연 다른 사람에게 어떻게 사랑을 베풀 수 있겠는가? 부모형제의 사랑에만 머무는 것이 아니라 사람을 사랑하는 시작을 부모형제로부터 시작하는 것이 순서상 당연하다는 것이 공자의 애인이다. 공자는 종법봉건사회의 등급 제도를 옹호하고 있는데 그것은 등급제의 사회현실을 바탕으로 출발하기 때문이다. 묵자가 공자의 차등적 사랑의 주장을 인정하지 않고 겸애를 주장하게 되는 배경이 된다.[44] 공자의 효를 묵자가 겸애를 내세워 비난하지만 사람을 사랑하는 방법의 순서에 있어서 부모형제로부터 시작해야 된다는 것이 공자의 주장이다.

효도 역시 인의 표현이고 보편성을 가지고 있다. 다만 효라는 이런 표현은 부모에 대한 특수 관계를 표현하는 데 불과하다. 이런 일 자체는 비록 특수적이지만 그러나 표현된 것은 이치(理)이며 보편적 진리이다. 또한 효의 표현은 무궁무진하고 구체적인 강도에서 수시로 나타난다.[45] 효가 구체적이며 보편성을 가지고 있기 때문에 누구나 가지고 있고 실천할 수 있는 것이다. 인을 실현하기 위한 방편으

---

44) 匡亞明, 앞의 책, 155 면: 孔子是擁護宗法封建社會等級制度的, 因此他從等級制的社會實現出發－墨子不同意孔子愛有差等的主張 提出兼愛的主張.

45) 牟宗三, 정인재 · 정병석 공역, 앞의 책, 44면.

로서 공자가 제시한 효는 종법에서의 친친의 의미를 새롭게 해석하
는 것이다.

원래 효의 내용은 두 종류의 형태가 있다. 하나는 부모가 살아계
실 경우에 살아있는 사람에게 행하는 효와 세상을 떠난 부모나 선조
에 대한 죽은 사람에게 행하는 효가 있다.[46] 그래서 공자는 다음과
같이 말한다.

> 아버지가 살아 계실 때에는 그 자식의 뜻을 보고 돌아가신 뒤에는 그 자
> 식의 행실을 보라. 돌아가신 뒤 삼년 동안 아버지의 방식을 바꾸지 않는
> 것을 효라 한다.[47]

부모가 생전이나 사후에 자식으로서 해야 할 역할이 있으며 그것
을 지킬 경우에 효라는 것이다. 공자는 효를 어김이 없어야 된다고
하여 다음과 같이 말한다.

> 어기지 마라. 번지가 무슨 말입니까? 물었다. 공자가 대답하기를, '부모
> 가 살아 계실 때에는 예로써 섬기고 돌아가시면 예로써 장사지내고 예로
> 써 제사지내는 것' 이라고 하였다.[48]

자식은 부모를 봉양할 의무를 지님과 동시에 조상에 대하여 제사
를 지내야 한다. 특히 부모를 봉양할 경우에도 무엇보다 부모를 공

---

46) 沈善洪, 앞의 책, 57면 : 孝的內容有兩種形態 一種是對在世父母 卽對活人的孝 一種是
   在去世的父母先祖 卽對死人的孝.
47) 『論語』學而 : 父在觀其志 父沒觀其行 三年無改於父之道 可謂孝矣.
48) 『論語』爲政 : 無違 樊遲曰何謂也 子曰 生事之以禮 死葬之以禮 祭之以禮.

경하는 마음이 중요하다고 한다. 공자가 말한 다음의 글에서 알 수
있다.

> 오늘날 효는 잘 부양하는 것을 일컫는다. 그러나 개와 말도 모두 길러줌
> 이 있을 수 있는데, 공경하지 않으면 무엇으로서 구별할 수 있느냐?

공경하지 않는 마음으로 부모를 단순히 부양만 한다면 그것은 효
라고 할 수 없다. 공경심이 없는 행위는 짐승과 다를 바가 없는 것으
로 본다.

또한 공자는 부모가 별세하면 삼년상을 지내는 것에 대하여서도
새로운 해석을 하였다. 상례에 있어서 가장 중요시되는 삼년상에 대
하여 이전과는 다른 해석을 함으로써 자신의 주장인 인(仁)의 실천을
상례의 해석을 통하여 주장한 것으로 생각할 수 있다.

> 자식은 태어나서 삼년이 지나야 부모의 품에서 벗어난다. 무릇 삼년상
> 은 천하의 공통된 상례다.[49]

이상에서 공자는 인을 최고의 개념으로 내세우면서 그러한 인의
실천을 위한 가장 기본적인 것이 효제(孝悌)이며 그 중에서도 효가 우
선적이라고 할 수 있다. 공자는 인의 실천을 부모에 대한 효로부터
시작한다고 하였는데 그것이 상례에 있어서는 참최삼년복(斬衰三年
服)에 해당한다.

---

49) 『論語』陽貨 : 子生三年 然後免於父母之懷 夫三年之喪 天下之通喪也.

V. 결어

유가사상에서 무엇보다 중요시하는 것이 바로 효사상이다. 효의 문제는 유가가 성립되기 이전부터 주나라 사회에서 통용되어온 예의 문제와 관련하여 분리될 수 없는 것이다. 주나라에서의 예는 크게 친친(親親)과 존존(尊尊)으로 나누어질 수 있다. 혈연을 중심으로 형성된 봉건사회이기 때문에 윤리적인 측면에서 친친의 문제를 매우 중요하게 인식한 것이다. 종법을 기초로 한 예의 문제에서 친친은 바로 효와 직결되는 것이다. 또한 효의 문제에서 부모가 살아계실 때는 공경하고 봉양하며 세상을 떠나면 제사를 지낼 것을 중요하게 여긴 것이다.

그런데 춘추시대를 맞이하여 서주사회의 종법제도가 붕괴되면서 그 사회를 지탱하여온 예도 자연히 무너지게 된 것이다. 공자는 사회가 혼란해진 것은 예제가 무너진 것으로 인식하고 예의 문제를 다시 해석하게 된 것이다. 혼란한 사회를 바로잡기 위해서는 예를 바로 잡아야 한다고 생각한 것이다. 그러면서 예의 문제를 새롭게 해석하기 위하여 인의 개념을 도입하여 예는 인의 형식이고 인은 예의 내용이라 주장한 것이다. 그렇게 함으로써 예는 인의 영역으로 들어가게 되고 결국 인의 내용이 무엇인지가 결정적으로 문제시된 것이다.

공자가 인에 대한 많은 해석을 하였지만 그 중에서도 무엇보다 돋보이는 것은 사람을 사랑하는 것이 바로 인이라는 것이다. 사람을 사랑하는 마음은 인간이면 누구나 가지고 있는 것이다. 인은 보편적으로 인간에게 내재하는 것이자 동시에 누구에게나 구체적으로 나타나는 것으로 보는 것이다. 맹자가 말한 측은지심처럼 사랑하는 마음이 구체적으로 누구에게나 일어나는 것으로 보는 것이다. 효도 인과 마찬가지로 누구에게나 보편적으로 존재하는 것이다. 종법에서의 예를 공자는 인의 영역에 포함하게 되고 효도 인과 관련하여 해석하게 된다.

혈연을 중심으로 하는 종법사회에서 통용된 친친으로서의 효를 공자는 인을 실현하는 방편으로 해석한다. 인을 실현하는 방법으로 제시한 충서의 문제는 결국 혈연중심적인 차등적 사랑을 전제로 한 것이고 그러한 문제를 해결하기 위하여 효제의 문제를 제시한다. 효제가 인을 실천하는 가장 근본으로 보고 부자자효로서의 효는 이전의 종법사회에서의 문제를 그대로 포함하여 새롭게 인의 개념으로 해석한 것이다. 충서의 개념 또한 인으로서의 효가 가족의 범위에 한정하지 않고 인류에게 나아갈 수 있는 길을 제시하고 있는 것이다. 공자가 말한 애인이 결국 차등제를 주장하면서도 충서라는 개념을 통하여 인류에게까지 나아갈 수 있는 길을 제시한 것이며 동시에 인을 실현하는 가장 기초로서의 효야말로 그것을 수행할 수 있는 출발점으로 인식한 것이다.

노년담론의 소설적 형상화 — 송명희

기초자료

박완서, 『너무도 쓸쓸한 당신』, 창작과비평사, 1998.
______, 『친절한 복희씨』, 문학과지성사, 2007.

참고논저

김병익, 「험한 세상, 그리움으로 돌아가기」, 『친절한 복희씨』, 문학과지성
사, 2007.
김수영 외, 『노년사회학』, 학지사, 2009.
김효숙 · 권성호, 「유비쿼터스 미디어 환경에서 성공적 노화를 위한 협력학
습 플랫폼 개발」, 『신앙과 학문』 16 − 1, 기독교학문연구회, 2011.3.
문학을 생각하는 모임, 『한국노년문학연구 Ⅱ』, 국학자료원, 1998.
박재간, 「노년기 여가생활의 실태와 정책과제」, 『노인복지정책연구−노인
여가의 현황과 과제』 1997년 춘계호, 노인문제연구소, 1997.
박찬부, 「상징질서, 이데올로기, 그리고 주체의 문제」, 『영어영문학』 47 − 1,
영어영문학회, 2001.
변정화, 「시간, 체험, 그리고 노년의 삶」, 문학을 생각하는 모임, 『한국문학
에 나타난 노인의식』, 백남문화사, 1996.

송명희, 「노년기의 시학―죽음의식과 허무」, 『탈중심의 시학』, 새미, 1998.

윤　진, 『성인·노인심리학』, 중앙적성출판사, 1991.

이정숙, 「현대소설에 나타난 노인들의 삶의 변화 양상」, 『현대소설연구』41, 한국현대소설학회, 2009.

전흥남, 『한국현대노년소설연구』, 집문당, 2011.

정미숙·유제분, 「박완서 노년소설의 젠더시학」, 『한국문학논총』 54, 한국문학회, 2010.4.

정진웅, 「노년 호명의 정치학 」, 『한국노년학』 31―3, 2011.

______, 「정체성으로서의 몸짓:종묘공원 노년남성들의 '몸짓문화'의 의미」, 『한국노년학』 31―1, 2011.

최명숙, 「박완서　노년소설 연구―『너무도 쓸쓸한 당신』을 중심으로」, 『문예연구』71, 2011.12.

최선희, 「박완서 소설에 나타난 노년의 삶―『너무도 쓸쓸한 당신』을 중심으로」, 『한국말글학』 26, 한국말글학회, 2009.

Althusser, Louis, 김웅권 역, 『재생산에 대하여―자크비데 서문』, 동문선, 2007.

Breton, David Le, 홍성민 역, 『근대성과 육체의 정치학』, 동문선, 2003.

Beauvoir, Simone de, 홍상희·박혜영 역, 『노년』 개정판, 책세상, 2002.

Rowe John & Kahn Robert, 최혜경·권유경 역, 『성공적인 노화』, 신정, 2010.

Shilling, Cris, 임인숙 역, 『몸의 사회학』, 나남출판, 1999.

김훈 소설에 나타난 몸담론 ─ 송명희

기초자료

김훈, 「화장」, 『28회 이상문학상 작품집』, 문학사상, 2004.

참고논저

김은실, 『여성의 몸, 몸의 문화정치학』, 또하나의문화, 2008.
김진아, 「몸주체와 세계」, 한국여성연구소, 『여성의 몸』, 창비, 2005.
성광수 · 조광제 · 류분순 외, 『몸과 몸짓문화의 리얼리티』, 소명출판, 2003.
송명희, 『현대소설의 이론과 분석』, 푸른사상, 2006.
송명희/여성연구회, 『젠더와 권력, 그리고 몸』, 푸른사상, 2007.
영남대 인문과학연구소, 『몸의 인문학적 조명』, 월인, 2005.
한국여성철학회, 『여성의 몸에 관한 철학적 성찰』, 철학과현실사, 2000.
홍덕선 · 박규현, 『몸과 문화』, 성균관대 출판부, 2009.

Breton, David Le, 홍성민 역, 『근대성과 육체의 정치학』, 동문선, 2003.
Brooks, Peter, 이봉지 · 한애경 역, 『육체와 예술』, 문학과지성사, 2000.
Conboy, Katie & Medina, Nadia & Stanbury, Sarah 편, 고경하 외 편역, 『여성의 몸, 어떻게 읽을 것인가?』, 한울, 2001.
Glennon, Lynda M., 이수자 역, 『여성과 이원론』, 이화여대 출판부, 1990.
Morris, Desmond, 김민준 역, 『접촉』, 지성사, 1994.
Shilling, Cris, 임인숙 역, 『몸의 사회학』, 나남출판, 1999.
Walters, Suzanna D., 김현미 외 공역, 『이미지와 현실 사이의 여성들』, 또하나의문화, 1999.

기초자료

이창래, 정영목 역, 『제스처 라이프』제1권 · 제2권, 중앙 M&B, 2000.

참고논저

고양성 · 노종진, 「이창래의 『네이티브 스피커』와 『제스츄어 인생』에 나타
　　　난 등장인물의 존재의식과 정체성」, 『영어영문학 연구』 47−2, 2005.
권택영, 「응시로서의 『제스쳐인생』−이창래와 라캉의 다문화적 윤리」, 『영
　　　어영문학』 48−1, 2002.
김미영, 「〈제스쳐라이프〉에 나타난 숭고미의 교육적 가치」, 『국어국문학』
　　　141, 국어국문학회, 2005.
김성곤, 『포스트모더니즘과 현대미국소설』, 열음사, 1990.
나영균, 「『제스츄어 인생』:신역사주의적 고찰」, 『현대영미소설』 7−2, 현대
　　　영미소설학회, 2000.
박보량, 「『제스쳐 라이프(A Gesture Life): 이민사회 속에서의 하타의 정체성
　　　모색」」, 『미국소설』 2−2, 미국소설학회, 2005.
오경석 외, 『한국에서의 다문화주의:현실과 쟁점』, 한울아카데미, 2007.
유제분, 「재현의 윤리:『제스처라이프』의 종군위안부에 대한 기억과 애도」,
　　　『현대영미소설』 13−3, 현대영미소설학회, 2006.
윤정헌, 「한인소설에 나타난 이주민의 정체성」, 『한국문예비평연구』 21, 한
　　　국문예비평학회, 2006.
이부영, 『분석심리학』, 일조각, 1978.
이선주, 「이창래의 『제스처인생』−패싱, 동화와 디아스포라」, 『미국학』
　　　31−2, 서울대 미국학연구소, 2008.

이소희, 「『제스처 인생』에 나타난 젠더화된 트라우마」, 『현대영미소설』 13-1, 현대영미소설학회, 2006.

장사선, 「재미한인소설에 나타난 폭거와 응전」, 『한국현대문학연구』 18, 한국현대문학연구학회, 2005.

태혜숙, 『탈식민주의 페미니즘』, 여이연, 2001.

Bellemin-Noel, Jean, 최애영·심재중 역, 『문학텍스트의 정신분석』, 동문선, 2001.

Bhabha, Homi. K. *The Location of Culture*, Routledge, London, 1994.

Carroll, Hamilton. "Traumatic Patriarchy: Reading Gendered Nationalism in Chang-rae Lee's A Gesture Life.", *Modern Fiction Studies* 51.3(2005).

Chang, Joan C.H. "A Gesture Life: Reviewing the Model Minority Complex in a Global Context." *Journal of American Studies* 37:1(2005).

Gandhi, Leela. 이영욱 역, 『포스트식민주의란 무엇인가』, 현실문화연구, 2000.

Hae-Nyeon, Lee, "A Comparative Study on Korean Writer' Post-Colonialism", 『비교한국학』 16-1, 국제비교한국학회, 2008.

노인 어휘망에 나타난 '늙음'의 의미분석에 따른 새로운 노년인식
— 채영희

강희숙, 「호칭어 사용에 대한 사회언어학적 분석 – 서비스업을 중심으로」, 『사회언어학』10(1), 2002.

고승덕 · 조숙행, 「노인 삶의 질 향상을 위한 추출 요인」, 『한국 노년학』 17(2), 1997.

김수영 외, 『노년사회학』, 학지사, 2009.

김지혜, 「고령화사회의 '노년 담론'과 '노인의 정체성'에 관한 연구」, 이화여대 석사학위논문, 2002.

림현정, 「대명사적 용법의 대칭사 사용에 관한 일한 대조 연구」, 『인간 환경학 연구』5, 광도수도대학, 2006.

박갑수, 「국어호칭의 실상과 대책」, 『국어생활』19, 국어연구소, 1989.

박재간 외, 『고령화 사회의 위기와 도전』, 나남, 1995.

박정운, 「한국어 호칭어 체계」, 『사회언어학』5(2), 한국사회언어학회, 1997.

신선희, 「노인에 대한 비판적 담론 분석」, 서울시립대 대학원 사회복지학과 석사논문, 2011.

조선일보, 「이규태 코너 – 노인호칭」, 1998. 9. 5일자.

조성남, 『에이지붐 시대: 고령화 사회의 미래와 도전』, 이화여대 출판부, 2004.

최기숙, 『죽음의 무도, 또는 나이 들기를 응시하기』, 2011.

한국경제신문, 「천자칼럼 – 노인과 호칭」, 1998. 8. 5일자.

Cicero, Marcus Tullius, 천병희 역, 『노년에 관하여, 우정에 관하여』, 숲, 2005.

Fairclough, Norman, 이원표 역, 『대중매체 담화분석』, 한국문화사, 2004.

Erikson, E .H. · Skinner, B. F. · Rogers, C. R., 한성열 역, 『에릭슨, 스키너, 로저스의 노년기의 의미와 즐거움』, 학지사, 1999.

Fishman, Ted. C., 안세민 역, 『회색 쇼크』, 출판사 반비, 2010.

Lippmann R.P, An introduction to computing with neural nets. IEEE ASSP magazine, April, 1987.

Minois, Georges, 박규현 · 김소라 역, 『노년의 역사』, 아모르문디, 2010.

Rosow, I "Status and role change through the lifesapn" in R.H. Binstock & E. 1976.

Sadler, William, 김경숙 역, 『서드 에이지, 마흔 이후 30년』, 사이, 2006.

Shana eds., *Handbook of aging and the social science*, NY: Van Nostrand Reinhold.

http://blog.aladin.co.kr/ppul/5256403.

Yukio, Tsuji, 임지룡 외 역, 『언어의 인지과학사전』, 박이정, 2008.

권인순, 「노화의 정의 및 분류」, 『대한의사협회지』 50(3), 대한의사협회, 2007.

김기봉, 「인생 연극 종막으로서 노년 ─ 노년의 인문학을 위하여」, 『드라마연구』 35, 한국드라마학회, 2011.

김수영 · 모선희 · 원영희 · 최희경, 『노년사회학』, 학지사, 2009.

김열규, 『노년의 즐거움』, 비아북, 2009.

김영치, 「우리 의료의 반성과 새로운 진로의 모색」, 『계간 과학사상』 2000년 여름호, 2000.

김진목, 『위험한 의료, 현명한 치료』, 전나무숲, 2007.

양길승, 「보다 나은 보건 의료를 위하여」, 『철학사상』 2, 1992.

이경숙, 「사회적 소수자로서 노인과 미디어담론」, 한국방송학회 편, 『한국 사회 미디어와 소수자 문화정치』, 커뮤니케이션북스, 2011.

이지영, 「노년담론에 대한 노인의 인식과 대응에 관한 질적 연구: 자아상과 노인상의 차이를 중심으로」, 『한국노년학』 29(3), 한국노년학회, 2009.

전성희, 「TV 드라마에 나타난 노인 이미지와 노년에 대한 인식 ─ 시트콤 〈거침없이 하이킥〉을 중심으로」, 『드라마연구』 35, 한국드라마학회, 2011.

정진웅, 「노년의 꿈, 타자화된 노년과 공상적 노년담론을 넘어서」, 『당대비평』 22, 2003.

조병희, 『질병과 의료의 사회학』, 집문당, 2006.

______, 「공공의료서비스의 실태」, 『한국의 사회동향 2009_보건』, 통계청, 2009.

조선일보, 「첫 내한 리즈 위더스푼, "주름살보다는 내면미 중요" 일문일답」, 2012. 2. 23일자.

최종덕, 「노화의 과학: 우상이론에서 상식이론으로」, 『의철학연구』 11, 한국의철학회, 2011.

한경혜·윤성은, 「대중매체에서의 신노년 담론 분석: 신문매체를 중심으로」, 『한국노년학』 27(2), 한국노년학회, 2007.
황인성, 「텔레비전 영상 저널리즘 재현 정치와 소외 집단」, 원용진 편, 『텔레비전 문화연구』, 한나래, 1999.

Beauvor, Simone de, 홍상희·박혜영 역, 『노년』 개정판, 책세상, 2002.
Rowe, John & Kahn, Robert, 최혜경·권유경 역, 『성공적인 노화』, 신정, 2001.
Loustaunau, Martha Oehmke & Sobo, Elisa Janine, 김정선 역, 『건강질병의료의 문화분석』, 한울, 2002.
Nettleton, Sarah, 조효제 역, 『건강과 질병의 사회학』, 한울, 1997.
Rupton, Deborah, 김정선 역, 『의료문화의 사회학』, 한울, 2009.

기초자료

정약용, 『대학강의(大學講議)』
______, 『대학공의(大學公議)』
______, 『與猶堂全書』, 문헌편찬위원회, 1962.

참고논저

고혜령, 『고려후기 士大夫와 性理學 受容』, 일조각, 2001.
박광용, 「탕평론과 정국의 변화」, 『한국사론』 10, 서울대 국사학과, 1985.
______, 「19세기 전반의 정치사상」, 『국사관논총』 40, 국사편찬위원회, 1992.
송정숙, 「조선조에 있어서 四書의 수용과 전개」, 연세대 대학원 석사학위논
　　　문, 1994.
______, 「『大學衍義』가 조선조 통치이념서 편찬에 미친 영향」, 『서지학연
　　　구』 12, 1996.
유명종, 「조선의 건국이념과 『대학연의』」, 『퇴계와 橫說 竪說』, 동아대 출판
　　　부, 1990.
유봉학, 「18, 19세기 노론학계와 산림」, 『한신대논문집』 3, 한신대, 1986.
윤정분, 『大學衍義補研究』, 연세대 대학원 박사학위논문, 1992.
조남욱, 「세종의 정치이념과 『대학연의』」, 『유교사상연구』 23, 2005.
지두환, 「조선전기 『대학연의』 이해과정」, 『태동고전연구』 10집, 1993.
최봉영, 「임오화변과 영조말 정조초의 정치세력」, 『조선후기 당쟁의 종합적
　　　검토』, 한국정신문화연구원, 1992.
홍순민, 「19세기 왕위의 승계과정과 정통성」, 『국사관논총』 40, 국사편찬위
　　　원회, 1992.

인간 도리의 근원, 공자의 효사상 — 장세호

기초자료

『論語』, 藝文印書館印行, 1976.
『孟子』, 藝文印書館印行, 1976.
『儀禮』, 藝文印書館印行, 1976.
『禮記』, 藝文印書館印行, 1976.
『中庸』, 藝文印書館印行, 1976.
『莊子』, 世界書局印行, 1974.

참고논저

김석근 역, 『中國思想文化事典』, 민족문화문고, 2003.
김성숙, 『舊約 家族法』, 숭실대 출판부, 1989.
______, 「舊約婚姻法과 宗法規範의 比較研究」, 『대학원논문집』, 고려대 대
　　　학원, 1981.
牟宗三, 정인재 · 정병석 공역, 『中國哲學特講』, 형설출판사, 1996.

匡亞明, 『孔子評傳』, 南京大學出版社, 1995.
陶希聖, 『中國政治思想史』, 食貨出版社印行, 1972.
牟宗三, 『心體與性體』, 正中書局印行, 1985.
沈善洪, 『中國倫理學說史』(上), 浙江人民出版社, 1985.
王雲五 主編, 『張橫渠集』, 臺灣商務印書館, 1965.
韋政通, 『中國思想史』(上册), 大林出版社, 1982.
李健民, 『中國遠古暨三代政治史,』 人民出版社, 1994.
趙吉惠, 『中國儒學史』, 中州古籍出版社, 1993.
朱贈庭 主編, 『中國傳統倫理思想史』, 華東師範大學出版社, 1989.
湯恩佳, 「孔子對東亞文明的貢獻」(劉學智 主編, 『關學南冥學與東亞文明』, 社
　　　會科學文獻出版社(北京), 2007.

ㄱ

가상적 친족관계 • 119
가장권 • 212, 213
강희숙 • 118
〈거침없이 하이킥〉 • 159
『고려사』 • 179
고려장 • 179, 180
고령사회 • 105
고령화 사회 • 16, 105
고양성 • 73
관계론적 문화 • 132
구노년 • 145, 164
구준(丘濬) • 190
권력이론 • 73
권택영 • 73
「그리움을 위하여」 • 32
『근사록』 • 195
급인(及人) • 197
기억하기 • 88
「길고 재미없는 영화가 끝나갈 때」 • 20
김기봉 • 168
김미영 • 73

김병익 • 19
김수영 • 134
김지혜 • 113
김훈 • 44, 45, 63
「꽃잎 속의 가시」 • 20

ㄴ

나영균 • 73
내적 인격 • 79
「너무도 쓸쓸한 당신」 • 30
『네이티브 스피커』 • 72
노년 • 141
노년담론 • 113, 140
노년문학 • 19
노령인구의 세력형성(gray power) • 120
노인 어휘망 • 104
노인 집단 • 137
노인문제 • 18, 105, 109, 112
노종진 • 73
노화(aging) • 140, 150

ㄷ

다문화주의 • 96

담론 • 107

대소종법 • 211

대종제(大宗制) • 213

『대학강의(大學講議)』• 198

『대학공의(大學公議)』• 186, 189, 198

『대학장구(大學章句)』• 189, 195, 196, 198

데스몬드 모리스(Desmond Morris) • 54

도덕경 • 153

돈오 김 • 74

동화주의 • 96

두뇌발달 • 177

디아스포라 • 74, 90

The Older American Act • 120

ㄹ

라일리우스 • 128

라캉 • 73

로소우(Rosow) • 135

루스토노와 소호(Laustaunau & Soho) • 141, 148

루시 • 174

리욘스(Lyons) • 115

리즈 위더스푼(Reese Witherspoon) • 163

리프만(Lippmann) • 112

릴라 간디(Leela Gandhi) • 89, 95

림현정 • 118

ㅁ

「마른 꽃」• 16, 20, 21, 38, 40

만성질환 • 151

말뭉치 검색기 • 107

메를로 퐁티(Maurice Merleau-Ponty) • 44

명덕(明德) • 199, 200

모종삼 • 214

몸담론 • 44, 46, 67, 68

몸의 개별화 • 55

몸철학 • 44

문화적 지식(cultural knowledge) • 111

뮬러(Mueller) • 112

민족정체성 • 88

ㅂ

바바(Homi. Bhabha) • 88, 95

박갑수 • 118

박보량 • 73

박완서 • 16, 20, 38

백이정 • 195

병적 노화(pathological aging) • 146

보본반사(報本返始) • 224

부계혈통주의 • 212

부권적 가족제도 • 209

비공식 역할(informal role) • 135

비판적 담론분석(Critical Discourse Analysis:CDA) • 106

빈(殯) • 180

ㅅ

『사서장구집주』 • 196
사이드(E. W. Said) • 97
사회적 역할 상실 • 18
사회적 존경 • 17
생애주기 • 134
서정범 • 123
성공적 노화(successful aging) • 17,
    144, 161, 166, 168
성인기 후기(later adulthood) • 129
세계보건기구(WHO) • 149
소크라테스 • 126
수서(壽序) • 129, 132
수잔나 D. 월터스 • 62
쉐러 • 24
스스로 돌보기(self-care)운동 • 149
스키피오 • 128
스테레오 타입(stereo type) • 111
승계법 • 209
senior center • 120
senior citizen • 120
시몬 드 보부아르(Simone de Beauvoir) •
    141
신노년(New Elderly) • 145, 161, 162,
    164
신노년담론 • 161, 162
신노인 • 168
실버 세대 • 121
씨족 • 209

ㅇ

아니마(anima) • 78, 79, 98
아니무스(animus) • 79
아리스토텔레스 • 127
안정효 • 74
안티에이징(anti-aging) • 17, 132, 162
안향 • 191
알튀세르 • 35
애트킨스(Atkinson) • 147
어휘소 • 115
어휘장 • 115
어휘적 빈자리(lexical gap) • 115
「언니의 폐경」 • 46
언지언어학 • 111
에릭슨 • 128
엘리아스(Elias) • 55
여성주의 문화분석 • 62
연령 통합적 생애구조 • 134
연령주의 • 28
연소노인(young-old) • 37
연어관계(collcation) • 107
예 • 207
『예기』 • 128, 189, 190, 211
우리나라 의료의 특성 • 150
우상이론(idol theory) • 152
윌리암 새들러(William Sadler) • 134
월보트 • 24
유제분 • 73
육(肉)으로서의 몸(fiesh body) • 27
윤성은 • 164
윤정헌 • 74

응시(gaze) • 73

의료화(medicalization) • 148

의미장(semantic field) • 115, 117

이경숙 • 155

이규태 • 119

이미지 바라보기 • 62

이선주 • 73, 94

이소희 • 73

이차 노화(secondary aging) • 147

이창래 • 72, 74, 88, 93, 98

이해년 • 74

인(仁) • 215, 216, 226, 227

〈인생은 아름다워〉 • 169

인학(仁學) • 214

〈1박 2일〉 • 158

일반노화(usual aging) • 146

일차적 노화(primary aging) • 146

ㅈ

자아정체성 • 88

『잡보장경(雜寶藏經)』 • 179

장사선 • 74

장자 상속제 • 212

전문가지배(professional dominance) • 148

전성희 • 159

젊음 늘이기 • 163

정상노화(normal aging) • 146

정약용 • 186, 198

정절 이데올로기 • 30, 39

정진웅 • 157, 158, 163

제도적 역할(institutional role) • 135

『제스처 라이프』 • 72, 75, 88, 98

제휴(affiliation) • 97

젠더화된 트라우마 • 73

조병희 • 150

『조선실록』 • 179

조안 장(Joan C.H. Chang) • 74

조정래 • 74

족외혼 • 212

족장제(族長制) • 213

족조직법(族組織法) • 213

족집단(族集團) • 212

족통제기능(族統制機能) • 212

존존(尊尊) • 207, 222, 227

종(宗) • 209

종법 • 208, 209, 210, 222

종처불혼(宗妻不婚) • 212

『주자가례』 • 195

지칭어 • 35, 114

직립보행 • 177

진덕수(眞德秀) • 190

ㅊ

청자 지향적 측면 • 118

초고령사회 • 105

초분(草墳) • 180

최기숙 • 124, 132

최종덕 • 152, 153

충서(忠恕) • 218

『친절한 복희씨』 • 19

친족어에 의한 허구적 용법 • 117

친친(親親) • 207, 222, 227

ㅋ

카토 • 128
칸과 로우(Kahn & Rowe) • 161, 165
칼 융(C.G.Jung) • 75, 87
케팔로스 • 126
키케로(Marcus Tullius Cicero) • 127

ㅌ

타자화(他者化) • 37, 155
탈식민주의 • 88
테드 피쉬맨(Ted Fishman) • 136

ㅍ

파생(filiation) • 97
파슨스 • 64
페너베이커 • 133
페르조나(persona) • 75, 81, 86, 97, 98
포스트모더니즘 • 44
표현적 역할(expressive role) • 64
푸코 • 73, 113
플라톤(Platon) • 125

ㅎ

하위주체(subaltern) • 73
한경혜 • 164
합족(合族) • 209
해밀튼 캐롤(Hamilton Carroll) • 74
해체담론 • 45
해체주의 • 44

핵가족화 • 18
허령불매(虛靈不昧) • 200
혈계(血系) • 209
호명(interpellation) • 35
호칭어(adress term) • 114
홍사만 • 114
화용상의 문제 • 117
화이트 세대 • 121
화자 지향적 측면 • 118
「화장」 • 44, 45, 46, 55, 63, 68
「환각의 나비」 • 20
환공(桓公) • 182
회색쇼크 • 136
효 • 222
효제(孝悌) • 223, 226

송명희

부경대학교 국어국문학과 교수로, 현재 부경대학교 인문사회과학연구소 소장 및 한국언어문학교육학회 회장을 지내고 있다. 한국문학이론과 비평학회 회장 역임하였고, 2010년 마르퀴즈 후즈후 인명사전에 등재되었다.

저서로 『페미니즘 비평』『소설서사와 영상서사』『미주지역한인문학의 어제와 오늘』『시 읽기는 행복하다』『디지털시대의 수필 쓰기와 읽기』『현대소설의 이론과 분석』『타자의 서사학』『섹슈얼리티 · 젠더 · 페미니즘』『탈중심의 시학』『이광수의 민족주의와 페미니즘』『문학과 성의 이데올로기』『여성해방과 문학』『젠더와 권력 그리고 몸』『이양하수필전집』『김명순 소설집 외로운 사람들』『페미니즘 정전읽기』외 다수가 있다.

채영희

부경대학교 국어국문학과 교수로, 현재 부경대학교 아시아 스토리텔링 센터 소장, 여수엑스포 자문위원, 부산디자인센터 자문위원을 지내고 있다. 〈배용준과 함께하는 닌텐도 한국어 교육 초중고급〉, 〈신나라 한국어 App〉 개발에 참여하였다.

저서로 『문제 해결 능력을 위한 말하기 교육의 실제』『공학과 팀워크 기술』『문법화』(번역서) 『기능영문법 1, 2』, 논문으로 「몽어 학습서 '몽어 노걸대' 이야기 구조」「스토리텔링 기법을 통한 한국어 교재 구성」「한일 다문화 교육비교」가 있다. 그밖에 외국어로서의 한국어교육과 국어교육에 대한 다수의 논문이 있다.

한혜경

부경대학교 신문방송학과 교수를 지내고 있다.

논문으로 「CMC 성별 커뮤니케이션 패턴 비교분석」「여론지각매체로서 인터넷에 관한 연구」「인터넷 이용자의 시민적 자질들과 가상공간의 숙의 경험의 관계에 관한 연구」「온라인 공론장과 오프라인의 대인/대중매체 공론장의 연계성」「인터넷실명제와 우회로의 선택」「인터넷 공론장의 분할과 극화 완화」외 다수가 있다.

강인욱

부경대학교 사학과 교수를 지내고 있다.

저서로 『고고학으로 본 옥저문화』 『춤추는 발해인』 『시베리아의 선사고고학』(공저) 『고대 시베리아의 예술세계』(번역서) 『고대 알타이의 비밀』(번역서) 등이 있으며, 동아시아 북방의 초원지역 고고학을 집중적으로 연구하고 있으며, 이에 관한 다수의 논문이 있다.

신명호

부경대학교 사학과 교수를 지내고 있다. 한국학중앙연구원 장서각 선임연구원, 국사편찬위원회 편사연구사를 역임하였다.

저서로 『조선왕실의 의례와 생활, 궁중문화』 『조선의 왕』 『조선왕비실록』 『조선공주실록』 『궁녀』 『한국사를 읽는 12가지 코드』 『조선왕실의 자녀교육법』 『왕을 위한 변명』 등이 있다.

장세호

경성대학교 윤리교육과 교수를 지내고 있다.

저서로 『사계 김장생의 예학사상』 『자치통감』(공역), 논문으로 「경암 노경임의 학문과 사상」 「유가의 복상제도에 있어서의 효사상」 외 다수가 있다.